新时代中国特色社会主义
理论与实践研究丛书

王焕斌◎主编 杜永明◎副主编

马克思主义价值论及其当代发展

崔三常◎著

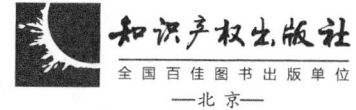

知识产权出版社
全国百佳图书出版单位
—北京—

图书在版编目（CIP）数据

马克思主义价值论及其当代发展/崔三常著. —北京：知识产权出版社，2022.9
ISBN 978-7-5130-8382-9

Ⅰ.①马… Ⅱ.①崔… Ⅲ.①马克思主义—价值（哲学）—研究 Ⅳ.①B018

中国版本图书馆 CIP 数据核字（2022）第 173746 号

策划编辑：蔡虹　　　　　　　　　　责任校对：谷　洋
责任编辑：张　荣　　　　　　　　　责任印制：孙婷婷
封面设计：回归线（北京）文化传媒有限公司

马克思主义价值论及其当代发展

崔三常　著

出版发行：	知识产权出版社有限责任公司	网　　址：	http://www.ipph.cn
社　　址：	北京市海淀区气象路 50 号院	邮　　编：	100081
责编电话：	010-82000860 转 8019	责编邮箱：	caihong@cnipr.com
发行电话：	010-82000860 转 8101/8102	发行传真：	010-82000893/82005070/82000270
印　　刷：	北京九州迅驰传媒文化有限公司	经　　销：	新华书店、各大网上书店及相关专业书店
开　　本：	787mm×1092mm　1/16	印　　张：	18.75
版　　次：	2022 年 9 月第 1 版	印　　次：	2022 年 9 月第 1 次印刷
字　　数：	254 千字	定　　价：	98.00 元
ISBN 978-7-5130-8382-9			

出版权专有　侵权必究
如有印装质量问题，本社负责调换。

山东交通学院马克思主义学院
"新时代中国特色社会主义理论与实践研究丛书"编委会

主　编：王焕斌

副主编：杜永明

成　员：（按姓氏笔画排序）

　　　　王中新　王先亮　张伟英　林　源

　　　　庞立昕　屈会涛　胡晓丽　郭忠利

　　　　郭德静　崔三常　蒋月锋

丛书前言

长期以来，为不断深入推进马克思主义理论中国化，提高运用马克思主义立场、观点、方法研究解决各种重大理论和实践问题的能力，同时更好地服务经济社会发展，党和国家领导人一直非常重视马克思主义理论与实践研究工作。党的十八大以后，中国特色社会主义进入新时代，在党中央的坚强领导和科学指引下，马克思主义研究工作紧紧围绕学习、研究、宣传习近平新时代中国特色社会主义思想这一根本任务，在著作编译、理论阐释、问题研究、学科建设、教材编写、队伍建设等方面取得了丰硕成果，为建设具有中国特色、中国风格、中国气派的哲学社会科学体系，不断开创新时代中国特色社会主义思想理论建设新局面发挥着重要作用。

山东交通学院为了更好地服务于国家和区域经济社会发展，实现全面建成高水平应用型交通大学这一重大目标，在学校《"十四五"发展规划纲要》和《"十四五"学科建设规划》中，提出要主动应对挑战，抢抓机遇，实现特色发展、创新发展、高质量发展，优化学科布局，加强内涵建设，形成高峰突起、重点突出、特色鲜明、交叉融合的学科体系，按照"强化引领+打造高峰+做强支撑+夯实基础"的学科建设思路，打造"1153"型学科布局，而起思想引领作用的马克思主义理论学科在此学科布局中占据突出位置。学校坚决贯彻落实党在教育领域的各项路线、方针、政策，坚持党对高校的全面领导，高度重视马克思主义学院建设和马克思主义理论研究。近年来，学校在思政课教师队伍建设、思政课教学质量提升和马克思主义理论学科建设等方面，主动加大了支持力度，亦取得了显著成效。

  2021年5月8日，我校马克思主义学院邀请国家马克思主义理论研究和建设工程首席专家、兰州大学教授刘先春先生来校讲学。在学术活动期间，我向其颁发了山东交通学院"客座教授"聘书并与之进行了深入交流。刘教授了解到我校马克思主义学院近几年引进了一批青年博士才俊。他们有学术热情，有理论研究基础，但需要学校为他们未来的发展创设一个更好的学术发展平台。因此，刘教授向我们建议，不妨以这些青年博士教师的学位论文和前期研究成果为基础出版一套关于马克思主义理论研究的丛书。我深感这是一个好建议，便立即着手开始了这套丛书的论证策划工作。

  2021年7月7日，学校马克思主义学院承办组织了我校首届习近平新时代中国特色社会主义思想理论与实践学术研讨会暨丛书出版工作选题论证会，会议邀请了山东大学周向军教授、山东省委党校谭建教授、山东财经大学沈大光教授和我校范书林教授担任选题论证专家。根据选题的科学性、整体学术水平、核心观点的创新性、框架结构的合理性等几个方面从报名的10部书目中选取了几部作为丛书规划书目。

  丛书各位作者根据专家意见对专著内容进行了多次修改，补苴罅漏，字斟句酌，及时吸纳最新研究成果，使专著达到了出版要求。经调研论证，选定了知识产权出版社作为协议出版单位，丛书名称也确定为"新时代中国特色社会主义理论与实践研究丛书"。几部专著分别从国家制度、文化自信、大学生思想道德修养和社会主义核心价值观等诸方面，阐释了中国特色社会主义理论与实践在新时代的发展与创新。它们虽然不是面面俱到的论述，但直面的都是中国特色社会主义发展中的重大课题。作者们从较新的理论视角，以较新颖的研究方法，对相关领域的研究成果进行了较为全面的梳理归纳，折衷各家观点，提出自己的见解，展现出了一定的学术功底和理论水平，一定程度上代表了我校马克思主义理论学科的研究水平，令人欣慰。

当然，这套丛书虽命名为"新时代中国特色社会主义理论与实践研究丛书"，但我们深知这些成果并非是对中国特色社会主义理论与实践的全面系统研究，而是从诸多方面中的几个侧面出发而做，更多是一种基础性、局部性甚至是准备性的研究。诸位作者初入学界，研究眼界、基础、能力都还有待提升，再加上学术研究背景各不相同，肯定还存在不少需要完善的地方。雏凤新声，希望得到读者和学界的宽容与接纳，也欢迎各位专家批评指正，以使我们后续的研究能够更加深入并渐趋完善。

经过一年多的努力，这套丛书终于要和大家见面了。在此，我要向帮助学校马克思主义理论学科发展献计献策的刘先春教授等各位专家学者表示衷心的感谢，向承担丛书出版任务的知识产权出版社表示感谢。在丛书策划出版过程中，马克思主义学院牵头做了大量工作，也得到了学校党委宣传部、科研处、发展规划与学科建设处的鼎力支持，在此一并表示感谢。同时，也要向丛书的各位作者表示祝贺，专著的出版只是阶段性成果，希望他们以此为契机，在未来的教学和学术研究中取得更大的教科研成果。

在丛书出版之际，马克思主义学院希望我写几句话介绍出版缘起，故不揣谫陋，写下了上面的话，是为前言。

王焕斌

2022 年 8 月

总　　序

党的十八大以来，中国特色社会主义进入新时代。以习近平同志为主要代表的中国共产党人，坚持把马克思主义基本原理同中国具体实际相结合、同中华优秀传统文化相结合，坚持毛泽东思想、邓小平理论、"三个代表"重要思想、科学发展观，深刻总结并充分运用党成立以来的历史经验，从新的实际出发，创立了习近平新时代中国特色社会主义思想。习近平同志对关系新时代党和国家事业发展的一系列重大理论和实践问题进行了深邃思考和科学判断，就新时代坚持和发展什么样的中国特色社会主义、怎样坚持和发展中国特色社会主义，建设什么样的社会主义现代化强国、怎样建设社会主义现代化强国，建设什么样的长期执政的马克思主义政党、怎样建设长期执政的马克思主义政党等重大时代课题，提出一系列原创性的治国理政新理念新思想新战略，是习近平新时代中国特色社会主义思想的主要创立者。习近平新时代中国特色社会主义思想是当代中国马克思主义、二十一世纪马克思主义，是中华文化和中国精神的时代精华，实现了马克思主义中国化新的飞跃。党确立习近平同志党中央的核心、全党的核心地位，确立习近平新时代中国特色社会主义思想的指导地位，反映了全党全军全国各族人民共同心愿，对新时代党和国家事业发展、对推进中华民族伟大复兴历史进程具有决定性意义。

如何继续深化对习近平新时代中国特色社会主义思想的学习和研究，不断夯实新时代中国特色社会主义理论与实践的基础，不断丰富马克思主义中国化最新理论成果，就成为我们理论工作者重要的政治任务。这就要求我们,一方面,把马克思主义的基本原理与中国实际相结合、与中国优秀传统文化相结合,以马克思主义的立场、观点和方法推进习近平新时代中国特色社会主义理论与实践的研究;另一方面,鉴于中国快速经济社会发展带来的一系列问题,如何总结出新时代中国特色社会主义的独特意蕴,发掘传统与现代的各种资源,发挥对全面建设社会主义现代化的积极作用,深入关注中国现实,同时回应新时代中国特色社会主义实践中的重要理论问题与现实问题,从而为马克思主义的学科发展与中国的经济社会发展提供有益的思想资源,就需要我们进行有意的探索。2021年5月8日,承蒙邀请,本人非常荣幸来到山东交通学院讲学并受聘为学校客座教授。"天下马院是一家"。报告结束后,又受山东交通学院马克思主义学院林源书记和杜永明院长的盛情之约,与马克思主义学院教师进行了座谈。让我惊喜地了解到山东交通学院马克思主义学院近几年获得快速发展,师资力量不断增强,特别是近年来新招聘一批青年博士教师,他们学养深厚、基础扎实、科研积极性高、学术潜力大,是马克思主义学院的新生力量和未来的学术骨干。有鉴于此,我向林源书记、杜永明院长及学校有关部门领导提出建议,以部分青年教师现有的或原有前期成果为基础,出版一套关于新时代马克思主义基本理论、马克思主义中国化及相关内容的丛书。既可以为本院的学科发展做一些基础性的工作,激发教师们的工作与科研热情,促进"教研相长",又可以为学校的整体发展做些有益的工作。可喜的是,去年的这个建议变成了这套"新时代中国特色社会主义理论与实践研究丛书"的面世,我感到由衷的高兴和祝贺!

关于这套"新时代中国特色社会主义理论与实践研究丛书"的编写工作,有必要向读者做一些解释与简要说明。

第一,这套丛书虽然命名为"新时代中国特色社会主义理论与实践研究丛书",但就目前的研究成果而言,距离全面、系统、详尽的新时代马克思主义理论与实践研究还有一定的差距。随着中国特色社会主义实践的不断深化拓展,这一研究成果还需要不断充实和完善。这套丛书主要以某个问题或主题为研究主线，以此为中国特色社会主义理论与实践的研究框架，为将来编纂更加全面、系统、详尽的新时代中国特色社会主义理论与实践的研究著作做一些基础性的准备工作。

第二，这套"新时代中国特色社会主义理论与实践研究丛书"的编写模式是，以著者的博士论文或者以其原有的科研积淀为基础，依托于国家治理体系与治理能力现代化的学术背景，既研究新时代中国特色社会主义的理论与实践发展的传统历史根基、优秀文化涵养、理论渊源，又尝试性探究、梳理新时代中国特色社会主义理论与实践基础的转向、微观领域中存在的问题等。当作者们围绕各自主题进行阐述时，关于新时代中国特色社会主义理论与实践的历史背景、问题演变与发展脉络就呈现在其中。

第三，这套"新时代中国特色社会主义理论与实践研究丛书"的撰写，主要是基于作者们自身的学术研究背景和已有的研究成果。也正是因为如此，他们的研究领域和关注的焦点不尽相同，而且囿于自身条件和社会历史发展的局限性，对重要理论的挖掘和实践的理论总结尚存在诸多欠缺之处，暂时付诸阙如，以待将来条件成熟时再做补充。

第四，这套"新时代中国特色社会主义理论与实践研究丛书"，主要尝试述及诸多研究中的几个侧面，涵盖国家制度体系的延续与价值探究、大学生思想道德修养策略探讨、新时代文化自信展示等较为完整的研究逻辑主线，而马克思主义价值论的新时代发展更是贯穿其间。这套丛书对于推动新时代中国特色社会主义理论与实践研究具有重要的理论意义与学术价值。党的十九届六中全会通过的《中共中央关于党的百年奋斗重大成就和历史经验的决议》提出了马克思主义中国化的三次历史性飞跃，为新时代中国特色社会主义理论与实践创新提供了新的研究方向。希望关于新时代中国特色社会主义理论与实践的相关研究以及其他内容会有更多的研究成果面世。

综上所述，由山东交通学院马克思主义学院教师尝试撰写的这套"新时代中国特色社会主义理论与实践研究丛书",是他们努力奋斗不懈追求的阶段性成果,尽管还有许多需要完善和改进之处,但瑕不掩玉,也恳求学界同仁不吝赐教,共同努力推动新时代中国特色社会主义理论与实践研究不断走向深入。

刘先春

2022 年 8 月

前　言

　　马克思主义价值论是社会主义价值观念和价值评价的理论基础。总结马克思主义价值论对于培育社会主义核心价值观具有积极意义。马克思主义价值论把价值理解为现实的人与其对象的一种特定关系，坚持了价值的社会属性和客观性。马克思主义价值论有利于解决现实生活中对于价值评价"公说公有理婆说婆有理"的矛盾。当代中国发展必须要面对经济发展和生态保护的关系问题。中国生态文明建设迫切需要一个价值理论的指导，马克思主义价值论有利于人们正确认识人与自然的关系，为国家生态文明建设和"绿色化"发展战略提供理论支持和指导。梳理和总结马克思主义价值论，尤其是马克思的自然价值观对于中国的生态文明建设具有积极意义。

　　实践是理论不断发展的基础，中国社会日新月异、丰富多彩的伟大实践又为马克思主义价值论的丰富发展提供了广阔的空间。从检验社会主义建设标准的"三个有利于"，到社会主义核心价值观，再到人类共同价值和美丽生态价值，都丰富了马克思主义价值论。

　　本书系统梳理了马克思主义价值论的发展历程，从马克思对于价值问题的哲学思考，到马克思对于价值问题的经济学研究，再到马克思晚年对于一般价值范畴的哲学思考。在此基础上，本书总结了马克思一般价值论的主要内容，包括马克思对价值一般问题的思考，对人的价值实现的社会分析，对人的价值追求，以及对资产阶级价值观本质的揭露等。本书还分析了马克思价值论与西方价值哲学的对话，揭示了资本主义与社会主义两种不同价值体系的思想渊源。本书以时间为序，梳理了在马恩之后马克思主义价值论的发展历程，认为马克思主义价值论是在人们对时代性价值问题的思考与对马克思主义经典著作挖掘解读中不断发展的。本书概括了改革开放以来人们对于马克思主义价值论的研究和发展，并深入论述了社会主义核心价值观、生态价值观与马克思主义价值论的关系。

价值研究是一项巨大而艰难的工作。本书尝试对于马克思主义价值论进行最浅显的梳理，由于本人学术水平较低，书中定有很多不成熟之处，恳请学界前辈批评指正。

作 者

目录

第一章 概述 1
第一节 当代中国价值观问题的兴起与理论背景 1
第二节 马克思主义价值论：争论与发展 6
第三节 马克思主义价值论的理论特点与地位 19
 一、马克思主义价值论的理论特点 20
 二、价值思想是马克思理论体系的重要组成部分 24
 三、马克思主义价值论是当代中国价值论的理论渊源 33

第二章 马克思主义价值论的发展历程 38
第一节 马克思主义价值论的哲学起点 38
 一、早年确立追求"人类现实幸福"的价值立场 39
 二、《1844年经济学哲学手稿》中的价值思想萌芽 40
 三、《德意志意识形态》中的价值历史性、阶级性和价值实现思想 45
第二节 马克思主义价值论研究的经济学场域转向 48
 一、早期价值理论的经济学进路 49
 二、一般价值问题的深入揭示：《1857—1858年经济学手稿》 52
 三、资本主义价值问题的揭示：《1861—1863年经济学手稿》 61

四、价值理论体系的系统构建：《资本论》……………… 68
　第三节　马克思晚年价值范畴的哲学思考……………………… 75
　　一、关于一般价值概念的哲学思考……………………………… 76
　　二、关于商品使用价值、价值与一般价值概念关系的
　　　　哲学思考………………………………………………………… 81

第三章　马克思主义价值论的主要内容……………………………… 84
　第一节　马克思对一般价值问题的思考………………………… 84
　　一、对一般价值本质的思考……………………………………… 85
　　二、对人的价值实现基础的思考………………………………… 87
　第二节　马克思对人的价值实现的社会分析…………………… 89
　　一、各价值范畴对人的价值实现的历史路径揭示……………… 89
　　二、对资本主义异化现象的揭示………………………………… 94
　第三节　马克思对人的价值追求的分析………………………… 101
　　一、个人价值实现的现实障碍…………………………………… 102
　　二、个人价值追求是个人与整体的统一………………………… 103
　　三、真正共同体是实现个人价值追求的基础…………………… 105
　　四、人的自由而全面发展是人的最高价值追求………………… 106
　第四节　马克思对资产阶级价值观本质的揭露………………… 110
　　一、对资产阶级价值观现实基础的肯定………………………… 111
　　二、对资产阶级价值观虚伪性的批判…………………………… 113

第四章　马克思主义价值论与西方价值哲学的对话……………… 116
　第一节　马克思主义价值论与价值哲学的间接对话…………… 117
　　一、对于康德哲学的不同态度…………………………………… 117
　　二、对于效用价值论的不同态度………………………………… 123
　第二节　马克思价值思想和价值哲学理论体系的不同走向…… 128
　　一、价值实现的途径……………………………………………… 128
　　二、价值评价的标准……………………………………………… 130
　　三、价值观念体系………………………………………………… 132

第五章　马克思主义价值论的发展 ……………………… 136
第一节　第二国际内部围绕价值问题的争论 …………… 136
一、关于价值概念的哲学争论 ………………………… 137
二、关于价值概念的经济学争论 ……………………… 140
第二节　苏联学术界对价值理论的热议 ………………… 143
第三节　中国改革开放初期中国学术界关于价值问题的讨论 … 147
一、关于社会主义实践价值标准的讨论 ……………… 148
二、关于人的价值的讨论 ……………………………… 151
三、对社会主义价值体系的探索 ……………………… 154

第六章　马克思主义价值论与西方马克思主义 …………… 157
第一节　马克思的人的价值思想对西方马克思主义的影响 … 157
一、马克思的异化理论对西方马克思主义的影响 …… 158
二、马克思的人的本质理论对西方马克思主义的影响 … 163
三、马克思的需要理论对西方马克思主义的影响 …… 166
四、马克思的主体间关系理论对西方马克思主义的影响 … 167
第二节　马克思的自然价值观对西方马克思主义的影响 … 170
一、马克思关于人与自然的价值关系理论对生态
　　马克思主义的影响 ……………………………… 170
二、马克思的劳动价值论对生态马克思主义的影响 … 173
三、马克思的共同体思想对有机马克思主义的影响 … 176

第七章　社会主义核心价值观对马克思主义价值论的
　　　　　继承与发展 ………………………………………… 180
第一节　社会主义核心价值观对马克思主义价值
　　　　　论的继承 …………………………………………… 181
一、社会主义核心价值观继承了马克思的以人民
　　为主体的价值立场 ……………………………… 181
二、社会主义核心价值观继承了马克思的主体间
　　价值关系思想 …………………………………… 185

三、社会主义核心价值观继承了马克思的

　　共同体价值思想 ·· 188

第二节　社会主义核心价值观对马克思主义价值论的发展 ··· 191

　一、社会主义社会的社会伦理文化建设 ······················ 194

　二、社会主义的国家发展价值建设 ···························· 198

　三、社会主义个人道德价值建设 ································ 200

　四、社会主义核心价值观的践行创新 ························· 203

第三节　社会主义核心价值观对西方价值观的超越 ············ 206

　一、社会主义核心价值观在理论层面对西方

　　价值观的超越 ·· 207

　二、社会主义核心价值观在实践层面对西方

　　价值观的超越 ·· 210

　三、社会主义核心价值观在培育路径层面对西方

　　价值观的超越 ·· 214

第八章　人类共同价值观对马克思主义价值论的

继承与发展 ·· 223

第一节　马克思主义价值论是破解"普世价值"

　　幻象的思想武器 ·· 223

　一、对资产阶级普遍性思想观念本质和根源的揭露 ······ 224

　二、对资本主义社会主流思想观念的阶级本质的揭露 ··· 227

　三、对资产阶级普遍思想观念内在矛盾的揭露 ············ 229

　四、对资产阶级普遍性思想观念抽象人性论基础的批判 ··· 232

　五、对资产阶级普遍性思想观念虚假谎言的揭露 ········ 237

第二节　人类共同价值观对马克思主义价值论的

　　继承与发展 ·· 241

　一、共同价值观对马克思思想的继承 ························· 242

　二、共同价值观对构建21世纪新型国家间关系的新价值 ··· 245

　三、共同价值观是人类的真正价值共识 ······················ 250

第九章　生态价值观对马克思自然价值观的继承与发展 ……… 257
　第一节　生态价值观对马克思自然价值观的继承 ……… 258
　第二节　生态价值观对马克思自然价值观的发展 ……… 261
　　一、绿水青山就是金山银山 ……… 261
　　二、人与自然的生命共同体 ……… 263
　　三、美丽价值观 ……… 268

参考文献 ……… 272
后　记 ……… 280

第一章 概 述

第一节 当代中国价值观问题的兴起与理论背景

价值问题的研究是当前中国学术界研究的热点问题。进入 21 世纪以来，面对西方生态价值理论在全世界范围的兴起和传播，如何正确理解西方生态价值理论，如何为中国生态文明建设寻找理论基础是中国理论界需要面对的问题；面对西方"普世价值"观念在中国的渗透，如何厘清对于所谓"普世价值"的认识是中国理论界需要回答的问题；面对中国培育和践行社会主义核心价值观的现实需要，如何正确理解社会主义价值观念，回答社会主义价值观与西方价值观的区别和联系是中国学术界需要解决的问题。诸如此类，今天，我们面对的很多问题都与价值有关。人们在价值观上存在的思想困扰和价值实践中面临的实际难题，亟待一个完整的价值理论指导。马克思主义理论是中国特色社会主义的指导思想，从马克思主义理论中寻找价值思想是我们首先要做的工作。总结和梳理马克思的价值理论体系是中国学术界理所当然的责任。

价值是马克思理论研究的重要内容。马克思一生致力于实现人的自由而全面发展这一最高价值追求。马克思价值思想研究始终贯穿着一条主线，即追求人的自由而全面发展。马克思对价值问题的研究是从具体的现实问题入手的。马克思生活的年代，人们所面对的几乎都是经济层面的价值问题，所以，价值研究主要集中在经济学领域。哲学界尚未有人去定义一般价值概念，而是有些经济学家为了统一各个经济学价值范畴而去概括所谓一般价值概念。马克思则以主客体、主体间关系作为理解价值本质的基础，他对于各个经济学价值概念的理解都是紧紧立足于这一点的。马克思的独特理论特点使其价值思想能够超越当时的政治经济学各种价值理论。马克思将人的价值作为其价值思想的根本出发点和落脚点，他在这个基础上展开政治经济学批判。在资本主义生产方式下，所谓物的价值制造和分配是每个人生存和发展的基础条件。马克思通过对资本主义生产方式的揭露，发现了人的价值的主要现实障碍和实现途径。经济学价值研究让马克思清楚地看到，物质基础是实现人的价值的根本条件。生产资料的资本主义私有制是阻碍工人价值实现的最大现实障碍，工人追求幸福、实现自我价值的根本途径是以生产资料的公有制取代生产资料的资本主义私有制。马克思并不只是关注经济学价值问题，也一直关注其他实现个人价值的条件，比如政治条件。马克思揭示劳动是一切价值的根源。除了经济领域的物的价值，政治领域的一切价值也是建立在劳动关系基础上，像资本主义社会的自由、平等、博爱等价值都是建立在劳动价值关系和主体间等价交换关系等价值原则基础上的。"劳动产品按照这个价值尺度在权利平等的商品所有者之间自由交换，这些——正如马克思已经证明的——就是现代资产阶级全部政治的、法律的和哲学的意识形态建立于其上的现实基础。"[1] 马克思认为资本主义平等建立在商品的等价交换原则基础上，自由建立在商品所有者不被任何强制力控制的自由交换原则基础上。在马克思看来，人的价值实现是必须依赖物质条件来实现的。资本主义生产方式所决定的劳动剥削、价值对立的社会现实决定了资产阶级所宣扬的所谓自由、平等、博爱等价值理想在资本主义社会是不切实际的。"追求幸福的欲望只有极微小的一部分可以靠观念上的权利来满足，绝大部分却要靠物质的手段来

---

[1] 马克思, 恩格斯. 马克思恩格斯文集: 第4卷 [M]. 北京: 人民出版社, 2009: 205.

实现，而由于资本主义生产所关心的，是使绝大多数权利平等的人仅有最必需的东西来勉强维持生活，所以资本主义对多数人追求幸福的平等权利所给予的尊重，即使有，也未必比奴隶制或农奴制所给予的多一些。"❶

20世纪80年代以前，我国对于价值哲学的研究几乎是一片空白，学术界主要是在政治经济学领域讨论马克思的价值范畴。自20世纪80年代开始，在"真理标准大讨论"的时代背景下，人们逐渐意识到实践的观念是马克思主义哲学的本质特征，人们开始在哲学领域讨论价值问题，并总结马克思的一般价值概念或哲学价值概念。经过了四十余年的发展，价值论俨然成为马克思主义哲学的重要组成部分，人们坚持用马克思主义基本原理去理解、分析现实出现的各种价值问题。价值哲学的发展对于丰富马克思主义哲学理论，对于回答现实问题，对于全面理解马克思主义理论的基本范畴具有重要意义，价值成为马克思主义哲学和政治经济学思想的重要概念。从整体上理解马克思主义理论需要搞清楚马克思所谓一般价值概念与其经济学价值概念之间的关系。如何理解经济学价值与哲学价值概念成为人们梳理马克思价值思想首先要面临的问题，我国学者也一直在探索马克思的哲学价值与经济学价值之间的关系。中国价值哲学研究一直以来面临的一个问题是基础理论研究发展缓慢，其根本原因就是缺乏马克思主义经典文本依据。在价值哲学兴起之初，学者们希望从马克思的著作中寻找理论支持时曾遇到很大困难，因为马克思对于价值问题的研究主要集中在经济学领域，而在哲学领域的研究几乎是空白的，于是有些学者便转向西方价值哲学，以西方价值哲学理论作为发展中国价值哲学的理论基础，这就造成了中国价值哲学的争议和研究的混乱。有很多学者努力捍卫中国价值哲学的马克思主义属性，可是不免又陷入缺乏马克思经典文本依据和思维方法固化的困境。实际上，如果我们仅仅去寻找马克思在哲学

---

❶ 马克思，恩格斯. 马克思恩格斯文集：第4卷 [M]. 北京：人民出版社，2009：293.

领域对价值思想的直接论述，那几乎是不可能完成的事情。但没有直接论述过一般价值概念并不代表没有一般价值思想。马克思曾对价值问题进行多维度的研究，他也曾提出抽象价值概念的一般原则和方法。马克思的思想理论具有连贯性和一致性。纵观马克思一生的思想，他并不是一直在经济学领域使用价值范畴，也曾在哲学意涵上使用价值概念。对于马克思来说不可能注意不到二者的联系和区别。事实上，虽然马克思没有系统地论述它们之间的关系，但我们仍然可以从马克思的一些文本中发现马克思的思想火花。虽然马克思曾分别在经济学与哲学范围思考价值问题，但他抽象价值概念的方法是一致的。可以说，马克思是在同样的哲学思维基础上思考经济学价值概念与一般价值概念的。学术界已经有学者尝试这项工作，比如从哲学视角理解马克思的劳动价值论和剩余价值论，但是这个工作才刚刚开始，尚有很多的工作需要去做。

马克思晚年曾对一般价值概念进行哲学思考，而其多年的经济学研究成果让其对于一般价值理论的认识更加深刻和全面。马克思理论体系中所涉及的若干价值范畴在哲学上是高度统一的。一般价值概念是对人类一切价值关系的抽象概括，它体现的是人类生存和发展的一切条件和愿景。商品使用价值概念代表物对于人的效用，它是人类在改造自然的实践过程中发现和创造满足人类生存和发展需要的客观条件；商品交换价值和价值概念代表的是物背后的人与人的关系，它揭示的是人类社会在一定历史阶段的社会内部个人价值实现途径；剩余价值和劳动力价值是资本主义社会特有的价值形式，它揭示了资本家对于工人的剥削根源。经济学价值研究成为马克思价值思想的重点是时代所决定的。在那个时代社会生产的主要目的是财富的追求和不断积累，商品交换价值（货币）是一切价值形式的代表，人们把目光放在物的价值上而忽视人本身的价值。马克思和西方政治经济学家不同，他把研究的重点放在物的价值与人的价值之间的关系上，他希望通过揭露物的价值秘密找到实现人的价值的根本现实途径，这也注定了经济学价值不是马克思价值思想的终点。当未来人们可以实现基本的物质财富满足的时候，人们对于价值问题的关注不会只停留于经济学领域，而会扩展到更为广阔的领域。因而，一般价值理论应该是马克思价值思想的未来。但是，马克思的经济学价值理论确实为其一般价值理论奠定了思想基础。

马克思对于一般价值概念的思考源自对于所谓一般价值概念的批判。西方经济学家诸如瓦格纳，试图通过追溯价值的词源学来概括价值的一般概念，他把一般价值概念视作先验的存在，认为经济学价值概念是由一般价值概念引申出来的次概念。马克思批判了瓦格纳价值概念的先验性。马克思强调了价值的实践基础，指出人类是在不断地生产生活实践中产生人与客体之间的价值关系的。随着人类社会实践活动的不断扩大和深入，价值关系越来越丰富，人们不断用新的价值概念去表示新的具体的价值关系。在马克思看来，人们在各领域所使用的具体价值概念应该是表示人类各种具体价值关系的，而一般价值概念应该是对各种价值关系的一般哲学抽象。现在学术界对于理解价值一般概念基本形成理论共识，即以实践为基础，从"主客体"理论结构中理解价值。我们可以从这个理论共识出发，沿着相关脉络去挖掘马克思主义价值论。这样，马克思的实践理论、异化理论、对象化理论、人学理论等都可以成为我们挖掘马克思主义价值论的重要"思想宝库"。总之，马克思虽然没有对一般价值论进行系统的研究，更没有专门的著作，但其已经确立价值问题研究的科学世界观和方法论。马克思不同维度的价值思想存在着统一性，遍及马克思学术著作的多维度价值思想为我们总结其价值思想提供了丰富的素材。因为国内对于马克思主义价值哲学的系统研究经历了四十余年的时间，人们已经厘清了马克思主义价值论的理论框架，明确了研究对象和研究问题，对于基本概念达成了共识，所以，现在是完全有条件系统构建马克思主义价值论的时候。中国价值哲学一直以来坚持马克思主义的指导，价值哲学主流观念没有偏离马克思主义范围，但是对于马克思价值哲学的研究一直进展缓慢。20世纪80年代，当所谓马克思的哲学文本依据遭到否认之后，对于马克思价值哲学概念的理解一直存在争议。有些学者完全抛开马克思主义理论研究价值哲学，也有些学者借助于马克思主义的方法论研究价值哲学。中国价值哲学研究面临一个尴尬的情况：一方面，一些学者不断强调价值论在马克思主义哲学中的地位；另一方面，马克思价值论研究却进展缓慢。根本原因就在于人们很难直接从马克思的文本中找到理论依据。本书立足于从马克思具体价值理论中抽象概括一般价值思想，并以价值概念构成要素为线索挖掘马克思主义价值论，归纳马克思主义价值论。马克思主义价值论可以为中国价值哲学发展提供基础理论支持，在马克思主义价值论的指导下，让中国的价值哲学一直姓"马"。

第二节　马克思主义价值论：争论与发展

在相当长的时间里，价值论曾经被认为是唯心主义哲学而成为社会主义国家理论研究的禁忌。苏联和东欧社会主义国家从哲学视角研究马克思主义价值论起始于20世纪60年代。1960年，苏联专家图加林诺夫所著《论生活和文化的价值》一书被认为是社会主义国家首次从马克思主义立场理解哲学价值问题的著作。1968年图加林诺夫在《马克思主义中的价值论》中进一步论述了哲学价值的基础概念。图加林诺夫给我们提供了详细研究价值理论的全部重要的方法论前提。他阐述了马克思经济学价值论与哲学价值论的关系，即马克思的商品价值理论是价值论的经济学表现。他反对康德主义流派把价值概念局限于精神领域。他认为，价值可以是现实的、存在的，也可以是思想中的、理想的、规范的。在大多数情况下价值根本不是规范性的和目的性的，而是现实的、存在着的价值。图加林诺夫在马克思实践观点的基础上把价值理解为一定社会或阶级的人们以及个人所需要的、作为满足其需求和利益的手段的那些物、现象及其特性，也包括作为规范、目的或理想的种种观念和动机。[1]图加林诺夫首次从哲学角度定义价值概念，但其价值概念主要是从日常生活实践出发，并不能涵盖所有的价值形式。图加林诺夫开启了苏联价值论研究的热潮。苏联价值论研究的局限性在于他们是从人道主义的角度出发理解马克思主义价值，强调道德价值，甚至以人道价值取代革命价值。受苏联的影响，东欧社会主义国家也出现了马克思主义价值论的研究热潮。1976年，捷克哲学家弗·布罗日克撰写的《价值与评价》一书，对于马克思主义价值论和评价理论进行了深入阐述。他试图从评价论的角度来考察价值问题。他把"价值对象性"这一概念从《资本论》中提取出来，将价值对象性作为一般价值论的范畴基础。价值对象性是体现并凝结在对象中的社会关系，而价值是价值对象性的表现形式。他的价值概念定义建立在马克思的"人的本质力量对象化"观点。把人作为价值主体，重视价值主体的类本质和社会性。他既批评了把价值理解为物的自然主义理论，也批评了把价值理解为主观兴趣的唯心主义理论。弗·布罗日克研究的不足是没有专门研究人的自由问题。20世纪80年代初，匈牙利社会学家维坦依的《文化学与价值学导论》一书，依据马克思主义客体化理论分析价值论，把价值理解为社会必要劳动和满足社会需要的程度而调整的客体化。这一价值定义包括了劳动是价值的起源和客体对于主体意义的思想观点。总体上看，苏联和一些东欧社会主义国家对于马克思主义价值论进行了较为全面的研究，并形成了丰富的理论成果。这有力地推动了马克思主义价值理论的丰富和发展。

西方马克思主义一直把马克思的异化理论作为批判资本主义社会，追求人的发展的理论前提。"大多数西方马克思主义者都保留了马克思的异化理论和内在矛盾的理论。他们依据异化和阶级斗争来

---

[1] 图加林诺夫. 马克思主义中的价值论［M］. 王霁，安启念，译. 北京：中国人民大学出版社，1989：11.

考察现代资本主义。"❶ 他们通过对异化的揭示批判技术理性，批判资本主义社会物的价值对于人的价值、社会价值的掩盖。例如，法兰克福学派关注的是作为个体的自由和尊严问题，他们吸收了马克思早期哲学的异化思想，并运用抽象的人道主义哲学来批判当代资本主义社会的异化现象，最终他们把马克思哲学归结为抽象的人道主义哲学。西方马克思主义者深入探讨了西方现代社会的异化问题。"工具的、主观的、操纵的理性是技术统治的奴婢。没有合理的目标，所有的互动最终都将归结为权力关系，世界的'去魅'已经走得太远了，理性原初的内容已被抢劫一空。"❷ 西方马克思主义者舍弃了马克思的经济学价值理论，转向伦理学领域，以对异化的批判，思考人与人、人与自然的关系。西方马克思主义不是从生产力的发展和物质财富的丰富作为实现人的价值的基础，而是以道德、伦理的途径追求人的价值理性的发展。西方马克思主义者倾向于复归传统哲学中对善的合理追求。他们认为，不能只是从哲学内部批判技术理性，而应该从人类现实世界的伦理价值判断批判技术理性。他们注重伦理道德的重建。西方马克思主义者对价值问题的研究在对技术理性批判的过程中呈现出向伦理转向的倾向。20世纪60年代，当西方世界越来越关注生态危机问题时，西方马克思主义研究的一些学者挖掘马克思的人与自然价值理论，以马克思的价值理论作为解决生态问题的理论根据，形成了生态马克思主义学派。生态马克思主义否定了西方生态价值理论的"自然中心主义"。美国生态马克思主义重要代表人物克沃尔认为，"资本主义是一个自私自利的社会制度，坚持人类对包括自然在内的世界万物的至上权利"。❸ 根据马克思的人化自然理论，他把人与自然看作是有机统一体。美国柏克

---

❶ 本·阿格尔.西方马克思主义概论[M].慎之，等，译.北京：中国人民大学出版社，1991：8.

❷ 马丁·杰伊.法兰克福学派史[M].单世联，译.广州：广东人民出版社，1996：308.

❸ Joel Kovel. The Enemy of Nature [M]. London: Zed Books Ltd, 2002: 171.

特博士继承了马克思的劳动价值论,他认为马克思的共产主义思想是对现代生态学人与自然关系的具体阐述。"共产主义社会所具有的生态意义远远超出以往公认的评价"。❶ 对于生态危机的根源问题,生态马克思主义者借鉴了马克思的异化劳动理论,依据异化理论分析资本主义社会危机,认为资本主义的危机已经由生产领域转移到消费领域,由异化消费引起的生态危机替代了资本主义的经济危机。总体上讲,西方马克思主义者研究了当今资本主义诸多新的价值现象,在一定程度上丰富了马克思的价值思想,但他们对于价值异化的社会根源分析不如马克思深刻。他们回避了资本主义政治经济制度的本质,没有找到所有价值异化现象的深层根源。他们揭示了资本主义文化领域出现的价值观问题,但是问题归咎于科学技术,对文化本身所依存的社会制度束之高阁。他们对于价值异化消除的探讨、实现人的价值具有乌托邦特点,片面强调科技对于社会的消极作用。

中国对于马克思价值理论的研究在 20 世纪 80 年代以前,主要集中于经济学领域。自 20 世纪 80 年代开始,价值哲学在中国兴起,人们开始从哲学语境研究马克思的价值思想。四十余年来,中国学术界对于马克思价值思想的研究经历了三个阶段。

第一阶段是 1980—1991 年,中国学术界对于马克思主义价值问题的研究由经济学领域开始向哲学领域转向,把价值视为马克思主义认识论的重要概念。1980 年杜汝楫的《马克思主义论事实的认识和价值的认识及其联系》一文掀起了中国价值论研究的序幕。文章提出人的认识应该包括事实认识和价值认识。事实认识是关于"是什么"的认识,价值认识是关于"应如何"的认识。把价值和事实共同列为马克思认识论的重要内容在中国马克思主义哲学研究史上是第一次。❷ 这篇文章引起哲学界广泛关注。之后,许多学者开始关

---

❶ Paul Burkett. Marx and Nature [M]. New York: St. Martin's Press, 1999: 14.
❷ 杜汝楫. 马克思主义论事实的认识和价值的认识及其联系 [J]. 学术月刊, 1980 (10): 1 – 10.

注价值问题,认为马克思主义哲学不能排斥价值,并从不同角度论证马克思价值观点的合理性。比如有学者指出,只要承认无产阶级革命功利主义,就应当承认马克思主义哲学包含价值观点。承认价值观点,并不一定就否定唯物史观的生产力决定论。❶ 还有学者探讨马克思价值的哲学本质,认为真理和价值是反映主客体相互关系的认识论基本范畴,主张从主客体相互关系中理解价值概念。❷ 人们开始从马克思的文本中寻找马克思关于价值的文本依据。马克思的著作中唯一论及价值一般性概念的文章就是《评阿·瓦格纳的"政治经济学教科书"》,文中马克思的一段话被人们单独拿出来,并当作马克思关于价值一般性概念的经典观点。并以此得出,马克思的价值一般概念就是主体人的需要同外部世界的一种关系。❸ 之后这段话被作为马克思关于一般价值概念的经典论点被大量引用。1986 年,郝晓光发表题名《对所谓普遍价值概念"定义"的否证》的文章,认为这不是马克思的观点,而是马克思所批判的瓦格纳的观点。❹ 之后李连科和郝晓光二人就此问题展开讨论,并带动了哲学界对于一般价值概念的关注。到 20 世纪 90 年代初期,学术界关于马克思是否有价值普遍概念论述的争论似乎尘埃落定,人们接受了曾被大量引用的那句话是瓦格纳的观点,不是马克思的。由于文本的否定使得人们对于"价值是客体对于主体需要的满足"的传统观点质疑,关于价值的一般定义在学术界开始百花齐放。但是,对于马克思普遍价值概念的文本否定并没有影响人们对于马克思价值哲学研究的信心。人们打破了仅仅局限于马克思哲学思想的做法,开始从更宽阔的角度去理解马克思价值本质,人们从马克思的经济学价值理论

---

❶ 李连科. 关于马克思主义哲学价值论的探讨 [J]. 社会科学研究, 1985 (2): 2 - 6.

❷ 李德顺. 真理与价值的统一是马克思主义的重要原则 [J]. 中国社会科学, 1985 (3): 107 - 114.

❸ 李连科. 人的价值是什么 [J]. 国内哲学动态, 1982 (5): 12 - 14.

❹ 郝晓光. 对所谓普遍价值概念"定义"的否证 [J]. 江汉论坛, 1986 (12): 23 - 25.

里面寻找马克思关于一般价值的理论依据。这一时期,中国学术界对于马克思价值问题的研究开始从经济学领域向哲学领域转向,人们开始研究价值的一般性概念和哲学问题,价值被人们归纳为马克思认识论的重要概念。但是面临着缺乏马克思文本依据的困难,学者围绕着马克思的哲学价值论是否成立,是否存在普遍价值概念存在着很大的争论。现实的困难没有阻碍人们对于一般价值问题的研究,反而促进人们开始从更广阔的领域研究马克思的价值思想。

第二阶段是1992—2000年,价值哲学逐渐成为独立的学术研究领域,人们重点开展对于马克思一般价值思想的基础性理论研究。随着价值问题研究的深入,研究者不断提高价值论在马克思主义哲学中的地位,并且认为,马克思对于价值的研究并不只是局限于认识论。有学者提出不能将价值论作为认识论的组成部分,而应该将其作为马克思主义哲学基础理论的重要组成部分,将其与辩证唯物论、唯物辩证论、认识论等相并列。❶ 由于马克思普遍价值概念文本的否证,人们开始对从满足主体需要的角度界定价值概念质疑。有学者提出从满足主体需要的角度界定价值会陷入主观主义,价值应该是客体对于主体的效应。❷ 还有学者开始探索马克思哲学价值与经济学价值之间的关系,认为使用价值、商品价值、哲学价值之间是人类价值发展的否定之否定关系。❸ 但是价值论到底在马克思主义哲学处于什么地位,如何看待马克思主义哲学的结构体系,仍然存在着很多争议。有学者对以"主体—客体"关系理解价值概念提出质疑,认为这种逻辑结构很容易把价值归结为效用论,提出所谓价值就是在劳动实践基础上形成的人的超越性、理想性、目的性。❹ 这一时期,人们关于价值问题讨论的重点在价值论的理论地位和价值概

---

❶ 李德顺. 马克思主义价值论 [J]. 江淮论坛, 1992 (5): 8-11.

❷ 王玉樑. 客体主体化与价值的哲学本质 [J]. 哲学研究, 1992 (7): 16-24.

❸ 方军, 刘奔. 实践·历史必然性·价值——马克思的价值概念辨析 [J]. 哲学研究, 1993 (11): 3-12.

❹ 郁建兴. 关于马克思价值概念的商榷 [J]. 哲学研究, 1996 (8): 40-47.

念的理解上。这一时期刊发了许多关于价值哲学的文章，出版了许多价值哲学的著作，形成了丰富的学术成果。关于价值论在马克思主义哲学中的地位，许多学者进行了不懈的努力，希望学术界能够接受在马克思主义哲学体系中应该有价值论的一席之地。关于马克思的价值哲学仍然存在着争议，而对于价值概念的理解，需要论因为马克思文本的否证而遭到挑战。西方价值哲学的观点对我国学术界产生很大的影响，针对价值概念就出现了关系说、属性说、客体说等各种观点。有学者尝试从马克思所有的价值范畴的本质共性中寻找一般价值概念，探讨使用价值、商品价值和一般价值概念之间的共性，抽象概括一般价值的本质。人们对于一般价值理论的研究不再仅仅局限于马克思的哲学理论，马克思的政治经济学价值理论成为研究的重要领域。需要论遭到挑战，但是大多数的学者仍然坚持从主客体的关系中探讨价值的一般含义。就马克思的价值哲学与西方价值哲学的对比，学术界普遍认为马克思哲学引入实践的观点，使得马克思的价值哲学超越了西方价值哲学。实践观点是马克思价值理论的基础，是马克思价值理论超越西方价值理论的根本。

　　第三阶段是 2001 年至今。学术界开始打破经济学与哲学的界限，从整体性角度研究马克思的价值理论。进入 21 世纪，随着"普世价值"之争和社会主义价值观的大力宣传，价值哲学成为显学，人们在非经济领域对于价值一词的使用远远超过经济领域。价值哲学作为马克思主义哲学重要组成部分的地位得到巩固。哲学价值概念进入官方出版的马克思主义哲学和马克思主义基本原理的教科书中。这一时期的研究是多角度、多层次、全方位的。人们在理论上更加注重具体问题的研究，同时人们更加注重对于现实问题的研究。学术界对于马克思主义价值论的研究主要集中在以下几个方面。

　　第一，从整体上研究马克思主义价值论。有些学者把研究的重点放在对马克思主义价值论的整体性研究上，例如有学者提出马克思首先是在哲学领域研究价值问题，但是其苦恼于无法在哲学上找到现实物质利益问题的根源，于是便从哲学转向政治经济学。当马克思把视角转向经济领域之后，马克思接受了英国的古典政治经济学的劳动价值理论。马克思基于异化劳动的思想，在资本主义社会发现了物的世界的增值和人的世界的贬值。最后马克思从经济批判转向政治批判。马克思认为共产主义是实现个人价值的最终场域。❶也有学者主张把马克思政治经济学当作一种价值哲学来研究，认为在马克思的政治经济学中的每一个范畴都体现着他的价值哲学思想。马克思重建形而上学的工作虽然是从黑格尔和费尔巴哈哲学出发的，但却是在政治经济学的批判中完成的。货币的全部哲学意义来自于它代表一种文明制度，即私有制。❷有学者通过寻找在劳动价值论中的劳动与在实践论中的劳动二者之间的共性，探讨价值的哲学本质。❸有学者从马克思的商品价值理论入手，把马克思的一般价值本质理解为社会关系。❹总体上讲，当前学术界已经意识到研究马克思的价值思想，绝不能把其劳动价值论和剩余价值论抛在一边，马克思经济学价值理论是其价值思想的重要内容。马克思并不是只在经济学领域研究价值问题，事实表明马克思是从不同维度研究价值问题的，而且随着研究重点的不同他在不同历史时期进行过研究的转向。经过学术界的研究，人们发现马克思经济学价值和哲学价值的基础都是劳动。马克思对于劳动范畴的哲学思考是其找到解决政治经济学难题的关键。劳动也是马克思理解人的价值与物的价值之间关系的桥梁。与西方经济学家相比，马克思的经济学价值理论开启了对于价值概念的新思考，也就是不再局限于从人与物之间的关系理解价值，而人与人的关系是资本主义时期理解价值的关键。在马克思看来，要追求实现人的价值，人类在以主客体关系改造自然界

---

❶ 焦佩锋. 马克思"价值哲学"的性质及其原则性启示 [J]. 学习与探索, 2015 (4): 38-44.

❷ 何萍. 马克思政治经济学语境中的价值哲学 [J]. 现代哲学, 2003 (4): 10-16.

❸ 吕志敏, 曹子勤, 马熙融. 马克思劳动价值理论的哲学内涵 [J]. 内蒙古财经学院学报, 2003 (1): 24-26.

❹ 王峰明, 牛变秀. 哲学方法论视域中马克思的劳动价值论 [J]. 哲学研究, 2004 (2): 29-33.

的同时，要对人类社会内部的关系进行改造。因而，马克思价值思想的重点并不是放在人与自然的主客体关系上，而是放在人与人的主体间关系上。马克思价值思想的研究重心不是追求在学理上构建一般价值理论体系，而是从人类社会历史探讨人的价值实现。马克思追求人的自由而全面发展的最高价值目标，其在各领域的价值思想都是服务于这一理论目标。

第二，关于马克思主义价值论起源的研究。为了更深刻地了解马克思主义价值论，有些学者从马克思的理论来源探讨马克思对于价值问题的理解和思想发展脉络。这既包括哲学的思想，也包括经济学思想的来源。例如，通过比较马克思和斯密的概念方法论理解马克思价值思想的转向和发展。斯密以英国经验主义方法理解价值概念，马克思则是将黑格尔的辩证法的合理内涵与英国经验主义的方法融合在一起。因此，斯密的价值概念定义是相对固定的。而马克思的价值概念是随着经济社会发展不断由相对简单向相对复杂的形态转化。❶ 也有学者开始探究马克思价值论的哲学理论来源。例如，比较马克思和黑格尔，认为异化劳动是黑格尔和马克思生活时代的价值主题，黑格尔异化劳动观启迪着马克思的天才构思。黑格尔主张克服纯粹精神领域中的异化，因而其异化劳动观存在着辩证法无法解决的矛盾。而马克思是从唯物主义的立场出发理解劳动异化，他认为扬弃私有制是克服异化的根本途径。人的解放是马克思和黑格尔价值批判的旨归。❷ 有学者通过对比马克思和康德关于人的价值的联系和区别来理解马克思人的价值思想的本质，认为康德与马克思的区别在于：道德的人与现实的人；抽象的人的价值与具体的人的价值；目的手段的视角与社会个人的视角。❸

---

❶ 蒋海益. 卡尔·马克思和亚当·斯密的价值概念比较［J］. 江苏行政学院学报，2006（3）：52－57.

❷ 栾亚丽. 继承与超越——价值视阈下马克思和黑格尔关系探析［J］. 湖北社会科学，2010（10）：5－9.

❸ 康晓强. 人的价值：马克思与康德的比较及其当代意义［J］. 中共中央党校学报，2011（3）：23－27.

第三，关于马克思主义价值论的普遍性问题研究。随着"普世价值"在中国的讨论，学术界也开始探讨马克思主义价值论的普遍性问题。例如，有人认为马克思的共同实践思想是其普遍价值的基础，彻底翻转传统哲学关于抽象的理性或感性共同性。可以树立真正的普遍价值观，抵制"普世价值"。❶ 也有学者认为，价值表示客体对主体的意义，主体本身是决定价值有无、大小的尺度，应该依据主体间的共同性和普遍性来理解共同价值和普遍价值概论。❷ 中国学者以大量的学术成果揭露了"普世价值"的本质，其本质是资产阶级价值观被披上了"普世"的外衣。自2015年起，中国学者开始探讨人类共同价值与"普世价值"的根本区别。有学者提出，人类共同价值来源于人类实实在在的交往实践，并以社会命运共同体为基础。❸

第四，关于马克思主义价值论研究方法论的探讨。面对价值哲学基础理论研究在21世纪初出现的困境，有些学者主张以方法论的变革作为价值哲学研究的进路。比如，有学者总结了我国价值论研究方法的转型过程❹。也有学者提出，价值研究的困境是受限于20世纪以前奠定的以实体为中心的理论视野，未能充分进入以关系思维为特征的新的存在论。要实现马克思的价值理论研究的突破，应该使主客体关系成为描述人类实践结构的关系范畴，通过对人类实践结构的考察，揭示主体与各种价值现象的关系。❺

第五，对于马克思人与自然价值关系的研究。21世纪以来，我国面对资源约束趋紧、环境污染严重、生态系统退化的严峻形势，

---

❶ 董晋骞. 论普遍价值的基础——马克思共同实践思想研究［J］. 辽宁大学学报（哲学社会科学版），2011（5）：11-18.

❷ 李德顺. 怎样看"普世价值"？［J］. 哲学研究，2011（1）：3-10.

❸ 鲁品越，王永章. 从"普世价值"到"共同价值"：国际话语权的历史转换［J］. 马克思主义研究，2017（10）：86-94.

❹ 孙伟平. 价值论研究方法的反思与转型［J］. 马克思主义与现实，2013（3）：17-22.

❺ 李德顺. 当代价值研究的新进路［J］. 马克思主义与现实，2013（3）：1-9.

逐渐把生态文明建设放在突出地位。西方的生态价值理论被一些学者引入中国并试图以之作为中国生态文明建设的理论依据。中国学术界关于生态环境是否有价值、生态价值的主体是谁等问题展开讨论。有学者借鉴了西方生态价值理论的观点，强调自然价值不仅具有工具价值，其本身也有内在价值。当今世界环境危机的根源是人们只看到了自然的工具价值，而忽略了自然本身的内在价值。只有同时强调自己的工具价值和内在价值才是人类的未来之路。❶ 也有些学者对西方生态价值理论持批判态度，他们主要从强调人的价值主体地位出发，认为所谓自然的价值实际应该是自然对于人的价值，人类是价值的主体，承认自然本身的内在价值是否定人的价值主体地位。有学者提出马克思始终是把人作为价值主体来论述人与自然价值关系的。❷ 有学者进而提出不应该仅局限在从人与自然的关系出发解决生态危机问题，造成今天世界生态危机的根源是资本主义制度，人类根本出路应该在于协调人类内部关系。❸ 现在学术界争论的焦点在于到底什么是生态危机的根源，人与自然应该是什么样的关系。马克思生活的时代虽然没有出现普遍的生态危机现象，但马克思早就关注过工业发展带来的环境污染和生态破坏问题。马克思关于人与自然价值关系的思考对于我们今天具有一定的指导意义，其关于人与自然的价值思想也是当今学术界研究的一个热点。

当前学术界存在以下几个理论争议：一是关于马克思有无普遍价值概念的争议。马克思是否有普遍价值概念从20世纪80年代就存在争议。马克思在《评阿·瓦格纳的"政治经济学教学书"》中的一句话，"'价值'这个普遍的概念是从人们对待满足他们需要的

---

❶ 王国聘. 论自然价值的冲突与协调 [J]. 学术交流, 2010 (7): 18-20.
❷ 张进蒙. 论马克思、恩格斯的人与自然和谐价值观 [J]. 井冈山大学学报（社会科学版）, 2010 (6): 35-38.
❸ 郎廷建. 生态正义与生态文明 [J]. 内蒙古社会科学（汉文版）, 2014 (6): 38-43.

外界物的关系中产生的"❶是学术界争论的焦点。有学者将此作为马克思关于普遍价值概念的唯一论述,也有学者提出这句话实际上是马克思所批判的瓦格纳的观点。现在,学术界主流的观点认为马克思没有普遍价值概念论述,人们所引用的那句话是瓦格纳的,是使用价值的定义。当然,仍有一些学者坚持认为这句话是马克思的,或者说思想是符合马克思的。马克思的这篇文章是马克思典型的批判性的文章,文章大量引用对手的思想,并且马克思在文中经常使用反讽,反话正说的语言风格,故存在争议在所难免。马克思这篇文章将是本书研究的重点文本,这关乎马克思价值思想的文本引用问题。二是关于价值概念的争议。马克思的价值概念是学术界争议性最大的问题。传统的价值观点是需要论,在官方出版的马克思主义哲学和马克思主义基本原理的教科书中都曾采用了这种说法,但是这个定义曾经经过激烈的争论。有些学者认为这不是价值一般性概念,而是使用价值的概念。也有学者批评把价值理解为需要,犯了主观主义错误。很多学者都尝试从不同的角度对价值概念进行定义,归纳起来主要包括关系说、属性说、实体说、系统说、功能说等。经过四十余年的争论,在价值概念方面,学术界基本达成一个共识,就是从主客体之间的关系理解价值概念。三是关于价值存在论的争议。价值存在论问题就是价值哲学的本体论问题,是否承认价值存在论关乎价值哲学的地位问题。我国学者大都肯定价值的客观存在,并且关于价值存在论的争议主要集中在价值存在何处。现在,学术界主流的观点是价值的本体是主客体之间的关系。如何理解主客体之间的关系是学术界研究的一个重点,因为马克思主客体关系理论的研究是深入理解马克思价值思想的关键。四是关于价值主体性的争议。价值的主体是什么,这是当前学术界存在的一个争议问题。在西方自然价值思想的影响下,我国有些学者认为一切有

---

❶ 马克思,恩格斯. 马克思恩格斯全集:第 19 卷 [M]. 北京:人民出版社,1963:406.

生命的事物都是价值的主体，也有学者认为生态系统本身也可以是价值主体，而人类是价值客体。有学者甚至批评马克思主义价值论是所谓人类中心主义。大多数学者都认同马克思坚持以人作为主体的唯一性。而对于作为价值主体的人到底是什么样的人，学术界也有不同的观点。有学者认为价值的主体就是现实的人，有学者认为价值的主体是人类整体，也有学者认为无产阶级是马克思价值思想的唯一主体。

当前学术界取得的理论共识：一是普遍认为实践是价值一般概念产生和发展的基础。学术界普遍认为马克思的实践理论是其价值思想的理论基础。马克思坚持从具体的、现实的、历史的个人出发理解价值。马克思认为价值概念产生于人类重复不断地生产生活实践，历史上的价值范畴和内涵都是人们在一定历史阶段的社会实践基础上产生的价值关系的反映。马克思反对先验地理解价值概念，认为价值是人类实践活动的产物。马克思也反对从人的本性出发理解一般价值的内涵，他主张从实践基础上的主客体关系理解价值内涵。实践的观点使得马克思的价值思想与主观主义价值观划清了界限。当代中国价值哲学普遍接受了马克思的实践观点，认同实践是价值哲学的基础。中国价值哲学的研究虽然晚于西方，但中国价值哲学以马克思的实践理论为基础，开辟了实践价值哲学新的理论范式，为价值哲学的发展指明了方向。二是普遍以主客体结构理解价值本质。如何理解价值本质，在学术界曾经存在很大的争议。中国价值哲学兴起之初就是以主客体结构理解价值本质的。后来，才有学者以马克思否定瓦格纳的价值一般性概念为依据，认为客体满足主体需要指的是使用价值而不是价值。随之学术界对这个问题展开争论并对价值本质进行不断深入的研究和思想碰撞。学术界在对主客体关系理论进行深入研究后，基本上接受以主客体关系结构理解价值本质。三是普遍认为一般价值概念是对一切具体价值形式的高度概况。学术界普遍认同马克思一向坚持共性与个性的辩证方法抽象哲学概念。马克思虽然没有直接阐述一般价值概念，但他为我们提供了方法。马克思曾明确反对从词源学的角度概括哲学价值概念，我们应该从人类一切具体价值形式中抽象概括哲学价值概念。马克思曾分析了人类历史的不同价值形式及价值概念的不同内涵，不同历史时期的价值形式或价值内涵反映了人们对具体价值关系和价值现象的认知。一般价值概念应该是对人类历史一切价值形式的抽象概括。资本主义社会经济领域出现的一些新的价值形式和价值关系，抽象一般价值概念绝不能将它们排除在外。

第三节 马克思主义价值论的理论特点与地位

马克思主义理论是有自己的价值立场的，马克思主义理论自诞生之日起就致力于追求实现大众的现实幸福和自由。马克思主义理论揭露、批判、否定一切阻碍无产阶级、人类整体发展的障碍，树立了立足于无产阶级、全人类的价值理想和价值标准。实现人的自由全面发展的价值立场贯穿马克思理论研究的全过程，也完全渗透在马克思主义整个理论体系中，马克思各个时期的理论研究无不围绕着这一主旨展开。由于历史原因，马克思的价值思想主要集中在其经济学著作，其他领域没有完整的价值思想。在相当一段时间里，马克思在其他领域的价值思想一直少人问津。20世纪80年代以来，中国价值哲学兴起，价值论名正言顺地成为中国哲学界的研究对象，人们开始关注马克思在哲学、伦理学等领域的价值思想，散落、隐含在马克思著作中的价值思想不断被挖掘。哲学界逐渐形成共识，即价值论是马克思主义哲学的重要内容。从整体性视角发展马克思主义理论不可避免地要解决经济学价值理论和哲学价值理论之间的关系问题，正确认识马克思的价值思想对于发展马克思主义价值论具有重要的意义。

一、马克思主义价值论的理论特点

和西方价值哲学相比,马克思主义价值论具有鲜明的理论特色。从时间先后来看,马克思主义价值论成型时期正处在西方价值哲学的酝酿期。当时价值并没有正式成为哲学的重要概念被广泛讨论,但是马克思自己已经有了比较成熟的价值思想。和西方价值哲学不同,马克思不是刻意去构建一个价值论体系,而是针对当时的价值问题和各种价值理论进行回应。如果按照西方价值哲学的话语体系,就会很容易误以为马克思是没有价值思想的。抛开西方价值哲学的话语体系,就西方价值哲学产生的背景和讨论的话题来看,马克思和他们都关注人的价值问题。西方价值哲学试图回到康德从哲学的角度重视人的价值,而马克思却走了一条完全不同于西方价值哲学的路,他通过经济学与哲学的视界融合找到一条实现人的价值的现实途径。也就是说,马克思针对19世纪西方价值哲学所要解决的价值问题,已经提出了一个不同的解决方案。马克思价值思想的独特之处也决定了马克思主义价值论必然可以走出一条不同于西方价值论的新路。

(一) 理论与实践相统一是马克思主义价值论的基本原则

与西方价值哲学相比,坚持理论与实践相统一的原则是马克思主义价值论最鲜明的理论特点。马克思创立的实践理论为其价值思想提供了基础。立足实践理解价值,是马克思主义价值论与西方价值哲学区别的根本点。在马克思主义者看来,"只有从实践、实践结果出发,才能正确理解价值本质问题。"❶ 西方价值哲学最初主张回到康德,以康德的主体性原则的先验思路理解价值,这也使得价值哲学最初表现出鲜明的唯心论色彩。马克思反对先验地理解价值,他认为价值是人类实践的产物,人类通过持续不断的实践活动占有固定的外界物来满足人的需要才形成人与这种外界物的价值关系。

---

❶ 王玉樑. 从理论价值哲学到实践价值哲学 [M]. 北京: 人民出版社, 2013: 260.

也就是说，人并不是先验地处于这种关系中的。针对当时德国哲学家从词源学的角度理解价值概念的内涵，马克思主张以社会的角度、历史的角度理解价值内涵。为了弄清楚价值的内涵，马克思曾专门考察了价值在历史过程中的演变以及在历史中曾出现过的各种具体价值形式。马克思得出结论，价值概念在人类实践过程中是不断丰富发展的。随着人类的社会实践的不断发展，人们不断赋予价值概念各种新的内涵，价值概念的外延不断扩大。为了更好地区分价值概念的不同内涵，人们又会对价值概念进行细化，比如效用价值、交换价值等。马克思从实践出发理解价值概念真正解决了价值哲学长期陷入的理论困境，也就是一般价值概念和其他价值概念到底是种什么样关系？在马克思看来，各种具体价值概念是价值的具体历史形式，一般价值概念是一般与具体的关系。

马克思非常注重对现实世界价值问题的研究，现实价值问题是马克思价值思想的重要研究对象。早年马克思原本坚持通过哲学批判实现人的价值，后来他发现物质条件是人的价值实现的基础。为了了解现实社会物升值与人贬值之间的关系，马克思从人类最基本的实践形式——劳动，入手研究价值问题。马克思转而研究政治经济学理论，并将劳动价值论作为自己研究的理论基础。现实的价值问题一直都在马克思价值思想的关注范围以内，比如货币异化为一切价值形式的问题，物升值与人贬值的关系问题，资本家与工人的价值对立问题，等等。马克思在这个过程中完善了劳动价值论，创立了剩余价值理论。马克思从价值角度对资本主义社会进行了激烈的批判。马克思的实践论让其彻底告别了旧哲学，也为人类打造一个新世界提供了武器。马克思不是在抽象的世界里去构想一个虚无缥缈的价值世界，而是在现实实践中找到实现这个价值世界的现实路径。马克思正是在理论与实践相统一的原则下形成了唯物主义价值思想，这也使得马克思主义价值论相比西方价值哲学具有更大的优越性，真正能够解决人类的价值问题。

（二）哲学与经济学视界融合是马克思主义价值论的重要研究方法

西方价值哲学只在纯粹的哲学角度谈论价值问题，忽略了社会物质基础、生产关系对于人的价值实现的意义。马克思并不是只在某一个领域研究价值问题的，他一生都从不同维度研究价值问题。马克思主义价值论散布多个领域，尤其是在哲学和经济学领域。马克思对于价值问题的研究借鉴了黑格尔哲学与经济学视界融合的方法。马克思发现了哲学所追求的人的价值与经济学所追求的物的价值之间的本质联系。政治经济学将劳动视为商品价值的来源，但不同经济学家对于劳动本质理解的混乱导致了经济学理论的混乱。而马克思认为对于劳动概念的哲学思考为经济学劳动价值论提供了正确的思想基础。劳动是人的本质力量的对象化活动。人类的劳动过程一方面是人按照自己的意愿，将自己的本质意志转移到劳动产品中，使得劳动产品具备满足人的需要的属性；另一方面是人牺牲和耗费自己的体能和健康，亦即人的本质力量的耗费。马克思把劳动分为这两个面向，回答了商品使用价值和交换价值的产生根源，科学解决了劳动价值论与效用价值论之间的矛盾。马克思以主客体、主体间关系理论理解商品使用价值、交换价值的本质。马克思的主体间关系理论揭示资本主义社会实现人的价值的根本途径是扬弃资本主义生产关系。马克思的经济学价值论揭示了工人价值实现的现实障碍。

马克思经济学价值研究成果又为他抽象一般价值理论提供了丰富的材料。西方价值哲学热衷于在远离现实价值问题的情况下以抽象的方式谈论价值概念。马克思则是从经济学与哲学融合的视界出发，深入探索价值概念中的最基本的层面。马克思认为经济学价值概念代表人类特定历史发展阶段的价值具体形式，是一般价值概念的特殊性表现。马克思对于经济学价值概念的深入研究为马克思深刻理解一般价值概念奠定了基础。马克思是在充分认识具体价值形式特殊性的情况下，抽象概括价值的一般性本质的。因而，和西方价值哲学相比，马克思对于价值一般性本质的认识更加全面、深刻。

（三）物的价值与人的价值之间的辩证关系是马克思主义价值论的重要内容

相对于西方价值哲学围绕人自身主体需要、情感或欲望等论述价值问题，马克思把物的价值与人的价值关系作为研究的重要内容。马克思反对脱离物质因素谈论人的自由、人的价值问题。虽然马克思价值研究的目的是追求人的价值实现，但马克思研究的重点是物的价值。马克思发现了资本主义社会物的价值与人的价值之间的密切关系，人们追求物的价值增加的根本目的是为了实现人自身的价值。物（商品）的"价值"既体现了人与物之间的关系，也体现了物背后的人与人之间的关系。马克思通过对资本主义社会物的价值秘密的揭露，阐释了人的价值实现的现实条件。物（商品）的使用价值首先揭示了个人在与物的主客体关系中实现自我价值的条件。物（商品）的交换价值揭示了个人在与他人的主体间关系中实现自我价值的条件。

马克思从资本主义社会物升值与人贬值的现象入手揭示价值问题。所谓物升值是指物的交换价值。所谓人贬值有两层意思，一个是劳动者劳动耗费增加，劳动者作为人的本质丧失；另一个是人的劳动力价值的贬值。在《1844年经济学哲学手稿》中，马克思把物升值与人贬值的根源归结为劳动异化。劳动异化为劳动者的对立物。劳动者劳动将自己的本质力量对象化为物的价值，而劳动者劳动的越多，自身的本质力量丧失的越多。马克思认为，只有让劳动回归人自身本质才能避免物升值而人贬值的现象。后来经过对资本主义经济制度的深入剖析，马克思发现造成物升值与人贬值的根源是劳动力成为商品，货币转化为资本。工人出卖自己的劳动力，自己的价值就变成了劳动力商品价值，而工人的劳动源源不断地为资本家创造剩余价值。马克思通过揭露物升值与人贬值之间的根源发现资本主义社会的价值秘密。人类所创造的一切物的价值实质是人的本质力量的外化，它是人实现自我价值的现实基础，但是资本主义社会将物的价值变成工人价值的对立物。马克思认为，造成这一切现象的根源就是生产资料资本家私人占有。因而，实现人的价值的第一个物质条件就是废除生产资料资本家私人占有。

二、价值思想是马克思理论体系的重要组成部分

价值思想遍及马克思研究的各领域，从哲学到政治经济学，再到科学社会主义。就理论立场、方法论和目标而言，马克思各领域的价值思想具有高度一致性。价值思想在马克思的理论体系中具有重要地位。

（一）价值思想在认识论中的地位

马克思主义认识论曾长期把价值排除在外，它所讲的认识只是对客观世界及其发展规律的认识，不包括对事物的价值认识。主体价值在认识过程中的作用也被忽略，这种认识论没能全面体现马克思认识论的深刻思想。价值哲学在中国兴起之初，人们把价值论作为马克思主义认识论的重要内容，真理与价值的关系成为中国马克思主义认识论研究一个不可缺少的组成部分。"从认识论的方面看，真理观与价值观的关系问题，不仅有重大的理论意义，也有迫切的现实意义。"[1] 实际上，马克思的认识论里面包含价值论，价值论是马克思认识论的重要组成部分。按照马克思的观点，全面的认识论既包括主体对于客体的反映，也包括客体对于主体的确证。真理就是主体对于客体的正确反映，价值就是客体对于主体的意义。真理与价值代表人类在实践基础上的两个追求面向，也体现了主体与客体之间的辩证统一关系。人们只有从真理与价值的两个面向出发才能更全面的认识世界。

马克思的价值论体现了其认识论对于前人的继承和超越。马克思继承了黑格尔的主客体关系的方法论体系，并以此作为其认识论的方法论基础，使其超越了近代认识论的框架。黑格尔以主客体关系理解人的本质，并指出实践活动是改造世界、创造人类历史的根

---

[1] 李连科. 价值哲学引论 [M]. 北京：商务印书馆，1999：6.

本途径。但是黑格尔自己局限在唯心主义世界观里，把实践活动理解为一种观念活动，不能从现实出发理解价值问题，将价值陷入神秘主义。费尔巴哈主张从现实生活、感性对象出发理解价值问题，但是他并没有真正理解实践本质，因而把价值内涵理解为客观事物对于人在生物学意义上的本能需要的满足。马克思以对实践概念的改造抓住了人的本质以及主体与客体之间的本质关系。劳动是人的类本质活动，是主体本质力量对象化为客体的活动。价值则是主体对象化活动的确证，即客体对于主体的意义。马克思的主客体关系理论超出传统认识论的框架，主体与客体之间的关系不仅包括主体的主观认识符合客体本身的关系和客体满足主体需要的关系，还包括主体按照自己的意愿和需要改造客体，创造满足主体需要的关系。也就是说，马克思在真理与价值的辩证关系中凸显了认识论中人的主观能动性，不仅使得马克思的认识论不再是消极的反映论，而是更加强调主体意愿、需求的反映论，并且帮助马克思与费尔巴哈旧唯物主义认识论划清了界限。

马克思的主体间关系理论进一步丰富了认识论。在马克思投入政治经济学研究，以哲学思维方法抽象概括商品价值本质时，他发现政治经济学家在概括价值概念时存在的哲学思维方法局限。政治经济学家停留在以哲学主客体二分思维方法理解价值本质，仅仅从人与物之间的关系理解价值内涵。在马克思看来，商品交换的、价值揭示的是商品交换背后的主体间关系。马克思主张从主体间关系理解商品价值本质。随着商品交换的扩大，人们更加依赖商品交换获得生产生活资料。每个人成为人与自然关系中的主体的一分子，且都具备主体的内在规定性。彼此都是主体，互相把对方看作自己本质力量的一部分。自己的劳动是对方本质力量的外化，对方的劳动同样也是自己本质力量的外化。个体间有着共同的本质力量，共同的价值标准和价值追求，个人之间的本质劳动在交换中互相比较。每一个人的本质力量的外化以及客体对主体的确证都离不开社会、他人，社会、他人对个人生存和发展具有更为重要的意义。马克思的主体间关系理论不是对主客体关系理论的否定,而是对主客体关系的发展。也就是说,价值的哲学本质不仅体现客体对于主体的确证,还体现了主体间彼此的确证。从真理与价值之间的辩证关系来看,马克思的主体间关系理论是对其认识论的丰富,但其中的思想内容尚需要进一步的研究总结。

价值在本质上反映的是认识论的基本问题,马克思也是从认识论的视角理解价值本质的。从哲学发展史来看,与本体论相比,在认识论范围内理解价值哲学本质更能够解释各种价值现象,但认识论无法解释所有的价值问题。中国有学者意识到传统的认识论不能涵盖全部的价值问题,尝试用全面的反映论取代认识论。❶ 实际上这恰恰是价值问题超出了认识论范围的一个旁证。

(二) 价值思想在唯物史观中的地位

马克思在创立唯物史观之初就在其中讨论价值问题。在马克思看来,人类社会发展的过程,是人们不断根据自己生存和发展的需要,在头脑中构造一个价值世界,然后利用工具改造客观世界,将人们观念中的价值世界变成现实的价值世界的过程。人类社会的历史实质上就是创造价值的历史。价值问题一直没有离开马克思的研究视野。在《1844年经济学哲学手稿》中,马克思从人的类本质出发理解价值。当马克思在《德意志意识形态》中第一次系统提出历史唯物主义基本原理时,就否定了自己原本从人的类本质出发理解价值的思想,转向从具体的实践活动理解价值。在马克思看来,价值并不是哲学家头脑中抽象的神秘概念,而是源于人们对自己在实践基础上创造的满足人类生存和发展的物的认识,其内涵随着人类实践活动的发展而不断变化。

价值思想弥补了马克思历史唯物主义的"人学空场"。一些马克思主义的研究者认为马克思的唯物史观不同一般在于其科学性,马克思创立的唯物史观打开了人类历史几千年发展之谜。马克思以人

---

❶ 周文彰. 建构马克思主义价值论的可喜尝试 [J]. 哲学动态, 1988 (5): 20-22.

类社会发展的客观规律揭示了人类社会发展的历史进程。然而,马克思并没有否定人在社会发展中的主观能动性,人的现实需要和对于美好理想的价值追求是社会发展的动力。"人们为了能够'创造历史',必须能够生活。但是为了生活,首先就需要吃喝住穿以及其他一些东西。因此第一个历史活动就是生产满足这些需要的资料,即生产物质生活本身"。❶ 否定人的主观能动性就必定会导致宿命论。人的价值追求和生产力提高乃至整个社会的进步是高度统一的,人类社会的发展是一个合规律性与合价值性相统一的过程。马克思在早期的哲学思想中非常重视人的价值实现问题。马克思认为,自由是人的核心价值,人的自由发展是人的本质力量的真实展现。马克思也一直致力于寻找实现人的自由发展的现实途径。在《德意志意识形态》中,马克思提出真正的共同体是实现人的全面发展的途径,他否定黑格尔的绝对国家概念,认为国家只是一个阶级反对另一个阶级的联合,个人自由只是少数人无阻碍地利用偶然性的权利。"这种集体是一个阶级反对另一个阶级的联合,因此对于被支配的阶级来说,它不仅是完全虚幻的集体,而且是新的桎梏。"❷ 只有在真正的共同体——共产主义社会,每个人劳动所创造的价值和个人价值实现高度统一才能真正实现每个人的自由全面发展。马克思唯物史观的落脚点是每个人自由而全面发展的共产主义价值理想。

实践论是马克思价值思想的理论基础,同样是其唯物史观的理论基石,离开实践,自由只是哲学家口中的抽象概念。没有物质利益做基础,个人自由发展也只能停留在其内心世界的解放以及导致的极端利己主义。只有现实的人类社会实践才是价值实现的真正场域。关于人的价值实现思考是马克思由哲学转向政治经济学的核心问题。当马克思在市民社会中看到一切价值(包括人的价值)异化为金钱的现象,其无法从哲学中找到真正出路不得不转向政治经济

---

❶ 马克思,恩格斯. 马克思恩格斯文集:第1卷 [M]. 北京:人民出版社,2009:531.
❷ 马克思,恩格斯. 马克思恩格斯全集:第3卷 [M]. 北京:人民出版社,1960:84.

学。而马克思政治经济学价值理论又进一步论证和丰富了马克思的唯物史观。

(三) 价值思想在政治经济学中的地位

经济学价值理论是马克思理论体系中最完整、最显性的价值理论。价值问题贯穿马克思政治经济学研究的始终。他早年研究国民经济学时就曾指出国民经济学家争论的焦点就是对价值概念的理解。价值概念是马克思批判西方经济学家的核心。他曾指出,由于对价值概念的不同理解,国民经济学分化为效用价值论和劳动价值论。马克思批判效用价值论对商品价值的理解只停留在人与物之间的关系上,无法解释人与人之间的关系。马克思欣赏李嘉图的劳动价值论,认为其揭示了掩盖在商品等价交换下的剥削关系。马克思继承了李嘉图的劳动价值论并将其作为政治经济学的理论基础。马克思从商品效用价值与交换价值之间的矛盾入手,运用唯物辩证法把使用价值和交换价值统一于商品之中,并以对商品价值范畴的抽象概括揭示了商品等价交换的秘密。马克思由商品价值揭示出商品背后人与人之间的关系。马克思又以对劳动力商品的使用价值和价值的分析揭示了资本主义增值的秘密。

马克思的剩余价值理论揭示了资本主义社会阻碍人的价值实现的根源。无产阶级一无所有,只能依赖出卖自己仅有的劳动力来实现自己的生命价值。而无产阶级的劳动力则成为资本家攫取剩余价值的工具。资本主义生产的本质是追求物的价值。人的价值在资本主义生产体系中被物化,人的需要被物化为必需的生活资料,人的本质被物化为资本。马克思指出个人价值实现的障碍就是生产资料的资本主义私有制。实现人的价值的根本途径就是废除生产资料的资本家私有制,使劳动回归人的本质。

马克思的经济学理论与其他经济学理论最大的不同是马克思坚持了其一贯的价值立场,即追求人的价值实现。马克思的经济学理论不是为了追求物的价值,而是为了实现人的价值。这就使马克思主义政治经济学站在了更高的价值立场上,即以无产阶级和全人类的整体利益为基本立场，追求实现每个人的自由全面发展。这也使马克思政治经济学站在了西方经济学的对立面，也表明了马克思的理论是一个有机的整体。因为马克思首先是一位哲学家，其经济学价值理论并没有完全脱离哲学理论体系。马克思以人的本质理论、主客体关系理论为基础，抽象概括经济学价值范畴。他关注的不是物的价值，而是要揭示隐藏在物背后的人的价值。就哲学世界观、方法论而言，其早期的哲学价值思想和经济学价值思想是一脉相承的。也就是说马克思经济学价值思想是其哲学价值思想的延伸和具体运用。在马克思晚年，又有西方经济学家瓦格纳以价值概念作为攻击马克思政治经济学理论的工具。马克思批判了瓦格纳所谓一般价值概念的方法论错误，再次强调了价值概念的实践基础和主客体关系的方法论原则。马克思通过对瓦格纳的批判捍卫了自己的经济学理论，同时也证明了马克思多维度价值思想的一致性。

（四）价值思想能否成为一个独立的理论体系

20世纪80年代兴起的中国价值哲学研究虽然是在西方价值哲学研究之后，但仍然是在马克思主义哲学话语体系里进行的。学者们最早冀望从马克思的著作中寻找文本依据，但这项工作非常困难。因为"价值"一词极少出现在马克思的哲学文本中，而更多的是在其经济学著作中。在哲学家们的努力下，价值哲学研究方兴未艾，价值论也被纳入马克思主义哲学体系中。但令人遗憾的是，马克思主义价值论研究成果中鲜有马克思本人的价值哲学思想。现在，有学者尝试以马克思的哲学方法论深挖隐藏于文本中的一般价值思想，以期概括马克思主义价值论。学术界大多认可价值论是马克思主义理论的一个独立的理论体系，那么马克思主义价值论能否成为一个独立理论体系？马克思主义价值论能否成为一个独立理论体系的关键问题是从各著作中抽离出来的价值思想能否成为一个有机的逻辑体系。而其中最核心的是如何看待马克思各种价值思想之间的关系，尤其是哲学价值思想和经济学价值思想之间的关系。

关于马克思哲学价值思想与经济学价值思想之间有没有关系，学术界有不同的看法。主流的观点认为马克思经济学价值思想与哲学价值思想存在着某种联系。有人认为，马克思是把政治经济学当作一种价值哲学来研究的，马克思的政治经济学概念都体现着价值哲学思想。其主张不仅要研究马克思政治经济学的哲学思路，还要将政治经济学作为价值哲学的一部分进行深入分析。❶ 也有人认为，马克思的劳动价值理论是以唯物史观为哲学基础的，研究方法和马克思的基本理论分不开。人们可以通过对马克思的经济学价值理论的哲学基础和方法论研究来丰富和补充马克思的哲学价值理论，但马克思的经济学价值理论与哲学价值理论并不完全相同。❷ 有学者对此持相反观点，认为马克思在哲学和政治经济学的价值范畴各属于不同的话语体系，并不是一般与个别的关系，不能把政治经济学价值理论与哲学价值理论放在一起讨论。❸

要准确把握马克思的价值思想，就必须回到马克思的文本、回到马克思身处的历史背景、回到马克思本人的学术理论体系。从文本看，马克思的价值思想主要体现在经济学著作中。但马克思和西方经济学家不同的是，他是以哲学家的身份批判政治经济学的。哲学思维一直贯穿马克思经济学问题研究的始终。早期的《1844年经济学哲学手稿》，马克思以国民经济学现象理解哲学范畴和哲学问题，又以哲学方法作为解决国民经济学问题的出路。该手稿中马克思的经济学思维和哲学思维是高度契合的，其劳动异化理论揭示了市民社会价值异化现象与价值本质之间的根本区别。《1857—1858年经济学手稿》《1861—1863年经济学手稿》和《资本论》是马克思主要的政治经济学文本，"也是丰富发展马克思主义哲学的经

---

❶ 何萍. 马克思政治经济学语境中的价值哲学 [J]. 现代哲学，2003 (4)：10-16.
❷ 吕志敏，曹子勤，马熙融. 马克思劳动价值理论的哲学内涵 [J]. 内蒙古财经学院学报，2003 (1)：24-26.
❸ 王晓广. 马克思主义哲学和政治经济学中的价值范畴析分 [J]. 中国高校社会科学，2016 (1)：33-40.

典文献"。❶ 马克思运用唯物史观批判政治经济学，其研究成果又进一步丰富和完善了唯物史观。马克思经济学文本都有关于价值词义起源和形式发展的历史、人的价值和物的价值之间的关系、人的价值追求目标等问题的充分论述。也就是说，研究马克思的价值哲学思想不能把其经济学文本排除在外。马克思的哲学和经济学著作都是马克思价值思想的文本依据。

从历史背景来看，在马克思的年代，价值虽然是一个常见的日常生活用语，但人们基本上还是在经济学领域讨论其内涵。马克思认为，价值是一个历史性范畴，其内涵和外延随着历史的发展而不断变化。商品价值、使用价值等概念是人类社会在商品经济时代，对于社会中的价值现象、价值关系的一种集体认知。虽然人们都是在经济学意义上讨论价值内涵，但是不可能不去讨论经济学价值概念和一般价值概念的关系。马克思晚年与瓦格纳的论战就是围绕着经济学价值概念与一般价值概念的关系展开的。马克思并没有把经济学价值概念排除在一般价值概念范畴外，这说明包括马克思在内的德国学者在19世纪下半期就开始思考价值的哲学问题。人们在对价值概念进行哲学思考时，都没有摆脱经济学价值理论的影响。像19世纪末20世纪初德国诞生的价值哲学，其思想与经济学效用价值论就有密切的关联。所以，理解马克思的价值思想不能把他的经济学理论完全抛在一边。

从学术理论体系来看，马克思主义虽然被分为哲学、政治经济学和科学社会主义三大组成部分，但马克思的理论是一个彼此不可割裂的"整钢"。马克思哲学理论体系的建构和政治经济学研究是紧密相关的。如同列宁所言，"马克思的哲学和政治经济学结成了一个完整的唯物主义世界观。"❷ 追求人的自由发展是贯穿马克思理论的一条主线，不管是哲学还是经济学，马克思始终都从人的生存和发

---

❶ 《马克思主义哲学史》编写组. 马克思主义哲学史 [M]. 北京：高等教育出版社，2012：88.
❷ 列宁. 列宁全集：第25卷 [M]. 北京：人民出版社，1988：39.

展出发理解价值内涵。"坚持价值的马克思主义,就要遵循马克思主义的内在逻辑。首先要认识到马克思主义本身就是一个整体。"❶ 马克思经济学价值概念和哲学价值概念都体现了马克思一以贯之的价值理论的立场和方法论。马克思自始至终都坚持追求人民的现实幸福的哲学价值立场。马克思最初关注价值概念是源于政治经济学对于价值概念的争议,价值到底是物的有用性还是物之所值。和一些追求维护资本主义制度或利润的经济学家不同,马克思站在了更高的哲学高度来研究价值问题。而且,马克思的唯物辩证法为解决政治经济学所陷入的劳动价值论和效用价值论之争的困境提供了方法论。马克思始终从人的对象性关系出发理解和阐释各价值概念。也就是说,主体的本质、主体的生存和发展是理解价值的出发点,也是各种价值范畴的共同特点。马克思的主客体关系方法论贯穿其理论整体体系,是其新哲学——唯物史观的方法论之一。马克思的经济学价值范畴和哲学价值范畴都建立在这一方法论基础上,二者有着内在的一致性和逻辑关系。不论是哲学价值范畴还是经济学价值范畴都是在揭示主客体以及主体间关系的。如果说哲学价值范畴是指人的本质力量在主客体关系以及主体间关系的确证,那么经济学各价值范畴就是在不同历史阶段人的本质力量确证的具体表现和具体形式。劳动是马克思政治经济学价值和哲学价值的纽带。马克思关于劳动的哲学本质认识就是其政治经济学劳动概念的基础。劳动是理解马克思一切经济学价值范畴的钥匙。因此,马克思的经济学价值理论与哲学价值理论是一个完整的整体。

  马克思的价值思想具备构建一个完整的价值论体系的条件。但这项工程很艰巨,既需要我们总结马克思价值论的逻辑体系,又需要我们继续深挖马克思经济学价值思想这个宝藏。

---

❶ 李宝刚,张同兵. 价值的马克思主义还是符号的马克思主义 [J]. 社会主义研究,2015(5):18-24.

三、马克思主义价值论是当代中国价值论的理论渊源

当代中国价值论研究是在马克思主义基本原理指导下进行的,其研究属于马克思主义价值理论的研究范畴。自价值论兴起,中国学者就没有放弃从马克思著作中主动寻找价值思想的文本,寻找解决价值理论难题的答案,寻找价值论发展的方法。价值论基本理论问题的研究也是围绕着马克思价值思想文本的争议和辨析不断展开的。随着对马克思价值思想的不断发掘,其也成为中国价值论不断发展的理论基础。

(一)围绕着马克思文本的一般价值概念的讨论

中国价值哲学兴起之前,学术界一直是在经济学领域探讨价值问题。20世纪80年代初,在真理标准的大讨论下,有学者把价值概念引入马克思主义认识论,指出真理与价值之间的关系问题是马克思主义认识论的重要问题,这引起了哲学界对价值概念的关注。当人们对哲学上的一般价值范畴进行思考的时候,有学者习惯于直接从马克思的著作中寻找价值本质的文本依据,还因此引起学术界的一场"公案"——《评阿·瓦格纳的"政治经济学教科书"》中的"'价值',这个普遍的概念是从人们对待满足他们需要的外界物的关系中产生的"这句话到底是不是马克思关于价值一般性概念的经典观点?当有学者对这句话提出质疑的时候,引起更多读者对马克思这篇曾被长期忽略的文章的关注和深入研究。经过长期的争论,学术界基本达成共识,即这句话不是马克思的原话,不能代表他的思想,但马克思这篇文章的价值并没有因此被否定。马克思在文中为了批判瓦格纳的一般价值概念,他对价值起源、价值发展历史、商品交换价值与一般价值之间的关系等问题进行了充分的阐述。只是马克思在文中穿插了大量引用,又多采用反话正说的方法,极易引起人们的误解,所以需要人们对文章进行全面深入的研读。学术界围绕文章中这句话的激烈讨论,有助于人们对马克思这篇文章的深入研究,认同这篇文章为研究马克思一般价值思想的重要文本。

此文本为中国价值哲学理解价值本质的内涵提供了思想渊源。学者不断从马克思对瓦格纳一般价值概念的反讽、批判的语境中理解马克思对一般价值概念的认识，马克思特别强调价值概念的实践基础和不否定从主客体关系理解价值本质，这些认识为中国价值论的发展奠定了理论基础。中国价值论对实践概念的深入理解，使中国价值论从一开始就不同于西方价值哲学，有人甚至主张把中国价值论叫作实践价值哲学。❶

马克思的经济学价值思想也是中国价值论研究的重要思想渊源。当人们在马克思哲学著作中找不到直接文本时，有学者又把目光转向经济学著作中，希望从马克思经济学价值思想中概括出价值的一般本质。最初，学者直接从马克思的经济学著作中寻找文本，著作中一切关于价值概念的论述都会被拿来对比。由于马克思关于商品使用价值的论述与价值哲学一般价值概念的理解有相似之处，有学者直接把商品的使用价值概念等同于一般价值概念，但很快就被学术界主流观点否定，因为这种观点恰恰是马克思曾经批判过的瓦格纳的观点。学者在对这个问题进行辨析的过程中，不断探索一般价值概念与经济学价值概念之间的关系。马克思在论述商品使用价值与价值之间的关系时，以较长的篇幅论述了价值形式的发展历史。在马克思看来，商品使用价值代表价值的最初形式，但不是价值的全部形式。商品的交换价值、价值概念是价值发展形式，体现的是主体与主体之间的关系。学术界在对马克思经济学价值思想的研究中，发现关于价值哲学的传统观点——价值是客体对于主体需要的满足，是存在的问题。有学者提出，客体满足主体需要确实能解释很多价值现象，但无法代表所有的价值形式。❷ 学术界提出不同方案以解决这个问题，有学者试图通过对"需要"范畴的重新定义来解释价值本质，也有学者试图用"客体对于主体的意义"来替代"客

---

❶ 王玉樑. 从理论价值哲学到实践价值哲学 [M]. 北京：人民出版社，2013：1.
❷ 王玉樑. 客体主体化与价值的哲学本质 [J]. 哲学研究，1992（7）：16-24.

体对于主体需要的满足"。因而，马克思的需要理论、主客体关系理论从一开始就成为中国价值论研究的重要内容。

(二) 马克思早期哲学文本对价值论的影响

当中国价值论的研究没有从马克思著作中找到足够的价值思想文本时，便开始从价值哲学中的其他相关哲学范畴中挖掘马克思的哲学价值思想，诸如需要、主体、客体、对象化等。马克思的需要理论、主客体关系理论是理解其哲学价值思想的关键，学术界为了搞清楚马克思的需要理论、主客体关系理论，把研究的目光放到马克思早期的哲学文本上。需要范畴是价值哲学的重要概念，但需要概念是和价值概念一样复杂的范畴，拿需要概念辨析价值概念极易从一个"陷阱"跳入另一个"陷阱"。因为从需要出发理解价值本质曾被视为主观主义价值论的主要特征，所以能否从需要出发理解马克思的价值思想关键就在于如何理解其需要理论。有学者以马克思的需要理论作为证明马克思主义需要价值论的依据，也有学者以马克思的需要理论作为否定需要价值论的理论依据。马克思的主客体关系理论是中国价值论研究的方法论基础，也是最没有争议的思想基础。马克思早期的主客体关系的理论文本，是中国价值论研究引用和讨论的最主要的思想内容。

马克思早期文本中关于人的价值追求立场、劳动异化、价值异化思想被挖掘出来并成为中国价值论研究关注的重点。马克思早期的价值思想纷纷被梳理出来，其早期的一些作品具有浓厚的青年黑格尔派和费尔巴哈的影子。有学者提出马克思的价值观就是人道主义价值观，也有学者认为马克思在"人学"方面没有空场，并掀起了马克思主义人学研究。一些学者把马克思早期哲学著作作为价值研究的重点文本，但马克思唯物史观创立前后存在着很大的思想变化，完全孤立地看待马克思早期的哲学文本可能在价值哲学上偏离马克思的思想。马克思在现实社会发现了"物升值人贬值"的现象，而转向经济学去研究其根源。马克思将研究方向从哲学上对人的价值的探索到后来转向经济学对物的价值的研究，这之间并不是完全割裂的。有学者提出，只有把马克思哲学价值思想和经济学价值思想放在一起，才能全面掌握马克思思想的变化过程，才能了解马克思真正成熟的价值思想。❶ 所以，中国价值论出现两个不同的研究线索，一个是以马克思早期的哲学文本为研究线索，另一个是以马克思哲学与经济学之间的联系为研究线索。后一个线索是目前价值论研究的主要线索。

（三）马克思经济学价值思想对价值论的影响

在马克思早期的价值思想被充分挖掘之后，学术界逐渐关注马克思经济学价值思想对价值论研究的意义。马克思的政治经济学手稿和《资本论》成为价值论研究的马克思主义经典著作。大部分学者是从马克思主义整体性视角理解马克思的经济学价值思想的，认为其是马克思价值思想的一部分。马克思哲学价值思想与经济学价值思想的关系成为学术界关注的重点。人们开始尝试研究马克思的理论研究进路和哲学思维方法，希望从中把握马克思思想的一致性和连贯性，并以此构建马克思哲学价值思想和经济学价值的理论联系。例如，马克思的经济学价值思想建立在劳动价值论基础上，而劳动又是马克思重要的哲学范畴。劳动范畴就成为人们理解马克思哲学价值与经济学价值思想的突破口。深入理解马克思关于劳动的哲学本质思想与劳动二重性思想之间的联系成为研究的关键。劳动在哲学范畴上表示人的本质力量的对象化，人的劳动过程就主体而言表现为体力和脑力的付出，身体的损耗；就客体而言表现为按主体意愿改变属性。马克思的抽象劳动和具体劳动就是分别从主体和客体视角理解劳动的。因而，抽象劳动产生的商品价值反映的是主体间关系，具体劳动产生的商品使用价值反映的是主体与客体之间的关系。马克思的商品价值概念是主体间关系的体现，如何看待马克思的主体间关系理论与主客体间关系理论的联系成为中国价值论

---

❶ 张曙光. 马克思的哲学价值观与劳动价值论探略 [J]. 哲学研究，2013（1）：40–46.

争论的问题。坚持把马克思的主体间关系理论排除在主客体间关系理论之外的学者认为经济学价值与哲学价值是两个话语体系❶，而认为马克思的主体间关系理论是主客体间关系理论补充的学者则把经济学价值纳入哲学价值研究体系里面❷。后者把马克思经济学价值理论作为价值论研究的重要思想渊源。经济学价值被视为哲学价值的具体形态，是个别与一般的关系，经济学价值思想为哲学价值研究提供了思想进路，可以帮助我们更好地理解马克思的哲学价值思想。有学者提出，马克思哲学价值理论的独特之处，是马克思的劳动价值论所隐含的主体间关系理论把人们对价值的关注引向社会内部❸，他人和社会是个人实现价值的主要途径，人们更加关注正义、平等、自由等对人的价值。

综上所述，可见马克思价值思想是中国价值论思想的理论渊源。价值哲学的基础性理论问题还是要依赖马克思的经典文本。中国价值论的研究经历了对马克思价值思想文本研究的一个肯定、否定、否定之否定的辩证发展过程。马克思的价值思想不断推动中国价值哲学基础理论研究，也为中国价值论关照现实和进一步发展提供了方法论。马克思价值思想鲜明的理论特色包括：理论与实践相统一的基本原则；哲学与经济学视界融合的研究方法；将物的价值与人的价值之间的关系作为重要研究内容。马克思价值思想是马克思理论体系的重要部分，它在马克思认识论、唯物史观和政治经济学都有重要的地位。虽然马克思从多个维度阐述价值思想，但马克思价值思想具有内在的逻辑性和统一性，可以成为一个独立的理论体系。中国价值论一直是在马克思主义理论的指导下发展的，梳理马克思价值思想对于当代中国价值论的研究具有重要指导意义。

---

❶ 王晓广. 马克思主义哲学和政治经济学中的价值范畴析分 [J]. 中国高校社会科学, 2016（1）: 33 - 40.
❷ 何萍. 马克思政治经济学语境中的价值哲学 [J]. 现代哲学, 2003（4）: 10 - 16.
❸ 俞吾金. 重视对马克思的价值理论的研究 [J]. 当代国外马克思主义评论, 2008（0）: 3 - 13.

第二章　马克思主义价值论的发展历程

价值是人类思想史上一个关涉人的本质和发展的重要概念。它是作为主体的人在实践中寻找和创造有利于人的生存和发展的外界物，以及对这种外界物与人之间的关系在思想认识上的高度凝练。其内涵必然会随着人类不同历史时期实践的发展而变化和丰富。马克思和恩格斯所生活的年代正是资本主义社会的上升阶段，经济领域的价值问题越来越引起人们的关注，价值成为西方思想家们所讨论的重要概念。马克思和恩格斯也一直关注价值问题，在他们的学术研究生涯中，对价值问题的研究有其特有的发展历程。梳理马克思主义价值论的发展历程对全面了解马克思主义价值论具有重要的意义。

第一节　马克思主义价值论的哲学起点

近代西方思想界关于价值概念的解读，所呈现出来的复杂和混乱源自封建社会向资本主义社会过渡的价值转型和资本主义社会层出不穷的新价值现象给人们带来的思想困惑。在西方思想土壤中成长起来的马克思，其早期的价值思想不免受到西方价值思想混乱的影响。马克思对价值的研究是一个从不成熟到成熟，从混乱到清晰的过程。

一、早年确立追求"人类现实幸福"的价值立场

中学时期的马克思就树立了为人类的幸福工作的人生价值观。例如,他在自己德语作文《青年在选择职业时的考虑》,就主张青年人选择职业"应该遵循的主要指针是人类的幸福和我们自身的完美"❶。马克思认为个人的人生价值应该建立在为人类的幸福工作基础上。个人价值追求和人类幸福不是对立的,而是可以完全统一的,因为一个人只有为他人的幸福而工作,自己才能达到完美。这篇文章展现了马克思独特的价值理念,"这篇文章以充满激情的、对生命价值的信仰宣言结束,而这种价值,就是为人类利益而牺牲生命。"❷虽然说马克思的这种理念其实是德国启蒙运动思想的熏陶和中学纯粹人道主义教育的结果,但是马克思少年时期头脑所闪现的思想火花为他成年时期的不朽理论埋下了火种。为人类幸福工作是马克思一生所坚持和追求的价值立场。

马克思的博士论文作为其第一部较为系统的哲学著作,虽然是在讨论德谟克利特和伊壁鸠鲁自然哲学的异同,但其中也包括了追求人类现实幸福的思想。首先,马克思以伊壁鸠鲁的原子偏离直线物理学规定得出结论,即人的本质就在于自由。伊壁鸠鲁认为对个别性自我意识的追崇是事物的本性,物的存在在于脱离限制性定在。同样,人要成为他自己的唯一现实的客体就必须打破欲望的力量和纯粹自然的力量对自己的限制。其次,马克思提出人的实现的首要条件是驱散宗教的神。马克思在论文序言中高度歌颂普罗米修斯,其目的就是要摆脱神对人的主宰。马克思表达了对宗教的否定,认为提出要实现人的现实幸福,必须要把上帝、宗教、永恒从宝座上推下来。最后,马克思通过对比德谟克利特与伊壁鸠鲁对人的感性

---

❶ 马克思,恩格斯. 马克思恩格斯全集:第1卷[M]. 北京:人民出版社,2001:459.

❷ 戴维·麦克莱伦. 马克思传[M]. 王珍,译. 北京:中国人民大学出版社,2005:9.

知觉的不同观点，表达了自己追求人的幸福的立场。马克思认为，德谟克利特否定人的感性知觉的可靠性也就否定人可以从现实生活寻找真实的知识。德谟克利特否定人的感性知觉的可靠性实际上也就否定了人对现实幸福追求的意义。相反，马克思认为伊壁鸠鲁充分信任人的感性知觉，伊壁鸠鲁并不只是从客体的形式、直观的形式去考察事物、现实，而是作为人的感性活动去考察。马克思在论文中表达了自己对于自由的向往，对于人的自我意识和主体能动性的强调。现实生活对于人来讲并不是不可改变的必然，人通过自己的努力是可以创造幸福生活的。

作为青年黑格尔派的马克思曾笃信国家和法作为普遍理性的代表是实现人类整体幸福的工具。可是，当他作为《莱茵报》的主笔深入调查社会问题的时候，社会现实让他认识到国家和法只是维护富人利益的手段。黑格尔的关于国家、法律代表普遍利益的观念在私人利益面前显得毫无说服力。他也深刻意识到现实的物质利益是实现人的现实幸福的基础条件。因为"人们奋斗所争取的一切，都同他们的利益有关。"❶ 解决在市民社会中存在的物质利益矛盾，保障个人的物质利益，并不是通过政治批判就能实现的。马克思在《关于新闻出版自由和公布省等级会议辩论情况的辩论》中，批评普鲁士政府对于言论自由的控制，提出书报自由是人的自由本质的体现和保障，是人民精神价值的追求。马克思在《关于林木盗窃法的辩论》中，站在了穷人的立场，揭露了国家和法沦为有产者的工具，他开始对下层民众表示同情和关注。他认为，只有实现下层民众的幸福才能最后实现全人类的幸福。但是此时的马克思还没有找到实现人类真正价值上平等的途径。

二、《1844年经济学哲学手稿》中的价值思想萌芽

《1844年经济学哲学手稿》是马克思早期从哲学转向经济学研

---

❶ 马克思，恩格斯. 马克思恩格斯全集：第1卷［M］. 北京：人民出版社，2001：187.

究的代表著作，也是马克思确立以哲学视角思考经济学问题和经济学概念研究思路的开端之作。这个时期的马克思正处在世界观的转变过程中。一方面，他还没有摆脱古典哲学的话语方式，仍然使用古典哲学的概念和逻辑体系；另一方面他又超越了古典哲学的纯思辨、纯理性的局限性。马克思在对经济学概念的抽象概括上坚持沿用了黑格尔的辩证思想，而在对资本主义的批判和人类的未来发展的认识上又坚持了费尔巴哈的人道主义立场。马克思在文中对于价值这个经济学概念进行了哲学概括和阐释，虽然他没有对价值的哲学含义进行系统的阐释，也没有直截了当地给出这一含义，但是他在以哲学思维对价值问题进行分析时，所透露出的思想萌芽，成为后来马克思价值理论的思想基础。

（一）马克思对国民经济学劳动价值思想的分析

马克思为了搞清楚价值的本质，先对国民经济学派的不同观点进行了全面分析。马克思指出，国民经济学家所关注的是生产所能产生的财富、货币，也就是说生产的商品到底能够交换多少财富、货币的问题。经济学家们所理解的商品价值实际上指的是商品之所值，即交换价值。至于商品的交换价值到底是由商品的效用还是商品的生产费用决定，经济学家们对此存在非常大的分歧和争论。但是，不论是商品的效用还是商品的生产费用，其产生的源泉都被经济学家们不约而同地指向人的劳动。例如，重农学派把全部财富归结为土地和耕作的产物。土地作为自然要素只有通过劳动才能创造财富，所以财富的主体本质转移到了劳动中。也就是说劳动是财富的根源。当然，劳动被重农学派理解为人的一种特殊的、自然规定的存在形式，即能够实现人与自然要素巧妙结合的存在形式。这种劳动是人的一种特定、特殊的本质或属性外化。人为了自己的需要而通过劳动改造自然要素的天然属性，使其具备满足人的需要的某种属性。价值产生于人的特殊的、具体形式的劳动活动。李嘉图学派认为蕴含在商品中的劳动并不是某种特定的劳动，而是人的一般劳动，其代表的是人的劳动付出的多少，而这种劳动必须是无差别的具有相同本质的事物才可以进行量的比较。

马克思认为之所以对价值有不同理解，皆源自人类在不同历史阶段的不同生产形式而形成的对劳动概念不同的理解和认识。重农学派的价值观点代表了在农业生产中的价值认知，亚当·斯密、李嘉图的价值观点代表了在工业生产中的价值认知。到19世纪，经济学家对价值的理解基本形成共识，即劳动是价值的源泉；由于对劳动的不同理解，导致经济学研究的不同走向。对劳动的抽象理解不能离开经济学家自身的哲学方法和思维，不同的认识实际上反映了经济学家哲学认知的差异。经济学家对劳动认知的局限性，造成很多经济学现象和问题都无法找到合理的解释及解决的答案。

（二）马克思的对象化理论

马克思在《1844年经济学哲学手稿》中把人类的类活动理解为对象化活动。马克思以对象化关系理解人的本质，人通过劳动将自己的本质外化到物中，构造人化自然。人化自然就是由人的对象化活动所产生的对象性存在构成。同时人又根据自己已有的对象化认知，将外界物纳入人的对象体系中。马克思认为，人类社会的产生在哲学意义上讲都是源于人的对象化活动。人化自然使得人类有了一个适合自己生存的稳定的外界环境，人的本质活动就是对象化活动。"只有当对象对人来说成为人的对象或者说成为对象性的人的时候，人才不致在自己的对象中丧失自身。"❶事物能否成为人的对象，取决于人的本质力量的性质和对象的性质。马克思认为人的感觉是人的本质的主观确证，像人的五官感觉、精神感觉、实践感觉等是由于它的对象的存在、人化自然界才产生出来的。创造全面丰富的感觉就等于创造了全面丰富的人的本质。所以，人的本质的对象化确证首先是使人的感觉成为人自身的，其次是创造同人的本质

---

❶ 马克思，恩格斯. 马克思恩格斯文集：第1卷[M]. 北京：人民出版社，2009：190.

和自然界的本质的全部丰富性相适应的人的感觉。❶

马克思的对象化理论为人们理解人的价值思想提供了理论依据。人与对象之间的关系：一方面是将人的本质对象化，另一方面是将对象人的本质化。对象成为人的本质力量，即表示对象成为确证和实现人的个性的对象。对人有意义的对象或对人有价值的对象，是指那些能够确证和实现人的个性的对象，能够成为人的本质力量的对象。越来越多的对象成为人的本质力量，可以使得人不断发展，个人价值越来越高。人自己本质力量发展来自对象性，人在努力地把一切对象变成确证和实现自己个性的对象。马克思认为人的这种对象化活动就是劳动。他认为劳动是人的类本质活动，人的劳动过程就是人的本质的外化、物质化过程。劳动产品则是确证和实现人的个性的对象。所谓对人的有用物、价值物其本质在实际上是依附于自然物的劳动。物因为人的劳动而具有了满足人需要的价值，而且人的劳动付出越多，物本身拥有的价值越多。显然，马克思并不认为价值是物本身所具有的自然属性，也不认为是物对于人的天然关系。价值产生于人与物或主体与客体之间的对象关系。

马克思的对象化理论理顺了国民经济学关于劳动与人之间的关系的各种争论，化解了国民经济学关于价值效用和费用价值之间的矛盾和对立，打通了人们关于价值费用论和效用论之间的理论壁垒。在马克思看来，物的价值之所以增加，就效用价值而言在于人的本质的丰富和物对人的本质的确证，就交换价值而言在于人外化于物的劳动的增加。这些都需要人的对象化活动的扩大。对象化活动不断丰富人的本质，将人的劳动物化、外化。所谓价值物无非就是人在实践过程中不断对象化的、能够对人的本质力量确证的、人的劳动外化的物。马克思对价值的认识为其后来的劳动价值论奠定了思想基础，之后，马克思不是从劳动入手理解国民经济学，而是从商

---

❶ 马克思，恩格斯. 马克思恩格斯文集：第1卷［M］. 北京：人民出版社，2009：192.

品入手揭示资本主义经济的本质。马克思没有继续追究效用价值和费用价值之间的分歧，而是把二者统一融合在物中，并以二分法研究二者之间的关系，并以此作为研究经济问题的出发点。

马克思的对象化理论对于我们今天理解各种价值形式的本质具有启示作用。以对象化理论理解物的使用价值、物的价值、人的价值，可以找到它们共同的本质。马克思的著作《1844年经济学哲学手稿》表明，他一开始并不是单纯从哲学或经济学去研究价值问题，而是将二者高度统一。马克思以现实的、纷繁复杂的经济学价值现象作为理解价值概念的基础，以哲学的思维方法作为解答现实经济学价值问题的出发点。学术界一直在努力地寻找马克思哲学价值理论与经济学价值理论之间的关系，也许对象化理论可以为我们搭建二者之间的桥梁。同时，马克思的对象化理论可以避免把一般价值概念等同于使用价值概念的理论陷阱。马克思没有简单地以客体满足主体需要的关系理解价值，而是以对象化理解价值，这实际上扩大了价值的内涵。物的价值，既可以指物对人的实际需要的满足，也可以指人对物的认同和欣赏。从这个角度来讲，马克思的对象化理论可以避免价值需要论的理论死角。

（三）马克思的价值异化思想

马克思研究价值问题的目的是要弄清楚物的价值增值和人的贬值之间的本质联系。为了探究在资本主义条件下物增值与人贬值之间的矛盾，马克思借用了黑格尔的异化理论。马克思以异化理论分析资本主义劳动，他认为异化劳动是人的对象化活动（外化劳动是人类最初的对象化活动）在资本主义阶段的特殊形式。马克思认为外化劳动导致财产私有制，私有财产又导致异化劳动。劳动本来作为人的类本质，是实现人的本质、特性发展的根本手段。结果由于异化劳动，工人的劳动对象与工人处于敌对、相异的位置。在资本主义条件下，异化劳动又导致了价值异化。对于资本家来说，工人的劳动作为一般劳动付出并转移到劳动产品中，创造了产品的价值。产品的价值与工人无关，但工人劳动对工人个体带来的是人的精神和肉体的牺牲，自由时间的剥夺，寿命的缩短。也就是说，工人劳动创造的价值越多，工人越没有价值。工人的劳动对自己来说就只能给自己换来维持自己生命的微薄的生活资料。"他们越想多挣几个钱，他们就越不得不牺牲自己的时间，并且完全放弃一切自由，在挣钱欲望的驱使下从事奴隶劳动。"❶ 工人劳动创造的价值物异化为工人自身的对立物，工人创造的价值物越多，劳动者自身越贬值。在马克思看来，物增值与人贬值的本质内容是一样，都是人的本质力量。物增值是因为人的本质力量的物化，人贬值是因为人的本质力量的损耗，即肉体和精神的损耗。

马克思指出，造成资本主义价值异化的根源是财产私有制。人的价值的实现就必须扬弃私有财产。马克思认为，"对于私有财产的扬弃，是人的一切感觉和特性的彻底解放"。❷ 扬弃私有财产的目的是为了人，即人对人的本质、人的生命、对象性的人和人的产品的感性占有。扬弃了私有财产，人的这些感觉和特性无论在主体上还是客体上都成为人之所有。

三、《德意志意识形态》中的价值历史性、阶级性和价值实现思想

马克思在《德意志意识形态》中第一次系统阐述了新世界观理论。如果说《1844年经济学哲学手稿》确立了马克思研究价值问题的科学方法论，那么《德意志意识形态》则确立了马克思价值理论的科学世界观，奠定了马克思价值理论的历史唯物主义的哲学基础。在《1844年经济学哲学手稿》中，马克思在世界观上还是一个费尔巴哈人本主义者，他所设定的"人"还是哲学家头脑中所想象的抽象的人，他以人的类本质理解人的对象化活动。主体对客体的认识

---

❶ 马克思，恩格斯. 马克思恩格斯文集：第1卷［M］. 北京：人民出版社，2009：119.

❷ 马克思，恩格斯. 马克思恩格斯文集：第1卷［M］. 北京：人民出版社，2009：190.

和确证也是建立在单纯的直观感觉上。而到完成《德意志意识形态》这本著作的时候,马克思已经站在费尔巴哈的对立面,对费尔巴哈进行系统的批判。他抛弃了费尔巴哈的人的类本质观点,开始从人的一切现实的社会关系理解人的本质。马克思也批判了费尔巴哈局限于单纯的直观、感觉理解感性世界的观点。"费尔巴哈对感性世界的'理解'一方面仅仅局限于对这一世界的单纯的直观,另一方面仅仅局限于单纯的感觉。"❶ 马克思提出人类全部社会生活在本质上是实践。实践是人的本质对象化活动的基础,实践也是人的本质的主观确证的途径。马克思在具体的、现实的、个人的实践活动基础上理解主客体之间的关系,理解价值。在他看来,价值最早起源于人们为了生活而寻找吃喝住穿以及其他一些东西的活动。价值就是人们在与自然界的不断互动中自发建立起来的,以解决人的需要为目的的人与物之间的关系。也就是说,随着新世界观的确立,马克思的价值理论也发生了根本转变。他不再以人本主义的人的永恒的类本质出发理解价值问题,而是从历史唯物主义的观点理解。就价值论来说,马克思开始由人本主义价值论向实践价值论转变。

马克思在《德意志意识形态》中意识到价值的阶级性和历史性。在资本主义社会,社会中的一部分人的劳动与自己对立,成为制约自己发展的障碍;而另一部分人则将自己的发展建立在他人劳动的基础之上。社会并不是每个人实现自我价值的共同体,被统治阶级因失去对劳动产品的所有权而无法把握自己劳动所创造的价值,从而丧失了通过劳动实现自我价值的可能,统治阶级则垄断着一切社会价值关系。马克思指出,"占统治地位的思想不过是占统治地位的物质关系在观念上的表现"。❷ 作为思想意识组成部分的社会价值观也同样是占统治地位的价值关系在观念上的表现。阶级社会的价值

---

❶ 马克思,恩格斯. 马克思恩格斯文集:第1卷[M]. 北京:人民出版社,2009:528.

❷ 马克思,恩格斯. 马克思恩格斯文集:第1卷[M]. 北京:人民出版社,2009:550.

阶级性决定了社会价值观的阶级性。这说明，马克思已经意识到价值观并不一定是普遍的、永恒的，价值观具有阶级性、历史性。马克思曾以国家为例，指出价值观的阶级性。"例如，在某一国家的某个时期，王权、贵族和资产阶级为夺取统治而争斗，因而，在那里统治是分享的，那里占统治地位的思想就会是关于分权的学说，于是分权就被宣布为'永恒的规律'。"❶ 有利于维护阶级利益和阶级统治的事物对统治阶级就是有价值的，不同历史时期不同的统治阶级，所谓的政治价值是不一样的。在封建贵族统治时期，政治价值就是荣誉和忠诚；在资产阶级统治时期，政治价值就是自由和平等。在阶级社会中根本不可能存在真正的普遍价值观，占统治地位的社会价值观是统治阶级的价值观，反映的是占统治地位的现实价值关系。

在《1844年经济学哲学手稿》中，马克思将异化的扬弃视为人的全面发展的途径。人的全面发展不是被对象异化的价值，而是被对象确证的价值，是人的本质力量通过对象得以确证的价值。人的全面发展是人的本质力量的真实展现，即并没有被对象异化，而是被对象确证的人的本质理论的价值。只有扬弃异化才能实现人的本质力量在对象中的真正确证。而在《德意志意识形态》中，马克思基本放弃了扬弃异化这一纯粹的哲学抽象思维方式，提出真正的共同体是实现人的全面发展的途径和场域，从而开创了一条实现人的普遍发展和最高价值的现实路径。资产阶级国家只是冒充的、虚假的共同体，它是无产阶级新的桎梏，因为这种共同体是一个阶级反对另一个阶级的联合。资产阶级国家并没有让个人比先前更自由，对于无产者来说，国家只是资产阶级为了相互保障各自的财产和利益所必须采取的组织形式。资产阶级国家不可能给无产者提供任何能够转化为另一个阶级的各种条件。也就是说，资产阶级国家只是为统治阶级的各个人实现共同利益，它不会让社会中每个人成为国家的平等成员。每个人是作为阶级成员而不是单独的个人处于共同

---

❶ 马克思，恩格斯. 马克思恩格斯文集：第1卷[M]. 北京：人民出版社，2009：551.

体中的。而在真正的共同体中，公有制取代私有制，个人不再屈从于某种唯一的生产工具，而是占有多种生产工具，共享全部财产。个人劳动向自主活动转化，每个人都是作为独立个体参加劳动，每个人在把个人的自由发展和运动条件置于自己的控制之下的前提下进行联合。在真正共同体中，劳动回归人的本质。每个人劳动所创造的价值和个人价值高度统一。共同体为各个人的自由提供条件。因此，马克思断言，"只有在共同体中，个人才能获得全面发展其才能的手段，也就是说，只有在共同体中才可能有个人自由。"❶

至此，我们大致可以概括出马克思当时对价值本质的哲学认知。在马克思看来，人的本质活动就是对象化活动，价值即对象对于人的本质的意义。物对人的价值以人的感觉所及的程度为限，人的本质不在于人的生物学意义而在于人的社会性。所以，价值的主体是社会人而不是自然人。因为，马克思认为只有当对象对于人来说成为社会的对象，社会成为人的本质的时候，人的眼睛与野性的、非人的眼睛得到的享受不同。物对人的价值以人的感觉所及的程度为限。"人对世界的任何一种人的关系——视觉、听觉、嗅觉、味觉、触觉、思维、直观、情感、愿望、活动、爱，——总之，他的个体的一切器官，正像在形式上直接是社会的器官的那些器官一样，是通过自己的对象性关系，即通过自己同对象的关系而对对象的占有，对人的现实的占有。"❷

第二节 马克思主义价值论研究的经济学场域转向

马克思早期虽然在哲学上确立了实现"人类现实幸福"的价值

---

❶ 马克思，恩格斯. 马克思恩格斯文集：第1卷[M]. 北京：人民出版社，2009：571.

❷ 马克思，恩格斯. 马克思恩格斯文集：第1卷[M]. 北京：人民出版社，2009：189.

追求，但他无法以已有的哲学理论回答他在《莱茵报》工作时所面对的各种现实社会问题。宗教批判抑或国家批判根本无法解决现实的社会不公。国民经济学理论启发马克思找到了造成价值异化、社会不平等和剥削的根源。马克思把目光转向经济学场域，他坚持追求人的自由全面发展的价值立场，对政治经济学进行批判。他不仅揭示了资本主义经济制度的本质，更揭示了实现人的自由全面发展的根本途径。

一、早期价值理论的经济学进路

（一）马克思价值研究的经济学尝试：《哲学的贫困》

《哲学的贫困》是马克思批判蒲鲁东调和主义的论战性政治经济学著作。为了揭露蒲鲁东经济学理论的错误，马克思对蒲鲁东所应用的一系列经济学范畴和哲学方法论进行了针锋相对的批判。蒲鲁东自认为在价值理论方面创造了政治经济学最伟大的革命，在他眼里，以往所有的经济学家都只直观地看到经济学中的正题或者反题，而没有发现使用价值和交换价值之间的客观矛盾。蒲鲁东认为价值的本质是绝对可以调和的，他借用黑格尔的矛盾之正、反、合，提出构成价值一个合题。他认为构成价值这个概念可以实现使用价值和交换价值矛盾的调和，使得功用与交换不可分形地结合一起。

首先，马克思批评蒲鲁东将价值理论建筑在对政治经济学范畴的错误认知上。马克思借用李嘉图的劳动价值理论批判蒲鲁东的价值理论。蒲鲁东的经济观念是以历史的假定的人为说明的，他根据自己的想象和理论需要把交换价值和稀少、使用价值和众多混为一谈，完全撇开了现实需求。马克思认为，李嘉图是把现实社会当作理论的出发点指出社会怎样构成价值的。而蒲鲁东是把自己虚构的构成价值当作理论的出发点，然后用它去构成一个所谓新的社会的。此时的马克思在经济学领域是一个真正的李嘉图主义者，他以李嘉图的劳动价值理论作为批判蒲鲁东的思想工具。

其次，马克思批判了蒲鲁东的平等理论。蒲鲁东认为工资的平等是完全确定的事实，他把商品的生产费用和工人工资等同，并以此作为劳动者的平等报酬的理论依据。马克思批评蒲鲁东的这个结论是建立在一个根本谬误的基础上。李嘉图早已发现了商品价值衡量方法的区别，而蒲鲁东又让自己回到了亚当·斯密的观点。

最后，马克思批判了蒲鲁东所谓的哲学方法。蒲鲁东宣称自己找到了经济学的研究方法，即把黑格尔哲学和经济学结合起来。马克思认为蒲鲁东根本不懂哲学。在马克思看来，辩证法包括历史辩证法和逻辑辩证法。在历史辩证法方面，马克思批判蒲鲁东的历史并不是经济关系自身的发展过程，而是建立在自己理论想象上的伪历史。就价值范畴而言，蒲鲁东自己构造了一个作为一切经济发展基础的价值概念，这个价值必须在分工、竞争中存在，可是按照蒲鲁东的逻辑顺序，分工和竞争是在价值之后产生的。也就是说，蒲鲁东为了构筑自己经济学思想体系的大厦，对商品价值范畴进行了人为的修改以使它能够适合自己的思想体系。在马克思看来，商品价值的本质就是社会关系，是生产关系发展到一定历史阶段的产物。在逻辑辩证法方面，马克思批评蒲鲁东虽然试图把黑格尔的辩证法运用到政治经济学的范畴，但是他"从来没有超越过头两级即简单的正题和反题"❶。马克思认为，蒲鲁东对使用价值和交换价值的关系认识停留在二律背反的老路上。蒲鲁东只看到了使用价值和交换价值的对立，认为使用价值和交换价值成反比。而马克思认为使用价值和交换价值不仅存在对立性，也存在统一性。

马克思认识到在资本主义社会中，劳动像其他商品一样被拿来买卖。工人不是通过劳动给自己创造各种必需的生活资料，而是靠出卖自己的劳动交换自己最低生活资料。工资就是工人的劳动价值，即生产供给工人活命和延续后代所必需的物品的劳动时间。工人所必需的生活品都是最粗劣的产品，因为生产这些东西需要的劳动最

---

❶ 马克思，恩格斯. 马克思恩格斯文集：第 1 卷 [M]. 北京：人民出版社，2009：602.

少。最粗劣的产品的生产和广泛使用是资产阶级社会的基石,这样可以让资产阶级维持高额的利润。马克思指出,劳动商品的价值是由生产它的最低限度的时间来确定。"千万不要忽视,一种东西的价值不是由生产它的时间来确定,而是由可能生产它的最低限度的时间来确定,而这种最低额又是由竞争来规定。"❶ 至于劳动商品的使用价值是什么,或者说人们为什么要购买它,马克思则认为人们购买它是把它当作生产工具,劳动本身没有效用,它并不生产东西。此时,马克思尚未发现劳动和其他生产资料在资本主义生产过程中所起作用的根本区别,仍然把它们共同看作资本主义生产的必然构成要素。由于历史的局限,马克思并没有进一步去发掘劳动的使用价值的特殊性,所以还没有发现资本主义剩余价值的秘密。但是,马克思在阐述工人所生产商品包含的劳动量和生产商品所需劳动量之间的差别时候,隐约发现了劳动创造价值和劳动价值之间的差距,而这为他发现剩余价值的秘密开辟了理论思路。

《哲学的贫困》作为马克思第一部公开发表的经济学著作,虽然还没有提出完整的价值理论,但已经确立了马克思政治经济学研究的科学方法论。马克思公开表明了自己作为李嘉图劳动价值论忠实继承者的身份。劳动价值论不仅是马克思价值理论的基础,也是马克思政治经济学理论的根基。

(二) 马克思对李嘉图劳动价值论的超越

直到 1850 年,马克思阅读了大量资产阶级经济学家的著作后,其经济学思想产生了新的变化。他对经济学理论重要范畴和问题进行了系统研究和梳理。在历史唯物主义和唯物辩证法基础上,马克思形成了自己的经济学研究思路和观点。马克思由一个李嘉图劳动价值论的追随者成长为超越者。尤其是马克思在《关于大·李嘉图〈政治经济学和赋税原理〉》(摘录、评注、笔记)中对李嘉图的价

---

❶ 马克思,恩格斯. 马克思恩格斯全集:第 4 卷 [M]. 北京:人民出版社,1958:602.

值理论进行了批评。他批评李嘉图只是从价值的量而没有从价值的质理解劳动价值论。李嘉图认为确定货币价值的不是实物所包含的劳动时间而是供求规律,而马克思认为要科学说明货币价值,必须将其建立在劳动价值论的基础上。马克思对于李嘉图货币价值数量论的批评为他进一步构建自己的劳动价值论奠定了思想基础。马克思还批评,"李嘉图只在概念上去分清价值与财富的区别,他消除不了困难。"❶ 李嘉图认为财富是由使用价值构成的,按照他的观点,资本主义商品生产本身就是财富的生产。但是,资产阶级生产的目的从来不是追求商品生产的增长而是价值生产的增长。而生产力和商品生产的实际增长会造成商品交换价值的相应降低,这违背资产阶级生产的目的。李嘉图无法回答资本主义生产的价值追求和财富追求之间的矛盾。马克思还揭示了李嘉图没有发现的生产过程中的"价值的余额"。"在李嘉图那里,始终不能理解,价值以及资本怎么会增加"。❷ 马克思认为,生产过程才是价值余额的真正出处。价值余额不是资本家省吃俭用出来的,也不是从商业交换中获得的。价值余额不取决于任何商品,而取决于生产商品的活动。因此,价值余额也不取决于得到报酬的劳动,而取决于生产的劳动,不取决于本身是商品的劳动,而取决于创造商品的劳动。❸ 马克思虽然还没有劳动力的概念,但已经有了工人的劳动生产创造价值大于工资的认识,这为后来建构剩余价值理论奠定了基础。

二、一般价值问题的深入揭示:《1857—1858 年经济学手稿》

从 1857 年开始,马克思对政治经济学重大问题进行了系统的整

---

❶ 马克思,恩格斯. 马克思恩格斯全集:第 44 卷 [M]. 北京:人民出版社,1982:109.

❷ 马克思,恩格斯. 马克思恩格斯全集:第 44 卷 [M]. 北京:人民出版社,1982:111.

❸ 马克思,恩格斯. 马克思恩格斯全集:第 44 卷 [M]. 北京:人民出版社,1982:115 – 116.

理和概括。《1857—1858年经济学手稿》集中展示了马克思在这个时期的经济学研究的最重要成果。价值问题是马克思经济学研究的重点。马克思建立了自己的劳动价值理论，并初步阐述了剩余价值范畴。马克思把价值概念视作解开资本主义秘密的一把钥匙，并希望以此找到最终实现人的发展的出路。马克思在《1857—1858年经济学手稿》中坚持历史唯物主义的观点，把经济学价值概念视为人类价值形式的历史发展阶段，并坚持从追求人类全面自由发展的角度阐释价值问题。此手稿贯穿着马克思一直以来追求人的自由全面发展的价值理念，这也是马克思可以超越资产阶级政治经济学家的重要原因之一。

（一）马克思对价值内涵的一般性理解

马克思在《1857—1858年经济学手稿》中明确提出了价值范畴的一般抽象方法和原则。马克思曾总结，"最一般的抽象总只是产生在最丰富的具体发展的场合，在那里，一种东西为许多东西所共有，为一切所共有。这样一来，它就不再只是在特殊形式上才能加以思考了。"❶ 也就是说，只有在价值形式得到最充分发展的时代，当价值概念被用于许多领域，表示很多不同的事物、现象的时候，我们才能抽象概括其不同于各种具体内涵的一般性范畴。马克思认为，价值范畴虽然在历史上曾经存在，但只是在资本主义社会中价值范畴才得到充分且深入的发展，价值范畴被广泛应用到不同领域，用以表示不同的事物。在资本主义社会，人们已经不能在某一特殊形式上理解价值概念。也就是说，到了资本主义社会人们可以抽象出内涵丰富的价值范畴。

在商品交换不发达的时候，价值概念的指向还是比较单一的，它一般被理解为财富或有用品。马克思认为，商品的使用价值代表价值的最初内涵，表示的是"满足人的某种需要体系的物"。❷ 人为

---

❶ 马克思，恩格斯. 马克思恩格斯全集：第30卷［M］. 北京：人民出版社，1995：45.
❷ 马克思，恩格斯. 马克思恩格斯全集：第31卷［M］. 北京：人民出版社，1998：293.

了自身的生存和发展,在与自然互动中寻找和创造各种生活资料,以及在头脑中形成对这种人与外界物关系的认知。使用价值代表了人类社会生存和发展的物质基础。人通过自身的劳动这一本质活动改变自然物的属性,使其具备满足人需要的自然属性。在马克思看来,这就是人的本质的对象化活动的产物,是人的具体劳动的物化。在人类历史发展的不同阶段,虽然人们获得使用价值的方法和使用价值的表现形式各有不同,但是就人类本身而言,使用价值在任何极不相同的生产时期都具有同样的内涵,它代表人与自然之间的关系,是人类对自然不断征服的表现和成果。使用价值是物的自然属性对人的需要的满足,是作为主体的人与客体的对象化关系。在马克思看来,在商品经济产生或发达之前,人们对于价值的理解本质就是使用价值。

随着人类经济活动的发展,价值开始被用于经济领域,以作为揭示商品价格背后的实质。例如,马克思在莱茵报工作时期撰写的《关于林木盗窃法的辩论》中指出,价值在法律上作为区别于价格的经济学概念,用以揭露那些故意抬高民事标的物的价格欺诈行为。"价值是财产的民事存在的形式,是使财产最初获得社会意义和可转让性的逻辑术语。"❶ 价值概念完全属于经济学,是从现代资本主义经济学开始的。在资本主义社会,高度发达的商品经济给人们提供理解价值概念的丰富经济学现象。在商品交换活动和货币充斥整个社会的时候,人们完全专注从经济学角度去理解价值。马克思认为,价值就是对资本本身的和以资本为基础的生产最抽象的概括。❷ 在政治经济学领域,价值被人们赋予新的内涵,而用以表示有用性的概念被人们用使用价值概念取代。经济学家对价值范畴的不同规定所反映的人类对经济领域新的具体价值进行了一般抽象的尝试。经济

---

❶ 马克思,恩格斯. 马克思恩格斯全集:第1卷[M]. 北京:人民出版社,2001:247.

❷ 马克思,恩格斯. 马克思恩格斯全集:第46卷(下)[M]. 北京:人民出版社,1980:299.

学价值范畴的混乱为马克思概括价值的一般性内涵提供了研究动力，而资本主义发达的商品经济也为其抽象价值本质提供了丰富的样本。

（二）商品价值本质是主体间的对象化关系

马克思在《1857—1858年经济学手稿》中延续了《1844年经济学哲学手稿》中的对象化关系理论。马克思利用对象化关系理论揭示了商品价值的本质内涵，他认为，商品使用价值反映的是人与物之间的主客体对象化关系。商品的使用价值是人的本质力量的对象化产物，人按照自己的需要、意愿改变物的属性，使其具备满足人的需要的属性，本质是客体对主体的意义。但是，主客体对象化关系无法揭示商品价值本质的内涵。马克思曾指出，虽然人们把货币作为商品的交换价值来衡量商品的价值，人们此刻想到的并不是货币的自然属性，而是它所代表的人与人之间的社会关系。马克思认为，和商品使用价值不同，商品的交换价值发生于主体间的交换过程中，没有个人与个人之间的商品交换，就不会产生交换价值，也没有所谓的一般等价物。因而，人们不能从人与物之间的对象化关系理解商品价值，而要在交换关系中去理解商品。在商品交换关系中，交换关系的主体是交换者，交换关系的客体是等价物，即价值相等的物品。马克思指出，"等价物是一个主体对于其他主体的对象化"。❶也就是说，主体间彼此将对方对象化为等价物。主体只有通过等价物才能证明彼此是价值相等的人，才能彼此占有对方的对象化产物。个人只有占有对方的对象化产物才能实现自己本质力量的确证。因为，一个人的需要要用另一个人的产品来满足；反之，自己生产的产品用来满足另一个人的需要。

就马克思的观点来看，商品价值在本质上揭示的是主体间的对象化关系。商品交换比较的不是人与商品之间的关系，而是人与人之间的关系。在社会化大生产背景下，人类整体成为人与自然关系

---

❶ 马克思，恩格斯. 马克思恩格斯全集：第30卷［M］. 北京：人民出版社，1995：196.

的共同主体，而每个人生产的劳动产品则成为共同客体。商品的价值量是凝结在商品中的一般人类劳动。商品的价值量不是由单个劳动者决定，而是由全体主体决定，只有在主体间的对象化关系中才能确定商品的价值量大小。商品交换使主体与主体之间构成特殊的对象化关系。每个主体的本质力量必须在主体间对象化关系中确证。例如，主体 A 的本质力量对象用于满足主体 B 的需要，主体 B 的本质力量对象又用于满足主体 A 的需要。主体间彼此依靠对方来实现自己的确证。商品价值揭示主体需要依靠其他主体来实现自己的生存和发展，而不是直接依靠客体。换言之，他人、社会是实现自己生存和发展的条件。商品价值反映的是商品背后人与人之间的关系。这是什么样的关系呢？马克思认为，这是建立在平等、自由基础上的关系。主体之间的关系是平等的，因为他们通过等价物证明彼此是价值相等的人；主体之间的关系是自由的，因为谁都不用暴力占有他人的财产，每个人都是自愿地出让自己的财产。主体间的对象化关系揭露了商品经济条件下的新价值关系。在主客体关系中，主体是目的，是价值主体，客体是实现主体价值的手段。而在主体间关系中，个人既是手段又是目的，每个人都把另一个人当作服务自己的手段，而每个人又都在为另一个人服务，也就是说，个人既是价值主体又是价值客体。

  以马克思对商品价值的认识来看，个人作为价值主体不仅需要在与客体的对象化关系中实现发展，还需要在主体之间的对象化关系中实现发展。在人类的最初社会形态中，人的生产能力只能在狭窄的范围和地点发展，主体之间形成朴素的依赖关系。个人之间的关系表现为明显的人的关系，他们作为具有某种规定性的个人而互相交往。单个人在社会中以自然血缘关系和统治服从关系为主，人与人建立在物基础上的联系非常薄弱。而在资本主义社会，私人劳动使价值主体作为追求私人利益的独立个体，彼此之间形成以物的依赖性为基础的、普遍的社会物质交换关系。古代人依赖关系纽带、血统差别、教育差别等事实都被打破，主体之间是彼此依赖又相互竞合的关系。交换价值取代使用价值成为个人生存和发展的前提，交换价值成为社会财富的象征，人们生产的目的不再是为了直接占有使用价值，而是主动出让使用价值，以占有更多的交换价值。占有交换价值实际上是占有支配他人本质力量的权力。

马克思的主体间对象化关系思想丰富了其对象化关系理论。马克思不再只从主客体间的对象化关系认识人的本质和发展，也强调从主体间关系认识人的本质和发展。主体间关系理论帮助马克思更全面地认识价值的本质，也开拓了我们认识价值本质的视野。人类不只是在对自然界的认识和改造过程中发现和创造价值，人类社会内部的改造也在创造着价值。马克思的主体间关系理论也为我们理解其哲学价值概念与经济学价值概念的关系搭建了桥梁。

（三）货币是商品经济条件下一切价值形式的表现

马克思在《1857—1858年经济学手稿》中详细阐述了货币理论，他认为货币是商品经济条件下一切价值形式的表现。早在《1844年经济学哲学手稿》中，马克思就认识到货币在社会关系中的作用。马克思当时把货币看作现存的和起作用的价值概念，它是主体需要和对象的中介。马克思曾提出，货币的本质是人类的外化的能力。❶ 货币可以使一切自然和人的品质混淆和颠倒。但是在《1844年经济学哲学手稿》中马克思只是看到了货币在社会中的表现。马克思把货币拥有"神力"的原因归结为它是人的类本质的外化，但他并不清楚为什么货币能够成为人类外化的本质。

在《1857—1858年经济学手稿》中，马克思通过对政治经济学的货币理论的研究，发现了货币的本质。货币是"一般形式上的独立化的交换价值"，❷ 是在商品交换中固定充当一般等价物的商品。当人们把货币用以充当商品交换的一般等价物时，人们忽略了货币

---

❶ 马克思，恩格斯. 马克思恩格斯文集：第1卷［M］. 北京：人民出版社，2009：246.

❷ 马克思，恩格斯. 马克思恩格斯全集：第30卷［M］. 北京：人民出版社，1995：171.

（金银）的天然属性，而只在意其所代表的社会关系。货币本身体现了商品二重属性内在的矛盾。一方面商品作为一个自然存在具备特殊的自然属性，这个属性就是满足人需要的使用价值；另一方面商品在交换过程中表现为货币的交换价值，这是商品本身具备的社会属性。商品本身所包含的这两种属性在交换过程中彼此分离，当人们把商品视作交换价值时，商品本身的自然属性被完全忽略；当人们把商品视作使用价值时，商品本身的社会属性也不在人们的考虑范围以内。当一些商品被固定地充当其他商品的交换价值时，它们本身的使用价值被人们所忽略。此时的商品（货币）已经抛弃了本身的自然属性而成为其他一切商品的交换价值。也就是说，作为商品交换价值的货币代表的是一切商品的价值。当人们去占有这些商品（货币）的时候，人们看中的不是它本身的自然属性，而是它具有的可以交换一切商品的权力。

当货币成为商品交换的媒介，可以交换任何商品的时候，它就成为商品一切价值形式的象征。首先，货币成为主体需要和客体对象之间的纽带，客体对主体能否具有真实的价值完全依赖货币。在商品经济发达的社会，如果没有钱，一切物的价值对于个人来讲都是只是观念的。只有拥有钱，才能把物的价值变成现实的。因而，货币成为社会一切财富的象征。当货币成为社会一切财富的象征时，货币成为人类各种社会关系的纽带和基础。"实物税转化为货币税，实物地租转化为货币地租，义务兵制转化为雇佣兵制，总之，一切人身的义务转化为货币的义务"。[1] 也就是说，社会一切财富和权力都可以用一定额的货币表示出来。货币也可以主导和支配一切权力和社会关系。货币可以表示和衡量一切事物的价值，货币也是每个人可以实现自身价值的手段和工具。

其次，货币成为主体间对象化关系的中介。当货币固定充当商品交换的一般等价物的时候，货币成为主体间对象化关系的中介。

---

[1] 马克思，恩格斯. 马克思恩格斯全集：第30卷 [M]. 北京：人民出版社，1995：96.

货币用来衡量、比较主体间的本质力量。人与人的交换关系变成人与货币的关系。货币取代主体间彼此一般劳动确证主体的本质力量。主体的价值体现在对货币的追求和积累上，因为货币成为一切社会财富和权力的象征。因此个人一旦成为货币的所有者，就具备了在形式上支配别人的活动或支配社会财富的权力。口袋里装着货币就等于装着自己的社会权力和自己同社会的联系。人的价值表现为货币，个人拥有越多的货币越能容易的去实现自己的价值，而当个人拥有越多的货币时，他本身作为人的价值也越容易被货币掩盖。当货币可以表示一切价值的时候，它成为社会的主宰，一切社会关系都从属于货币。货币取代了本能、血缘、需要等体现人的本质的因素，成为联系个体的最紧密的纽带。货币越紧密地联系了个人，个人之间作为真正人的因素的联系就会越淡化。所谓的亲情、信任、忠诚、友谊等人的价值追求都不得不用货币来衡量，甚至用货币来替代。

（四）剩余价值揭示了资本主义社会特有的主体间关系

在《1857—1858年经济学手稿》中马克思提出剩余价值概念，解决了政治经济学一个难题，即资本和劳动的交换如何同价值规律相符合的问题。马克思发现了对象化劳动和非对象化劳动之间的区别：非对象化劳动是在对象化过程中的作为主体性的劳动，它是人的劳动能力；对象化劳动即空间上存在的劳动。❶ 对象化劳动作为价值存在，而非对象化劳动只是作为使用价值存在。马克思认为，工人出卖的是自己的非对象化劳动，工人本身的非对象化劳动产品的价值和非对象化劳动创造的价值存在差别。剩余价值只是超过再生产劳动能力所必需的那部分对象化劳动而形成的余额。❷

剩余价值揭示了资本主义社会特有的主体间关系。人类作为共

---

❶ 马克思，恩格斯. 马克思恩格斯全集：第30卷［M］. 北京：人民出版社，1995：230.

❷ 马克思，恩格斯. 马克思恩格斯全集：第30卷［M］. 北京：人民出版社，1995：377.

同的价值主体,在资产阶级最大限度追求剩余价值的驱动下,不断探索整个自然界,去发现更多的物的新的有用属性;不断革新技术以采用更多新的方式加工自然物,以便赋予它们新的使用价值。在人类社会内部不断催生各种新的需要以增加消费,社会尽可能培养和发展人的一切社会属性。

在人类社会内部,剩余价值概念揭示了主体间的剥削关系。对于资产阶级而言,无产阶级只是资产阶级追求剩余价值的工具而已,资产阶级只关心无产阶级如何能够给自己创造更多的财富。对于无产阶级而言,资产阶级也已经不再是与自己平等的比较、交换劳动以获得财富的对象。无产阶级只能靠出卖自己的劳动能力生存,而自己的对象化劳动与自己毫无关系。在资本主义社会中,劳动时间不是无产阶级实现自己价值的基础,物化为剩余价值的无产阶级的剩余劳动成为资产阶级剥削无产阶级的条件。资产阶级剩余劳动的增加是以无产阶级必要劳动不断减少为代价的。资本发展的趋势又把劳动人口的一部分不断变成资本主义生产的过剩人口。资本发展不但将工人的必要劳动降到最低,甚至还剥夺了一部分无产阶级谋生的劳动机会。资产阶级的自由和发展,不但是将无产阶级限定在满足生理需要的物质条件上,还以完全牺牲掉一部分无产阶级的肉体为前提。

剩余价值概念揭示,在资本主义社会中,剩余劳动时间和无产阶级完全无关,它只是资产阶级追求财富和实现自己发展的基础。人类自由时间的多少决定人类社会的进步和个人的全面发展的程度。但是在阶级社会,个人自由支配时间的创造是通过牺牲另一部分人的时间实现的,一个阶级被迫去从事满足自己的迫切需要以外的劳动,另一部分人可以获得自由时间,以创造科学、艺术等。在资本主义社会中,文明的一切进步都不会使工人致富,而只会让资本致富,只会使资本支配劳动的权力更加强大。也就是说,文明的进步只会增大支配劳动的客观权力。

总之,《1857—1858年经济学手稿》继续了《1844年经济学哲学手稿》的核心议题，后者大量使用的异化、物化、占有、人与自然的辩证关系等概念在前者中也都再次出现。但是和1844年相比，此时马克思的思想更加成熟，《1844年经济学哲学手稿》的哲学和经济学基本是两个孤立的部分，说明马克思还没能把经济学知识融入其对黑格尔的批判中。而在《1857—1858年经济学手稿》中，马克思可以用自己的思想对哲学价值与经济学价值进行更加系统的论述。首先，马克思对一般价值内涵进行了系统的思考；其次，马克思以主体间关系理解商品价值的内涵，丰富了主客体关系理论；再次，马克思对异化阐述的创新是试图使之深深置于历史之中；最后，马克思从生产开始分析价值，发现了工人交换出去的不是劳动而是劳动能力，从而揭示出剩余价值秘密。

三、资本主义价值问题的揭示：《1861—1863年经济学手稿》

《1861—1863年经济学手稿》是马克思原计划为《政治经济学批判》第三章"资本一般"而准备的手稿。马克思在价值理论和剩余价值理论的基础上，继续分析了劳动和资本的关系，全面剖析了劳动力商品的特点。马克思对劳动力价值和剩余价值的详尽考察揭露了资本主义社会价值异化、价值对立的根源。

（一）资本是资本主义社会价值对立的根源

马克思指出资本这种价值具有不同于一般价值的特殊性。资本家生产、资本运动的目的是获得商品交换价值，而不是使用价值。就价值主体而言，交换价值满足的需要不是个人直接的、现实的、生存和发展需要，而是发财致富的需要，这不是一种真实的需要。货币是商品交换价值的表现形式，它是世界财富的象征，是支配社会、他人劳动产品的权力。但当货币被纳入资本主义生产体系变成资本，则具有了更多的功能和威力。它不仅可以为占有者交换使用价值，获得支配他人死劳动的权力，还具有了支配他人活劳动的权力。也就是说，资本可以通过支配他人的活劳动给资本家带来更多的货币。

马克思首先通过物化劳动与活劳动之间的对立揭示资本对劳动力的支配。物化劳动作为劳动对象是存在于空间的劳动，活劳动作为人的劳动能力是存在于时间中的劳动。物化劳动的价值主体是资本家，劳动力的主体、人格化是工人。"正如货币所有者作为对象化劳动、自行保存的价值的主体和承担者是资本家一样，工人同样也只是他本身劳动能力的主体、人格化。"❶ 工人可以支配自己的作为商品存在的劳动能力，除此之外一贫如洗，没有任何实现劳动能力所需的物质条件，而整个物质财富世界及其表现形式货币都掌握在资本家的手里，劳动是工人满足自己实际需要的唯一手段。工人被剥夺了劳动资料就等于被剥夺了生活资料，工人必须要以自身的活劳动与资本家的物化劳动价值进行交换。当交换发生，工人获得的是维持活劳动的物质条件，即必需的生活资料的价值。而资本家获得的是劳动资料与劳动能力的结合，即实际的生产。资本对劳动力的支配结果是劳动资料与劳动者相互对立。工人作为劳动主体再生产出来的劳动产品即属于资本家为主体的价值。而工人的劳动力对于资本家来说，只是和其他商品并列的具有特殊使用价值的商品而已。

马克思看到了资本的发展造成了工人自身价值贫穷和工人创造出来的价值丰富之间的鲜明对照。资本是支配劳动能力的权力，而劳动能力是资本的源泉，它不断生产着统治自己的权力。劳动能力对于工人来讲已经是异己的东西。劳动能力越多地变为实际的劳动，资本家就获得更多的价值，资本家把它们又转变为资本去统治劳动能力。也就是说，劳动能力不断赋予新增资本权力和意志，资本越来越大，其对劳动能力的权力就越大。活劳动主体逐渐变成价值贫穷的主体，资本使主体间的平等关系转为剥削关系。马克思曾揭示在商品经济条件下主体间关系的本质，主体间在对等的质和量的等价物基础上彼此确证对方的本质力量，也就是对彼此劳动付出的比

---

❶ 马克思，恩格斯. 马克思恩格斯全集：第32卷［M］. 北京：人民出版社，1998：42.

较和交换。这种主体间关系表现为在商品经济条件下人与人在等价交换基础上的平等、自由关系。而资本使主体间关系发生变化,实质是在等价交换原则掩盖下的劳动力商品交换的主体间关系错位。劳动者交换的不是自己的劳动对象,而是自己的劳动能力;资本家交换的也不是自己的劳动对象,而是占有的劳动者的劳动对象。劳动力价值确证的不是工人的本质力量,而是工人动物般本能的需要。这就是说,工人的价值被贬低,而工人创造的价值被资本家剥削成为资本家实现自己发展的条件。在资本主义社会,资本家和工人之间形成绝对的价值对立关系。资本家不仅剥削工人劳动创造的价值,也剥夺了工人自身价值。无产阶级处于社会的最底层,他们如"工蚁"般创造着资本主义的最大价值,可是他们却不断地被资本牺牲、抛弃。因而,马克思认为只有解放无产阶级才能解放全人类。

马克思认为,工人的剩余价值是"社会整个上层建筑存在的物质基础。"❶ 创造剩余价值的工人的剩余劳动给不劳动的人两种东西:一是提供给不劳动者的物质生活条件;二是不劳动者可以支配的自由时间。"剩余产品把时间游离出来,给不劳动阶级提供了发展其他能力的自由支配的时间。"❷ 社会不劳动的自由时间建立在工人剩余劳动基础之上。工人把自己的全部时间用于物质生产,为社会不劳动者创造了实现自由发展的空间。当然,在马克思看来,人类迄今为止的一切文明和社会发展都是以这种对抗为基础的,社会一部分人的发展建立在另一部分人的限制的基础上。可以说,工人的剩余劳动是资本主义社会发展和全部文化的物质基础。

马克思也揭示了资本的一个奇特的功能,就是实现了劳动的特殊结合,即协作。资本让彼此独立的工人相互发生关系,工人的密集劳动产生了彼此的劳动协作。马克思认为,工人的相互联系和统

---

❶ 马克思,恩格斯. 马克思恩格斯全集:第32卷[M]. 北京:人民出版社,1998:215.

❷ 马克思,恩格斯. 马克思恩格斯全集:第32卷[M]. 北京:人民出版社,1998:215.

一不寓于工人之中，而是寓于资本之中。因此，在资本主义生产中劳动所显示出来的社会性质和由此产生的生产力都是资本的能力。资本主义生产虽然最有生产效率，但是资本主义生产不是为了人的个性发展而生产，而是为了与人的个性的生产发展相对立的物质财富的再生产。这种对立性质，会导致生产总是力求超出本来的界限，结果产生生产过剩，经济危机。

资本因为让工人彼此协作劳动，而显示出社会性，转化为普遍的社会力量，而资本又作为个别资本家的权力由单个资本家控制，资本的社会普遍性和资本家私人权力之间的矛盾越来越严重。马克思指出，这种矛盾关系的消灭应该是以物质生产条件由资本家个人所有改造为社会公有而实现。因为普遍社会力量与私人权力之间"包含着把物质生产条件改造成为普遍的、从而是公共的、社会的生产条件。"❶

（二）工人个人价值被绝对化为劳动力价值

马克思提出，在资本主义社会，工人的自我价值被限定为劳动力价值。资本使个人与劳动分离，资本改变了劳动的本质属性，劳动不再是个人实现自我发展的本质属性。"工人的劳动能力是他唯一能出售的商品，工人只是作为劳动能力与对象的、实际的财富相对立。"❷ 在资本主义社会，劳动力本身具有的从事劳动的可能性，与实现劳动能力的一切物的条件是完全分离的。整个物质财富世界以及交换价值都作为别人的商品和货币与劳动力相对立。劳动资料是劳动能力和实际劳动之间的中介。人的实际劳动是为了满足人的需要而占有自然因素，促成人和自然间的物质变化的活动。剥夺劳动力的劳动资料就等于剥夺了工人通过劳动占有自然因素所需的物的条件，也剥夺了工人的生活资料，工人只是作为人格化的劳动能力而存在。工人本身虽然有实际的物质生活需要，但是唯一可以满足

---

❶ 马克思，恩格斯. 马克思恩格斯全集：第32卷［M］. 北京：人民出版社，1998：501.

❷ 马克思，恩格斯. 马克思恩格斯全集：第32卷［M］. 北京：人民出版社，1998：45.

他需要的活动却丧失了必要的物质条件。工人本身是与物的条件相脱离的能力的化身和承担者。马克思指出劳动能力与实际财富相对立的原因，就是价值。价值不论表现为商品形式或货币形式都与劳动能力本身相对立。

马克思指出劳动力价值的内容：工人本身的生活资料，养育子女的费用和教育费用。工人占有货币的唯一目的是为了自己消费获得商品使用价值。而资本家把货币作为手段，目的是为了货币或价值的自行增加。对于资本家来讲，最大的欲求和需要是财富欲望。马克思认为，劳动在形式上从属于资本，是资本对劳动的支配。但这并不是财富对劳动的支配，而是资本家对工人的支配，工人作为资本用来进行生产的一个因素进入劳动过程而受资本家的支配。劳动力再生产所需要的生活资料的数额不取决于生活资料的交换价值，而取决于生活资料的使用价值。工人劳动的直接目的是交换价值，而不是特定的使用价值。工人完全可以把手里的货币转变为任意的使用价值。从表面上看，工人和其他商品的卖者一样，同商品买者处于完全平等的关系中，但是以工人所挣的货币量，只能强制工人把货币花在十分有限的生活资料上面。也就是说，工人绝对没有与资本家讨价还价的机会。相对于剩余价值的不断增长，劳动能力的价值不断下降。当然，剩余价值的增长和工人的生活享受扩大也不是完全矛盾的，资本家的剩余价值不断增加的同时，工人的生活水平完全有可能不断提高，因为决定工人生活水平的是其所占生活资料的使用价值，而不是它们的交换价值。

马克思提出，自由时间就是个人发展空间。他通过对资本剩余劳动时间和自由时间的分析，发现了时间和人的发展空间之间的关系。马克思指出，"时间实际上是人的积极存在，它不仅是人的生命的尺度，而且是人的发展的空间。"[1] 时间是人类社会的发展过程，

---

[1] 马克思，恩格斯. 马克思恩格斯全集：第47卷［M］. 北京：人民出版社，1979：532.

是单个人的存在过程。时间是衡量人的生命的尺度,也是实现人的发展的必然空间,人只有在一定时间里,通过一定的时间才能实现自己的发展。在资本主义社会中,社会的自由时间是以通过强制劳动吸收工人的时间为基础的,这样,工人就丧失了自由时间,也就丧失了精神发展所必需的空间。对于工人来说,必要劳动时间只能维持工人必需的生理需求,而自由时间才是人的发展的真实空间。在资本主义社会中,剩余劳动时间成为对工人精神生活和肉体生活的侵占。资本的从属关系代替臣仆的、宗法的从属关系,只是在形式上变得更自由些,工人只是在形式上是自愿的。工人只有摆脱资本的束缚,将剩余劳动时间转化为自己发展的自由时间才能实现全面而自由的发展。

（三）机器、科学和自然力异化为工人的对立物

马克思发现了机器发展而带来的劳动力贬值的现象。他认为,机器的发展,使工人的劳动形式越来越简单化、同一化。[1] 具有手艺的独立手工业者和专业化劳动逐渐被机器和简单操作代替,机器把一切劳动力都变为简单的劳动力,结果使劳动力总量贬值。成年工人依靠自己的工资养活自己和家人变得越来越难,依靠成年男性工人的工资实现妻子儿女发展的可能性几乎等于零。机器的发展,造成劳动的简单化,使得妇女和儿童都可以胜任生产劳动,资本对工人的剥削发展为资本对工人全家劳动的剥削。机器发展不仅消灭了工人的专业和使劳动力贬值,而且还把一部分劳动力商品沦为过剩的劳动力商品,最终使资本所需要的工人越来越少。当工人成为资本生产体系淘汰的过剩人口的时候,失业工人连基本的劳动力价值都无法获得。也就是说,机器的发展不但造成了劳动力贬值,甚至还让部分劳动力失去了价值。当越来越多的工人面临着一无所有、走投无路的时候,他们将不得不为自己的生存揭竿而起。

---

[1] 马克思,恩格斯. 马克思恩格斯全集：第47卷［M］. 北京：人民出版社,1979：560.

马克思提出，土地肥沃、资源丰富的地方，资本的生产力最大，只要用较少的时间就可以生产必要的生活资料，也就是说，剩余劳动时间越多，劳动能力的价值越低。❶ 与以往社会相比，资本主义社会第一次为自然科学创造了更加强大的进行研究、观察、实验的物质手段。自然科学在资本主义生产的基础上迅速发展。自然科学被资本纳入生产过程中，成为资本家致富的手段。同时，科学也成为科学家致富的手段，科学家为了探索科学的实际应用而互相竞争。随着资本主义生产的扩展，科学第一次被有意识地和广泛地应用于生产和生活中。马克思指出，自然科学和自然力是作为劳动的客观条件的重要组成部分而存在的。在资本主义社会，当劳动的客观条件变成活劳动的对抗性的对立物时，自然科学和自然力就站到了工人的对立面。"科学对于劳动来说，表现为异己的、敌对的和统治的权力。"❷ 自然力和科学本来是活劳动的客观条件，结果自然力和科学变成了把工人抛向街头的一种武器，把工人变成社会多余的人。科学被资本用来剥夺工人的专业和消除以专业为基础的各种要求，科学把工人变成了生产线中的毫无主观意志的盲目服从机械化生产的一颗颗"螺丝钉"。科学和自然力在资本主义社会沦为资本家发财致富的工具，为资本家带来更多的剩余价值，也使得工人的劳动力价值越来越低。

总之，《1861—1863年经济学手稿》是对《1857—1858年经济学手稿》的延续。针对资产阶级经济学家根据工人生活可能的改善掩盖资本剥削和否定剩余价值的谬论，马克思以价值理论和剩余价值理论为依据继续分析了劳动和资本的关系。马克思揭露了资本主义社会价值异化、价值对立的根源。马克思指出，资本是造成社会价值对立的根源。劳动对资本的从属导致剩余价值的生产，工人价

---

❶ 马克思，恩格斯. 马克思恩格斯全集：第47卷［M］. 北京：人民出版社，1979：288.

❷ 马克思，恩格斯. 马克思恩格斯全集：第47卷［M］. 北京：人民出版社，1979：571.

值被绝对化为劳动力价值。

四、价值理论体系的系统构建：《资本论》

《资本论》是马克思具有划时代意义的政治经济学巨著，也是马克思价值理论阐述最完善的著作。马克思在《资本论》中摆脱了西方经济学逻辑体系的影响，他运用辩证唯物主义和历史唯物主义的世界观和方法论，建立了系统的价值理论体系。马克思以剩余价值论作为理论基础全面揭示了资本主义发展过程。马克思在《资本论》中高扬人的自由全面发展的价值立场。他在对资本主义社会全面透析的过程中，揭露了人的价值实现的时代现实障碍和发展的根本途径。

（一）商品是人的价值在一定历史阶段的表现形式

马克思之所以要研究政治经济学，之所以把商品作为研究资本主义经济的入口和基础？是因为在资本主义生产方式占统治地位的社会，财富、使用价值、生活资料等表现为庞大的商品堆积，[1]人们实现自己生存和发展的基础的现实形式都是商品。所以，对资本主义社会本质的认识和研究应该从商品开始。商品首要的属性和它的本质就是它是满足人的某种需要的物，它是人类赖以生存的外界对象。商品是人类所创造的价值物在人类一定历史阶段的表现形式，或者说，只是到了人类一定历史阶段，人类所创造的各种有用物才以商品的形式存在。当人类生存和发展所需要的一切价值物都以商品的身份出现的时候，商品成为人的本质力量在人与自然的主客体关系中的外化、物化对象。作为人的本质力量表现的商品本身某些自然属性就成为满足人的需要的外部客观条件。商品的这些自然属性就是商品的使用价值，代表的是商品对人的有用性。没有使用价值，商品不复存在。使用价值是人的需要和交换商品的根源，也是人生活、生产所必需的物质财富的现实基础。商品的使用价值作为

---

[1] 马克思, 恩格斯. 马克思恩格斯文集：第5卷 [M]. 北京：人民出版社, 2009：47.

人类社会生存和发展的必要物质条件,是人类任何社会形态都必须不断追求和创造的物质内容。交换价值是在使用价值基础上产生的,是人类社会内部对使用价值交换和分配的依据,其产生的目的是在社会大分工背景下满足各个人的需要。交换价值表现为"一种使用价值同另一种使用价值相交换的量的关系或比例"。❶ 使用价值通过人的劳动对自然物的改造而获得;交换价值则是由使用价值体现,一个商品的交换价值由另一个商品的使用价值体现。商品的交换价值代表的是在社会大分工背景下,人的价值在社会中的体现和实现。个人的社会价值体现为对他人、社会的需要提供劳动产品。个人价值则通过他人、社会的劳动产品来实现。商品交换价值表明人与人在主体间的对象化关系中,彼此确证对方的本质力量,彼此作为对方价值实现的条件。

人与自然之间的价值关系、人与人之间的价值关系都凝结在了商品中。商品的使用价值代表了人与自然之间的价值关系,商品的交换价值代表了人与人之间的价值关系。也就是说,人需要依靠与自然之间的关系实现自由发展以及需要依靠与他人、社会的关系实现自由发展的情况,统统转变为人需要依靠与商品之间的关系来实现自己的自由和发展。商品成为人的一切价值的物化对象。商品本身蕴含了两种不同的价值含义:满足人的需要的有用性与支配他人劳动的权力。商品本身成为价值的载体,一切商品活动成为价值的表现形式。马克思的商品价值范畴,与他从哲学思想上理解的价值概念有着内在的一致性和逻辑性。❷ 马克思从商品出发理解价值问题,抓住了事物的本质。政治经济学家从货币出发理解价值本质,其实质只抓住了价值的表现形式;从价值概念出发理解价值本质,又犯了唯心主义错误。商品的生产、分配、交换、占有过程解释了资本主义一切价值现象的根源。马克思从商品概念出发,揭示出商

---

❶ 马克思,恩格斯. 马克思恩格斯文集:第5卷[M]. 北京:人民出版社,2009:49.
❷ 李德顺. 价值论——一种主体性的研究[M]. 北京:中国人民大学出版社,2013:17.

品价值本质，完善了劳动价值论；马克思又从劳动力商品出发，揭示出了剩余价值本质，创造了剩余价值论。

商品的出现，使得人与人之间连接成建立在物基础上的更紧密的关系，人类作为一个有机整体提高了改造自然的能力，可以创造更多的价值。但商品掩盖了人的价值，掩盖了其背后人与人之间的关系。当人们把一切都拿来当作商品去交换的时候，人的一些本质、价值，比如善良的灵魂、友情、爱情、信仰等也随之丧失。商品逐渐取代了人的本质，人的价值将被彻底物化。而当劳动异化的时候，商品又成为人的价值的对立物。劳动者逐渐与自己创造的价值世界相对立，劳动者作为一个整体被抛弃在价值世界的边缘。

（二）劳动是各种价值形式的共同基础

马克思创立了劳动二重性理论，科学化解了劳动价值论与效用价值论之间的矛盾。古典政治经济学家有时从量的方面，有时从质的方面来考察劳动。但是却从没意识到，劳动的量的差别是以质的统一为前提的。只有抓住劳动的本质属性才能真正了解各种劳动形式的关系。而马克思正是从哲学上解决了这个问题，"对马克思来说，劳动与其说是一个经济学概念，不如说是一个哲学概念，即马克思把'劳动'主要看作人的生命活动和主体的对象化，看作一种人类活动的基本理论或社会生活本体论的组成部分。"❶ 马克思在《资本论》中延续了自己的哲学观点，即劳动产品是人的本质的对象性结果。马克思把劳动区分为具体劳动和抽象劳动。所谓抽象劳动是人类在生理学意义上的耗费，是人的本质力量的牺牲和耗费，它形成商品价值。所谓具体劳动是人的主观意志的转移，人类按照自己的需要改变事物的物理属性，它形成商品使用价值。马克思认为，劳动产品原本只具有满足人的需要的使用对象性。而在交换中，劳

---

❶ 庄锡昌，顾晓鸣. 多维度视野中的文化理论［M］. 杭州：浙江人民出版社，1987：23.

动产品又取得一种社会等同的价值对象性。❶ 这样，劳动产品就拥有了两个属性：有用物和价值物。当人们交换彼此的劳动产品时，人们看重的是劳动产品作为价值物的属性，人们在交换中希望彼此产品的价值相等，也就使他们各自劳动彼此相等。劳动只发生在人与自然之间的主客体关系中，并没有发生在人与人的主体间关系中。所谓具体劳动和抽象劳动是人类的同一个劳动过程的两个面向。在人与自然的对象化活动中，人按照自己意愿使用特殊的方法改变物的属性，其实质是人的本质力量的对象化。而在人与人的交换关系中，主体与主体只是对彼此对象化结果的比较和交换。它比较的是人与人的本质力量，反映的是人的本质的同一性。也就是说，商品价值的对象性是社会的，因为只有在同一个社会体系中，蕴含在商品中的人类劳动具有价值对象性。人们也只能从商品的交换关系中，才能不断探索到隐藏的商品价值。马克思曾指出，亚里士多德之所以不能从价值形式本身看出商品交换本质，是因为希腊社会是建立在奴隶劳动基础上的，它是以人们之间以及他们的劳动力之间的不平等为自然基础的。❷ 只有劳动具有等同性和同等意义时，商品才可以平等交换，商品中所蕴含人类的一般劳动才能被揭示出来。商品是人们劳动关系的集中体现物，以自身的社会属性反映人们本身劳动的社会性质。商品把生产者同总劳动的社会关系反映成生产者之外的物与物的社会关系。

马克思认为，具体劳动是满足人的现实物质需要的劳动，它创造各种具体形式的物质财富。马克思曾指出，"劳动作为使用价值的创造者，作为有用劳动，是不以一切社会形式为转移的人类生存条件，是人与自然之间的物质变换即人类生活得以实现的永恒的自然及必然性。"❸ 劳动实现了人与自然之间的物质变化，让劳动对象符合人类生活的需要，人作为一种自然力与自然物质相对立。人在决

---

❶ 马克思，恩格斯. 马克思恩格斯文集：第5卷［M］. 北京：人民出版社，2009：90.
❷ 马克思，恩格斯. 马克思恩格斯文集：第5卷［M］. 北京：人民出版社，2009：75.
❸ 马克思，恩格斯. 马克思恩格斯文集：第5卷［M］. 北京：人民出版社，2009：56.

定尊重自己活动方式的规律前提下，使自然物发生形式变化，以实现自己的目的。如果人们只是从事具体劳动活动，社会并不会出现明显的财富积累。因为，人的现实的物质需要是生产的动力，也是生产扩大的限制。人们的生产往往以满足人的现实的物质需要为限。而当人们以等价物为中介去衡量不同劳动者产品的时候，人们关注的是人与人之间劳动的比较，即抽象劳动。物化抽象劳动作为人与人主体间对象化关系中介，是支配他人劳动的权力，是潜在的物质财富。当人的抽象劳动可以物化为某种劳动产品的时候，人类大量的具体劳动开始为了这个劳动产品而展开。人们不再局限于生产现实的物质生活资料，而是生产潜在的财富。每一个具体劳动生产出来的商品被视为使用价值，而抽象劳动物化的商品被视为交换价值。人类劳动也是资本主义生产方式可以创造更多财富的根源。进入商品交换领域，人们所关注的是商品的交换价值，即自己的商品可以交换到其他商品的使用价值的比例。这时人们所比较的是不同商品之间的劳动量，劳动的具体形式消失，各种劳动全都化为相同的抽象人类劳动。马克思指出，商品具有价值是"因为有抽象人类劳动对象化或物化在里面"❶。每一个生产者都是社会生产的一部分，都是为了生产社会的使用价值。人与自然的物质转换关系由个人与自然的关系表现为社会整体与自然的关系，而每一个人都是社会整体的一分子。

在资本主义生产过程中，工人的具体劳动成为资本家追逐剩余价值的工具，已经不是自己本质力量的确证的手段。无产阶级按照资本的要求，与生产资料相结合，以具体劳动生产出资本家想要的劳动产品。劳动产品与工人没有任何的关系。工人自己的生活需要是由社会生活资料生产部门的工人的具体劳动创造出来的。也就是说，大部分工人的具体劳动用于非生活资料生产部门的生产，只有少数工人的具体劳动用于生产全社会的生活资料，而这少数工人生

---

❶ 马克思，恩格斯. 马克思恩格斯文集：第5卷［M］. 北京：人民出版社，2009：51.

产生活资料的劳动才是生产劳动力价值的抽象劳动。劳动是人类的负担，工人的劳动过程会造成人的器官紧张和劳损。劳动力价值只是作为维系劳动能力的客观条件。工人劳动越多只会加重自己的耗损。在资本主义社会中，劳动的内容和方式越是不能吸引劳动者，劳动者越是不能把劳动当作自己的体力和智力的活动来享受。

（三）资本是异化的社会权力

马克思认为，资本"远远超过了以往一切以直接强制劳动为基础的生产制度"。❶ 资产阶级虽然不能直接强制无产阶级劳动，但是资本对于无产阶级的强制性却超过以往任何时候。当资本家的货币用于购买生产资料和劳动力进行生产时，货币转化为资本，就使资本具有榨取他人劳动和剩余劳动的合法权和强制权。本来交换价值（货币）作为支配他人劳动产品的权力是用于实现人的价值的，而它一旦成为资本则拥有了工人被人支配、剥削的权力。在马克思看来，资本越来越表现为"异化的、独立化了的社会权力，这种权力作为物，作为资本家通过这种物取得的权力，与社会相对立。"❷ 资本支配了整个社会的生产资料和劳动力，劳动者都服从于资本的命令，资本成为人类共同生产活动的主体。资本决定了整个资本主义社会的生产，包括生产什么，生产多少。生产力的提高，决定了资本主义生产条件向一般社会的生产条件转化。在生产力发展的推动下，社会生产越来越呈现有组织性、有计划性。而资本家对生产条件的权力，即资本家对生产资料的私人占有也呈现集中化的趋势，因而由资本形成的一般社会权力和资本家个人对于社会生产条件拥有的私人权力之间的矛盾也越来越尖锐。资本主义社会内部的矛盾尖锐到不可调和，最终资本形成的一般社会权力和资本家私人权力之间的关系将走向解体。

---

❶ 马克思，恩格斯. 马克思恩格斯文集：第5卷 [M]. 北京：人民出版社，2009：359.

❷ 马克思，恩格斯. 马克思恩格斯文集：第7卷 [M]. 北京：人民出版社，2009：293–294.

马克思指出,"生产力的这种发展,最终总是归结为发挥作用的劳动的社会性质"。❶ 例如,社会内部的劳动分工,智力劳动的发展特别是自然科学的发展。对于工人来讲,机器和科学发展不仅造成工人过剩,还成为资本镇压工人反抗资本专制暴动和罢工的最强有力的武器。因为,使用劳动工具的技巧已经从工人身上转到了机器上面,技巧对于工人来讲越来越微不足道,工人失去了不可替代性。机器劳动虽然减轻劳动,但成了折磨人的手段,"因为机器不是使工人摆脱劳动,而是使工人的劳动毫无内容。"❷ 由于劳动技术的整齐划一和工人对于机器的绝对服从,工厂形成一种兵营式的纪律。资产阶级所喜欢的分权制和代议制,在资本家的工厂里,却是资本对工人的专制。当一些生产工具可以由机器来操纵的时候,部分劳动力商品就要消失了,资本家也节省了劳动力商品的交换价值。工人阶级的一部分就变成了过剩的人口。采用机器增加了资本家阶级的财富和资本家新的奢侈要求,社会又产生出满足这些要求的新手段。由于工人人数的不断相对减少而随之减少的社会消费就转移到资本家阶级身上,社会产品中的剩余产品较大部分以精致和多样的形式被资本家阶级消费掉。大工业领域生产力的提高,使得越来越多的工人阶级被用于非生产劳动。工人从事各种家庭服务业以满足资本家阶级更加奢侈、舒服的生活品质需要。除了物质的商品以外,服务也商品化。

资本造成社会分化为资本家阶级和工人阶级的对立。资本家阶级的价值依靠对工人阶级劳动的剥削实现,工人阶级只能靠出卖自己的劳动力而获得自己的价值。资本家的价值不断增值,其维持和增加支配工人阶级劳动力以及其他一切经济、政治、文化等资源的权力更大。在资本主义社会中,资产阶级享有自由时间,是因为劳动阶级的全部时间都转化为劳动时间。工人的价值一直保持在维持自己和繁殖后代的框架内。工人全部可供支配的时间都是劳动时间。

---

❶ 马克思,恩格斯. 马克思恩格斯文集:第7卷 [M]. 北京:人民出版社,2009:96.
❷ 马克思,恩格斯. 马克思恩格斯文集:第5卷 [M]. 北京:人民出版社,2009:487.

资本家毫无底线地追逐剩余劳动时间，严重突破了工人工作日的生理极限，人成长、发育和维持健康所需要的时间都完全被剥夺了。所谓工人履行社会职能的时间、进行社会活动的时间、自由运用体力和智力的时间等都全是哄人的废话。❶ 随着财富的增长，城市里建筑低劣地区的房屋被拆除，建造成供银行和百货商店等用的高楼大厦，贫民被赶到环境越来越差的角落里。当然，任何一个国家如果把工人的货币工资降低到他们作为一个阶级生存所必需的消费资料的价值以下，那也就不存在资本家阶级了。

总之，马克思在《资本论》中，从分析商品这个经济现象中最普遍的事物开始，揭示使用价值和价值的关系及本质，解决了政治经济学一直纠缠不清的价值问题难题。首先，马克思通过对价值形式的分析，揭示了货币的起源和本质，他认为货币是商品经济条件下一切价值的异化。其次，马克思又以劳动价值论为基础，分析了资本主义生产方式，揭露了资本主义生产过程中存在的劳动力价值和剩余价值的本质。最后，马克思揭示了自由时间是实现人的自由全面发展最高价值追求的根本途径。

第三节 马克思晚年价值范畴的哲学思考

马克思对于价值思想的研究一直没有离开自己的哲学思维范式，他在各时期的经济学手稿和《资本论》中仍然在使用早期的哲学概念——对象化、异化等来解释价值问题。甚至有学者认为马克思是把政治经济学当作一种价值哲学来研究的。❷ 但是由于历史原因，马克思并没有对价值范畴进行专门的哲学论述，在他看来这也是没有必要的。马克思晚年对于价值范畴的哲学思考源于瓦格纳对于《资

---

❶ 马克思,恩格斯. 马克思恩格斯文集：第5卷 [M]. 北京：人民出版社，2009：306.
❷ 何萍. 马克思政治经济学语境中的价值哲学 [J]. 现代哲学，2003 (4)：10–16.

本论》价值思想的歪曲。瓦格纳为了自己理论的自圆其说，对《资本论》中的价值概念进行了故意曲解。马克思为了正本清源，不得不对其思想进行批判。在《评阿·瓦格纳的"政治经济学教科书"》中，他对瓦格纳的一般价值概念进行了尖锐的批判，并阐释了自己对价值范畴的哲学思考。相比早期对价值本质认识的理想化和抽象化，马克思在对政治经济学深入研究之后，对于价值范畴的理解更加全面和深刻。

《评阿·瓦格纳的"政治经济学教科书"》虽然是围绕着经济学问题展开的，但马克思在批判瓦格纳的一般价值概念的时候，字里行间蕴含着关于价值概念的哲学思考，因而人们后来在研究价值哲学的时候，都把关注点聚焦在这篇文章上面。这篇文章是马克思典型的论战性的作品，他在文中引用了瓦格纳大量的观点，并采用反讽的态度。马克思在文本中虽没有直接概括价值一般概念，但他在论战中所绽放的一些哲学思想火花值得我们思考。

瓦格纳是论战的始作俑者，他为了否定马克思的劳动价值论，自己试图创立一个价值理论体系。瓦格纳首先定义价值一般性概念，认为使用价值、交换价值都是由价值一般概念引申出来的次价值概念。瓦格纳认为，价值就是一切用来满足需要的资料；商品的使用价值是在社会有机体里，生产者为他人提供的有用物；交换价值是一定历史时期的使用价值的历史外壳和附属物。一般价值概念就成为瓦格纳经济学观点的理论基础。瓦格纳的动机不是为了把价值理论引向哲学，他是为了攻击马克思的价值理论，为自己的价值理论自圆其说。马克思在对瓦格纳一般价值理论进行批判的时候，使用了唯物辩证法方法和历史唯物主义观点，在对价值起源、历史发展、各种价值形式之间的关系等问题上进行了哲学思考。

一、关于一般价值概念的哲学思考

（一）马克思在方法论上批判了瓦格纳一般价值概念

马克思批评瓦格纳概括一般价值概念的方法沿袭了德国古典哲

学的传统，即从词源学上玩弄各种概念。瓦格纳追究"价值"和"值"这两个词在德语中的词源学含义，得出这两个词最初用于有用物，有用物就是能够满足需要的财物。瓦格纳用带有哲学意味的"外界物"一词替换掉"财物"，价值的一般概念就变成了人们对待满足自己需要的外界物的关系。瓦格纳认为，一般价值概念是价值的元概念，经济学的使用价值和交换价值都是价值的次概念。瓦格纳发现在政治经济学中俗称"使用价值"的东西和"价值"在德语用法中具有共性，并以此把使用价值等同于价值一般概念。为了从一般价值概念中推出使用价值和交换价值的次概念，瓦格纳又采用了同义反复的方法。马克思揭露了瓦格纳使用文字游戏的致命问题，瓦格纳试图利用同义反复从一般价值推出交换价值的尝试是不成功的。

马克思批判了瓦格纳一般价值概念的先验性。针对瓦格纳提出的"人处在一种对作为满足他需要的资料外界物的关系中。"❶ 马克思指出，人类像其他动物一样，首先要解决自己的原始生理需要。"正如任何动物一样，他们首先是要吃、喝等等"，❷ 人需要在自然界里寻找满足自己需要的自然物，在这个过程中，人学会把能满足自己需要的自然物和其他的自然物区别开。此时，人和野兽的区别并不大，人和自然物之间只是一种单纯的生理关系。后来，人类通过劳动改变自然物的属性来创造满足人需要的物品，这样人们经常与可以满足自己需要的物品保持对象性的关系，而且因为稀缺性，人们为了这些物品还要同其他人进行斗争。马克思认为价值概念属于意识范畴，是对特定社会存在物和关系的反映。"这种语言上的名称，只是作为概念反映出那种通过不断重复的活动变成经验的东西"。❸ 人们通过持续不断的活动形式占有外界物作为满足自己需要

---

❶ 马克思，恩格斯. 马克思恩格斯全集：第19卷［M］. 北京：人民出版社，1963：405.

❷ 马克思，恩格斯. 马克思恩格斯全集：第19卷［M］. 北京：人民出版社，1963：405.

❸ 马克思，恩格斯. 马克思恩格斯全集：第19卷［M］. 北京：人民出版社，1963：405.

的资料,价值概念就是对这种通过不断重复的活动变成经验的东西的反映。在马克思看来,价值意识并不是源于人们对于外界物满足自己需要的生理认识,而是源于人们开始学会使用工具重复不断、稳定地获得有用物的人的本质活动。"吃、喝、生殖等等,固然也是真正的人的机能。但是,如果加以抽象,使这些机能脱离人的其他活动领域并成为最后的和唯一的终极目的,那它们就是动物的机能。"❶ 人的本能需要和本能活动是人类历史活动的前提。只有当人类开始使用工具,通过劳动而引起新的需要的时候,人们才可能产生价值概念。"已经得到满足的第一个需要本身、满足需要的活动和已经获得的为满足需要用的工具又引起新的需要。这种新的需要的产生是第一个历史活动。"❷

文本中最为著名的一句话是,"'价值'这个普遍的概念是从人们对待满足他们需要的外界物的关系中产生的"❸。这是对于价值概念具有定义性的一句话,也是一直以来人们争议的焦点,即这句话到底是瓦格纳说的还是马克思说的。鉴于这一问题的重要性,本书还是要把这段文字的原文拿出来细细品味。完整的原文是:"如果说,人们不仅在实践中把这类物当作满足自己需要的资料,而且在观念上和在语言上把它们叫作'满足'自己需要的物,从而也是'满足'自己本身的物,——如果说,'按照德语的用法',这就是指物被'赋予价值',那就证明:'价值'这个普遍的概念是从人们对待满足他们需要的外界物的关系中产生的"❹。这句话确实不是马克思结论性的观点,而是一段假言命题的结论。也就是,"如果说"的内容成立,"那就证明"的结论就为真。如果承认人天然处在一种

---

❶ 马克思,恩格斯. 马克思恩格斯文集:第1卷[M]. 北京:人民出版社,2009:162.

❷ 马克思,恩格斯. 马克思恩格斯全集:第3卷[M]. 北京:人民出版社,1960:32.

❸ 马克思,恩格斯. 马克思恩格斯全集:第19卷[M]. 北京:人民出版社,1963:406.

❹ 马克思,恩格斯. 马克思恩格斯全集:第19卷[M]. 北京:人民出版社,1963:406.

满足他所需要资料的外界物的关系中,那么"价值"这个普遍的概念就是从人们对待满足他们需要的外界物的关系中产生的。我们知道假言命题的逻辑是:如果 A,那么 B。A 为真,则 B 为真;A 为假,B 不一定为假。显然这段话的前提在马克思看来并不成立,结论也就不一定成立。当然,即使马克思所说这段话的前提不成立,同样也不能就此推论结论是肯定不成立的。马克思对于瓦格纳的一般价值概念的批判集中在瓦格纳忽略价值概念产生的历史前提和实践基础上,瓦格纳的逻辑是人先验地处在外界物满足自己需要的关系中,这是马克思批判的重点。马克思认为人并不是先验地处于外界物满足自己需要的关系中,而是在与自然界不断的互动中确定这种关系并对这种关系产生观念认知的。至于瓦格纳从人与外界物的关系来认识价值的观点,马克思并没有否定,因为马克思自己也承认价值这个概念最初就是表示物对人的有用性的。马克思认为价值像其他人类的语言学概念一样,随着时代的发展其内涵也在不断变化。到了资本主义时代,人们已经赋予价值这个概念新的含义,而瓦格纳还停留在用价值的最初含义来标识其概念的哲学一般性。

瓦格纳只是在观念上抽象一般价值概念,他完全抛弃了价值概念产生的历史前提和实践基础。瓦格纳的逻辑是,人生来就处于一种满足他的需要的外界物的关系中,然后人们赋予这些有用物以价值。显然这个价值概念的定义不是马克思的,而应该是瓦格纳的。瓦格纳的价值定义揭示的是人与自然的关系,而这种关系在瓦格纳看来是先验的。

(二) 马克思提出了一般价值概念的思想

在对价值进行哲学抽象时,马克思坚持了主客体关系的逻辑范式。马克思认为,价值最初是表示客体满足主体需要的关系。人为了生存进行物质生产,创造满足人需要的物品。人的需要是人改造客观事物的动力,也是主体与客体价值关系的纽带,没有人的需要,价值关系不复存在。但是,马克思认为主客体之间的关系本质不是需要,而是对象性。马克思反对以价值的最初词源学含义概括价值的哲学本质,一般价值概念应该是各种具体价值形式的抽象概括。随着人类社会实践活动范围的扩大和实践水平的提高,人的需要越来越多样,价值的内涵和外延不断延伸;在商品经济条件下的使用价值、交换价值是价值在不同历史时期的新形式。马克思用"盐"这个概念举例:"盐"这个词古代人最初用来指食盐,随着人们发现了更多类似食盐特性的物品,后来盐在化学领域用来指一切能溶解于水并具有特殊味道的无色的固体,因而化学领域的盐和食盐是完全两个不同的概念。❶ 同样,价值这个词最初用于有用物本身,但是它和经济学领域商品价值的定义毫无共同之点。瓦格纳的错误就在于以为价值最初是指有用物就认定商品价值就具有有用物的性质。经济学的价值概念只是价值在一定历史时期的具体形式,它不应该成为所谓价值的元概念。因为"哲学的价值概念就是从各种具体价值中抽象出来的一个一般概念,是为了回答生活实践中的问题而做出的一种合理抽象。"❷ 马克思认为,实践是价值产生和发展的基础。一般价值概念应该是所有具体价值形式的共性。人头脑中的价值观念产生于人类固定、持续重复的社会生产生活实践。如果抛开实践活动,只从人的生理需要和有用物的关系理解价值,将会退回到动物的层面。马克思价值概念的逻辑起点是实践,人类通过实践活动将自己从自然界分化出来,人类社会与外在自然就构成一个物质变换关系。人类根据自己的需要和欲求不断改造客观世界,创造价值。随着人类实践范围的扩大,人类社会不断成熟,个人需要从自然、他人、社会之间的关系中创造实现个人生存和发展的条件。人们在不断扩大的实践中发展更多事物的价值和事物更多的价值,因而价值的内涵和具体价值形式随着实践的发展而不断丰富。价值概念的抽象概括不能回避新价值形式。价值最初含义代表的是人与外界物之间的价值关系,政治经济学所出现的新价值范畴已经超出

---

❶ 马克思,恩格斯. 马克思恩格斯全集:第19卷 [M]. 北京:人民出版社,1963:416.
❷ 马俊峰. 马克思主义价值理论研究 [M]. 北京:北京师范大学出版社,2012:18.

了价值最初含义所能涵盖的范围。商品交换价值、商品价值反映的是人与人之间的关系。瓦格纳的错误是把价值的最初形式看作价值一般，然后把在现实社会中出现的一切新的价值形式通通归入这个最初形式之中。

二、关于商品使用价值、价值与一般价值概念关系的哲学思考

针对瓦格纳混淆商品使用价值和一般价值概念的内涵，把商品使用价值等同于一般价值概念的做法，马克思在《评阿·瓦格纳的"政治经济学教科书"》中引用瓦格纳的价值概念的时候，都要加引号，表示对瓦格纳观点的不认同。价值概念的最初含义和商品使用价值的含义在某种程度上有相似之处，价值最原始的含义是指物的有用性。商品的使用价值也是表示物品的有用性，即外界物对主体需要的满足。马克思批判瓦格纳混淆使用价值和一般价值的关系的焦点是瓦格纳对价值的认识一直停留在最原始阶段。价值概念是对现实关系的反映，其内涵不会是固定不变的。随着价值概念外延的发展，价值不再只是被人们用来表示物对主体需要的意义，也被用来表示主体之间的关系，价值的含义显然不能停留在使用价值的层面。在商品经济产生之前，人们直接通过自己的劳动获得满足自己需要的财物；在商品经济产生之后，生产者生产的目的是为了交换，每个人不再是直接通过改造自然物而是通过劳动产品的交换获得生活资料。人们需要创造的是支配他人劳动产品的权力。交换价值成为经济学家关注和研究的主轴。古典政治经济学的价值概念实际上是在探究人与人在商品交换中的关系。使用价值概念已经无法反映人与人之间的这种关系。马克思没有否定使用价值在政治经济学中的地位。他认为，使用价值概念是政治经济学的前提，没有使用价值也就不存在政治经济学。马克思在《评阿·瓦格纳的"政治经济学教科书"》中专门总结了使用价值在其经济学理论中的地位和作用。但使用价值概念不等于一般价值概念，不能以使用价值替代一

般价值的内涵。虽然使用价值确实启发了人们从需要、主客体关系去思考价值本质。

马克思的价值理论研究是为了探究价值异化的根源，寻求实现人们由追求商品价值向追求人本身价值的转变的根本途径。马克思的经济学价值不是从概念出发，而是从劳动产品在现代社会的表现形式商品出发的。商品既是物对于人的价值表现，又是人对人的价值表现。马克思正是对后者的进一步研究，发现了商品交换价值的本质。将哲学同经济学两个层面的价值概念简单混同或简单对立起来是长期误解马克思价值思想的重要原因。❶ 实际上马克思的商品价值概念不是和一般价值概念毫不相干的概念，而是一般价值概念在商品经济条件下的新价值形式。商品交换价值、价值表明人的价值关系不再局限于人与物之间的关系，人不仅追求和创造外界物以满足人的需要，人还关注社会、他人对于自己的意义。当个人需要通过他人、社会的劳动来实现自己价值的时候，人们自然把目光转移到社会内部。古典政治经济学关注体现劳动者之间劳动量比较的交换价值。19世纪的德国哲学也把关注投入体现人与人关系的人的类本质、异化等问题上。在资本主义社会，社会最基本的价值问题是物质领域的价值创造和价值分配问题，同时人们又开始关注其他领域的价值问题，像人们对于平等、自由、博爱等价值的追求。资本主义价值观最大的问题是人们把价值物化为社会财富，货币成为一切价值形式的象征，追逐货币成为人们唯一热衷的目标。

马克思的价值思想一直贯穿着一条主线，就是追求人的自由而全面的发展。经济学价值研究让马克思对于这一思想有了更加全面的认识。马克思通过对资本主义经济本质的研究发现，每个人的现实幸福和价值的实现必须建立在物质财富满足的基础之上。同样正如恩格斯所言，"资本主义对多数人追求幸福的平等权利所给予的尊

---

❶ 李德顺. 我们时代的人文精神：当代中国价值哲学的建构及其意义［M］. 北京：北京师范大学出版社，2013：57.

重，即使有，也未必比奴隶制或农奴制所给予的多一些。"❶ 在马克思看来，实现人的自由而全面的发展靠上帝、美德抑或理性的抽象都是不切实际的，人们实现自由而全面的发展的物质基础就是生产资料的公有制。追求人的幸福、人的价值是马克思主义价值论的根本立场。不论是在经济学还是哲学，马克思的这一立场是高度一致的。经济学价值是马克思价值研究的重点，但不是全部。对于价值的哲学思考是马克思价值研究的未来和前途，即在人类社会新的历史阶段思考如何更好地实现人的自由而全面的发展。马克思因为时间的关系没有来得及对于价值哲学进行更深入的研究，但这也给马克思主义理论的继承者们提供了更为广阔和自由的空间。

价值问题的研究贯穿马克思一生。马克思对于价值的研究历经从哲学转向经济学，又从经济学回到哲学的过程。但是马克思各阶段的价值思想并不是割裂的、孤立的，而是连贯的、统一的。马克思对于价值的哲学研究和经济学研究始终贯穿着一条主线，这条主线就是探寻人的自由全面发展的条件。

---

❶ 马克思，恩格斯. 马克思恩格斯文集：第4卷［M］. 北京：人民出版社，2009：293.

第三章　马克思主义价值论的主要内容

纵观马克思一生的价值思想发展历程，不难看出，马克思的价值思想始终是围绕"如何最大化地实现人的价值、如何实现人的自由而全面的发展的最高价值理想"展开的。马克思所从事的经济学价值理论研究，对价值问题的哲学思考以及树立的共产主义价值理想都是立足于这一核心问题的。如果说我们可以把马克思的所有价值思想都串联起来构成一个整体的话，那么这恐怕是构建马克思整个价值思想的"骨架"。围绕着这个"骨架"，我们更容易去概括马克思价值思想的主要内容。因而，从某种意义上讲，马克思的价值思想的主要内容应该由马克思对一般价值问题的思考、马克思对人的价值实现的社会分析、马克思对人的价值追求的分析三部分组成。

第一节　马克思对一般价值问题的思考

马克思生活的年代，人们所面对的几乎都是经济层面的价值问题。因而，马克思更多的是思考经济学价值问题。不过，他为了更深入地揭示各种价值问题的本质也曾对于一般价值概念进行过思考。只是与其他哲学家不同，马克思对于价值问题的思考是从具体的现实问题入手的，而不是为了统一各个经济学价值范畴而去抽象概括所谓的一般价值概念。

一、对一般价值本质的思考

首先,马克思提出抽象一般价值概念的方法。马克思在人生的各个阶段都对价值本质问题进行过思考。在《1844年经济学哲学手稿》中,马克思把价值理解为对象对人的本质力量的意义。这个时候,马克思总结价值本质的哲学方法论主要是借鉴黑格尔和费尔巴哈。马克思接受了黑格尔关于劳动是人的本质的对象性活动的观点,并借鉴了黑格尔以对象性理解人与自然关系的方法论。当马克思转向国民经济学研究时,为了梳理各种国民经济学理论,曾对价值概念进行深入分析。在《1857—1858年经济学手稿》中,马克思明确提出关于抽象价值概念的方法和原则。价值是一个历史性范畴。资本主义社会是价值形式高度发展的历史阶段。只有高度抽象概括资本主义社会的价值形式才能得出价值的一般含义。

其次,马克思提出价值本质是主客体、主体间对象化关系。商品的使用价值代表价值的最初含义,在商品经济产生或发达之前,人们对于价值的理解本质就是使用价值。它代表人类为了自身的生存和发展,按照自己的意愿改造自然物获取满足人类需要的物质的历史认知。使用价值是人类社会存在和发展的物质基础。人类生产使用价值就是人类本质力量的对象化过程,使用价值对于人类需要的满足来说就是人类本质力量的确证。也就是说,使用价值本身表示主体客体之间的对象化关系。商品的交换价值是在商品经济时代,人们可以交换、占有其他劳动产品的权力,它是社会财富的象征。交换价值是人与人劳动的比较、互动的结果,代表人与人之间的关系。马克思认为,交换价值、价值是主体对其他主体的对象化。"等价物是一个主体对于其他主体的对象化"。[1] 一个主体把其他主体的劳动对象化为自己劳动产品的交换价值、等价物。通过交换等价物

---

[1] 马克思,恩格斯. 马克思恩格斯全集:第30卷[M]. 北京:人民出版社,1995:196.

占有其他主体的劳动,并以此作为交换一切商品的权力。主体之间形成以物的依赖性为基础的交换关系。一个主体的本质力量对象化为其他主体的劳动产品,一个主体的本质力量的确证需要由其他主体的劳动产品来完成。个人的本质活动成为他人需要的满足的基础,个人的需要的满足依赖于他人的本质活动。马克思扩展了对象化理论,他认为不仅存在主体与客体之间的对象化,也存在主体之间的对象化。在此基础上马克思的商品价值思想深化了马克思对于价值本质的理解,也就是不仅存在客体对于主体意义的价值,还存在主体间意义的价值,因而认为马克思的价值思想在本质上是主客体关系是不全面的。马克思的价值思想在本质上是对象性关系,这种对象性关系不只限于主客体之间,还包括主体之间。

再次,马克思提出劳动是价值的源泉。马克思对于劳动价值论进行了改造和完善。马克思丰富了国民经济学关于劳动是价值的源泉的思想,提出劳动不仅是价值的源泉,也是使用价值的源泉。人类只有通过劳动这一人类的本质活动,才能按照人的意愿改造自然物的天然属性,源源不断地创造满足人类生存的价值物。马克思曾指出,"劳动作为使用价值的创造者,作为有用劳动,是不以一切社会形式为转移的人类生存条件,是人与自然之间的物质变换即人类生活得以实现的永恒的自然必然性。"❶ 马克思所创立的劳动二重性理论为理解这一思想奠定了基础。马克思把劳动区分为具体劳动和抽象劳动,具体劳动是人类为了自身的生存和发展必须从事的各种具体形式的劳动,是人的主观意志在劳动过程中的表达,它将人的本质力量向物转移,形成使用价值。抽象劳动是人生命的损耗和健康的损害,它牺牲了人的本质力量,它必须得到补偿才能维系人的生存。也就是在同一个劳动过程中,人既损耗了本质力量,又将本质力量外化为劳动产品。人的本质力量的补偿靠的是使用价值,但是人们通过比较、衡量各自劳动的耗费来交换获得他人商品的使用

---

❶ 马克思,恩格斯. 马克思恩格斯文集:第5卷[M]. 北京:人民出版社,2009:56.

价值。抽象劳动成为主体之间对象化关系的基础。当货币固定充当一般等价物的时候，商品扮演主客体间对象化产物，货币扮演主体间对象化产物。

总之，根据马克思对价值的哲学思考，我们可以总结价值的哲学本质。价值在本质上是主体的主客体、主体间对象性活动及其产物对于自己生存和发展的意义。它反映了人们在长期的实践过程中，为了实现自身生存和发展的目的，对满足自我需要的事物的认识和追求，以及对实现人的自由而全面的发展美好未来的向往。

二、对人的价值实现基础的思考

马克思对价值的研究经历了从哲学转向经济学，又回到哲学的过程。但马克思的价值思想始终贯穿在一条主线上，即探寻人的自由而全面的发展的条件。马克思早年就确立了追求人类现实幸福的价值立场。受古典哲学影响，马克思把自由理解为人的类本质和根本价值。马克思坚持从主客体的对象化关系来理解人的本质和价值。马克思在社会中发现传统哲学并不能解决现实价值问题，而且物质利益是实现人的价值的物质基础。因而，马克思坚持从实践的角度理解价值概念，从实践出发思考实现人的价值的根本途径。

首先，马克思的价值论是实践价值论。"只有在马克思的实践观的视域之中，才能揭示价值的本质和规律，揭示价值自觉的内涵、特点、功能和意义。"[1] 马克思在 1845 年《关于费尔巴哈的提纲》中提出了科学的实践观，并由此开创了实践唯物主义理论。由此，马克思既批判唯心主义从抽象的理性理解价值，也批判旧唯物主义从客体的或者直观的形式理解价值。《德意志意识形态》表明马克思已经由人本主义价值论转向实践价值论。马克思从现实的人出发，通过分析物质生产生活这种最基本的实践形式，揭示了人的需要、

---

[1] 刘秀华. 中国特色社会主义价值自觉：基于马克思实践观的视角 [J]. 哲学研究，2014（8）：26-28.

目的、动机、对象等因素在物质生产实践中的作用以及物质生产实践在人类历史中的重要意义。马克思把人的活动本身理解为对象性的活动。实践是人类社会生活的本质，是人类能动地改造自然以获取各种生活资料的唯一途径。只有通过实践，人类才能源源不断地创造价值，才能实现人的价值。在马克思看来，价值不是某种先验的本质，而是实践的产物。马克思反对把价值理解为某种脱离人的实践活动而独立的抽象存在。马克思在转向政治经济学研究的时候，更是将历史唯物主义作为批判国民经济学家的有力武器。例如，马克思就曾批判萨伊、蒲鲁东等人的价值理论是严重脱离实践的、想当然的、虚幻的抽象。马克思将劳动价值论建立在实践理论的基础上。

其次，马克思强调实践是实现人的价值基础。马克思晚年批判瓦格纳时，曾强调人的价值并非直接源于自然有用物对于人的满足关系，而是产生于人类为固定获得有用物而不断重复的生产实践。马克思反对从人的生理需要理解价值，他认为价值是人类社会经常的实践经验的理性抽象。人的生理需要和动物无异，并不能反映人的本质。人的吃、喝等生理需要是要人通过积极的活动取得一定的外界物来满足。人与动物不同的是，人类具有抽象思想能力。人类根据自身通常的经验把有用物同其他外界物区别开。人类根据自己的需要不断地劳动以保持与这些有用物的经常联系，同时还需要为了这些有用物同其他人进行各种斗争。实践范围的扩大、实践形式的增加又丰富了人们的需要。为了满足人们在社会内部实际生活中的需要以及精神层面的需要，人们在既有的实践基础上，进行处理社会关系的实践，形成各种社会、文化的规定。人们在实践中，根据自己的需要与对象建立关系，发现和创造各种价值，同时也在人们的观念中形成对价值的看法和评价，因而马克思认为人的价值实现的基础是实践。实践是人类一切价值的根源，人类为了自己生存和发展，在各种对象性活动中不断发现和创造各种价值。

第二节 马克思对人的价值实现的社会分析

马克思不论是在哲学领域还是在经济学领域中研究价值问题，其最终目的都是为了探寻实现人的自由而全面的发展的根本路径。马克思将人的价值实现作为其价值思想的根本出发点和落脚点，他是在这个基础上展开各种价值问题研究的。马克思通过对资本主义生产方式的揭露，发现了人的价值实现的现实障碍和实现途径。

一、各价值范畴对人的价值实现的历史路径揭示

本书认为，马克思所使用的各价值概念既不是词源学元概念引申出的次概念，也不是为了自己理论的自圆其说而虚构的抽象范畴，而是对人类历史现实的价值关系、现象的总结和凝练。"这些观念、范畴也同它们所表现的关系一样，不是永恒的。它们是历史的、暂时的产物。"❶ 马克思的各价值范畴反映了人类社会不同历史阶段的社会价值关系，也体现实现个人意愿和发展的现实路径。

价值最初作为一个日常生活用语，表示人们对于美好事物的追求、向往和判断。普通人往往把有用物视作自己所要追求的价值，而哲人则往往把美德、自由、荣誉等视作人们所要追求的价值。价值具体不论指向什么，人们普遍认可价值概念应该是用来表示好的、善的事物。而直到商品经济的出现，价值才开始被人们用来指向金钱、货币，用来表示商品之所值。国民经济学家分别从物之效用、物之所值两个面向理解价值，并将此作为各自政治经济学理论的基础。而马克思把物之效用（使用价值）和物之所值（交换价值）共同统一于商品之中。使用价值代表人类最初的追求，人类面临的最现实的需要是如何生存，这就需要人类通过劳动改造自然物以获得

---

❶ 马克思, 恩格斯. 马克思恩格斯文集: 第1卷 [M]. 北京: 人民出版社, 2009: 603.

满足自己需要的有用物。交换价值则代表人们在商品经济时代,由于社会分工和私有制,个人必须依赖社会、他人的劳动产品才能生存。在马克思看来,所谓商品的使用价值、交换价值等范畴是人类本质力量对象化活动的不同历史表现。人类从以物之效用理解价值内涵到以物之所值理解价值内涵,代表人类由最初个人作为价值主体到社会整体作为价值主体与自然形成对象性关系。而个人作为社会的一分子,则在社会中实现个人生存和发展。经济学价值范畴表示:个人的本质活动的对象超出了自然,主体之间的关系成为实现个人生存、发展的最重要的条件。

(一) 使用价值揭示人的自我价值实现的主客体对象化活动路径

人类必须依赖大量的生活资料才能生存,而这些生活资料必须在人与自然物的互动中实现。寻找、创造满足各种人类需要的使用价值成为人类社会活动追求的永恒主题。使用价值作为人类所创造的各种有用物的属性远远早于商品而存在。作为满足人的需要的有用性的使用价值,在人类任何社会阶段都有着共同的内涵,其本质没有差别。使用价值既反映了客体满足主体需要的属性,也体现了主体对于客体的对象化关系。人们制造使用价值的过程就是按照个人意愿,在实践中改造自然物的各种天然属性,将客观事物的属性符合个人意志的过程。劳动就是人的本质力量对象化的活动,使用价值就是人的劳动对象化结果。在人类历史发展的各阶段,人们创造使用价值的方式和使用价值的载体各不相同,它代表人类对于自然征服的能力。当人类在自然界中比较渺小的时候,创造使用价值的活动是人类社会最主要的活动,人类绝大部分的时间都要用于劳动生产。当人类在自然界中越来越强大的时候,创造使用价值的活动可能不再是人类最主要的活动,人类可能有更多的时间做其他的事情。

在马克思那个年代,受历史条件的制约,马克思对使用价值的理解就是自然物对于人的需要的满足。但是自然对人的价值并不限于此。物对于人的效用,不仅表现在物的属性对于人的吃、穿、住、行等任何生活需要的满足，还表现为自然生态系统对于人类生存条件的满足。以前，自然生态系统是天然的客观存在，人们认为它们像日月星辰一样是永恒的东西，而且是人们不需要付出努力，也不会因为地位等级就随手可得的事物，因而人们并没有认识到它的价值。就像马克思曾认为的那样，只有人们需要劳动才能获得，并为之争夺的东西才会在人们的头脑中形成价值观念。马克思那个时代，人们已经看到工业发展对环境的破坏，但是这个问题还没有严重到足以引起全世界的关注。只有当自然生态系统遭到破坏、可能会危害人类生存的时候，人们才认识到自然生态的价值。和物的效用的使用价值相比，自然生态价值需要人类共同维护，由人类共同享有。

马克思特别指出，劳动力商品的使用价值是资本主义社会特有的一种使用价值。劳动力成为商品是商品经济高度发达的结果。在资本主义社会里，一部分人为了满足自己最低生活需要的使用价值而不得不出卖自己劳动力的使用价值；另一部分人则是为了追逐更多地支配他人的权力而消费劳动力的使用价值。在商品交换领域中，一个商品的价值通过另一个商品的使用价值表现出来。在商品生产领域中，剩余价值是由劳动力的使用价值产生的。劳动力的使用价值就是进行能劳动，而劳动又创造新的价值。劳动力商品使用价值的独特性就是能够给资本家带来剩余价值。任何商品的使用价值经过使用都会减损或消失，劳动力商品也不例外，就是人的劳动能力的暂时丧失。要恢复劳动力的使用价值就必须要满足工人必需的生活资料的需要。工人在出卖自己的劳动力时是没有可能获得更多的好处的，劳动力商品的交换价值仅仅是工人恢复劳动力必需的生活资料的价值而已。工人在资本主义生产过程中，越来越表现为工具性，工人对于资本家来讲就只是劳动力商品的载体而已。劳动力商品的使用价值表明，在资本主义生产关系中，工人并不是价值主体，而是价值客体。

(二)交换价值和价值揭示人的自我价值实现的主体间对象化活动路径

"物之所值"是人类社会进入商品经济时代对价值概念的另一种诠释。在商品经济条件下,个人劳动者不再是为了自己的消费,而是为了交换进行生产。自己的劳动产品不是为了满足自己的需要,而是为了满足别人的需要。别人的劳动产品才是满足自己需要的有用物。而要获得更多的有用物,就要千方百计增加自己的产品所值以交换更多别人的劳动产品。衡量不同劳动者产品之所值就成为社会的重要课题。政治经济学最初目的就是为了统一商品交换的标准以利于政府的税收。早期古典政治经济学受经验论哲学的影响,仅从感性经验中发掘价值的本质,把交换价值的本质归结为商品的价格或商品的效用。马克思继承李嘉图的劳动价值论,并借用德国古典哲学的方法论,把劳动理解为人的本质对象化活动,创立劳动二重性理论,从而找到了使用价值与交换价值的关系,并发现商品交换价值背后的秘密。当社会的一切有用物都被纳入商品交换体系中,商品成为使用价值和交换价值的集中代表。使用价值代表人与自然的关系,交换价值代表人与人的关系。由于社会大分工,人类社会生产不再只是单个人的简单集合,而是一个有机的统一体。人类作为一个整体将自然视为价值客体,人类本身成为价值主体。每一个人都必须从社会中获得自己生存和发展的条件,社会和他人是实现自己价值的现实条件。而交换价值就是用来衡量人与人之间的这种价值关系的,交换价值代表的是人们支配别人的劳动或社会财富的权力。"每个个人行使支配别人的活动或支配社会财富的权力,就在于他是交换价值的或货币的所有者。"❶ 人只有在社会中,在人与人的关系中,才能寻找实现自己发展的力量,每一个人都在寻找可以支配他人的力量。"每个人都力图创造出一种支配他人的、异己的本

---

❶ 马克思,恩格斯. 马克思恩格斯文集:第8卷[M]. 北京:人民出版社,2009:51.

质力量，以便从这里面获得他自己的利己需要的满足。"❶

马克思把决定商品交换价值的基础叫作价值，它是指凝结在商品中的无差别的一般人类劳动。商品价值是由社会来决定的。交换价值之所以具有支配他人劳动、占有他人劳动产品的权力，因为它本身代表的是人的本质力量，是人的本质力量的外化。在马克思看来，交换价值就是主体之间对象化的产物。商品的价值概念体现的是个人的劳动被社会认可的程度，也是自己支配别人劳动、占有别人财富的权力。马克思曾说："商品作为使用价值满足一种特殊的需要，构成物质财富的一种特殊的要素。而商品的价值则衡量该商品对物质财富的一切要素的吸引力的大小，因而也衡量该商品占有者的社会财富。"❷ 马克思所提出的商品价值概念深化了人们对于一般劳动本质的认识，也引导人们从社会性出发理解价值问题。

应该说，社会分工实现了个人劳动技能的专业化，提高了人类整体改造自然的能力，但商品交换必定会造成劳动、资源的浪费。劳动者与自己的劳动产品是被割裂的，劳动者所要追求的是产品的交换价值，而不是产品的使用价值。每个人都要按照他人、社会的需求来进行生产，但是人们真正需要的并不一定会被他人生产，人们生产的也并不一定是他人真正需要的。商品的使用价值无法满足社会的需要，劳动者的具体劳动得不到社会认可，劳动者的劳动付出就得不到补偿，结果劳动被浪费，社会资源也被浪费。

当人们直接追求交换价值而不是使用价值的时候，某些商品就会被人们拿来固定充当商品的交换价值。这个等价物（货币）就会成为衡量一切商品交换价值的尺度，占有它就等于占有了一切商品的交换价值。当人们用货币来衡量和交换一切商品的时候，货币就成为价值的象征，一切事物的价值都会被换算成货币。所谓的亲情、

---

❶ 马克思，恩格斯．马克思恩格斯文集：第1卷［M］．北京：人民出版社，2009：223．

❷ 马克思，恩格斯．马克思恩格斯文集：第5卷［M］．北京：人民出版社，2009：156．

友情、道德、社会正义等都是可以用金钱来替代的，人的价值也会被标价，人们眼中的其他人都是一个个行走的货币。

总体上来说，使用价值和交换价值代表人类社会价值形式发展的不同阶段。使用价值是人类社会任何阶段都赖以生存的物质基础，人类社会永远不可能超脱于自然界之外。交换价值是人类一定历史阶段的价值形式，它表明人类越发达，个人对于社会的依赖就越高。使用价值代表人类作为价值主体与自然之间的主客体关系。交换价值代表人类社会内部价值主体与主体之间的关系。马克思把使用价值看作价值研究的出发点和前提，而把商品的交换价值和价值作为价值研究的重点。从马克思的结论来看，使用价值、交换价值都只是手段，人自身价值才是人类最终追求的价值。

二、对资本主义异化现象的揭示

马克思最初从事政治经济学价值研究的目的是要弄清楚物的价值增值和人的贬值之间的本质联系。异化是马克思早期理解这一问题的核心概念。有学者认为，马克思的异化理论蕴含着价值异化理论。比如有人认为，马克思将异化概念价值化了。所谓价值异化就是主体创造的价值客体与主体对立，也就是价值客体在价值上异化了。❶ 也有学者认为，价值异化意指两种状况，一种是价值丧失了原有的本意，成为与之本质区别的另一种性质的价值；另一种是价值不但丧失价值的本意，而且走向它的对立面。❷ 本书作者虽不完全接受他们的观点，但本书认为价值异化应该是马克思价值理论的重要内容。所谓价值异化就是价值客体异化为价值主体的对立物。劳动是价值的源泉，而劳动异化又是价值异化的根源。根据马克思早期的异化劳动理论，劳动是人类本质力量的对象化活动，劳动对象化将人的本质力量对象化为劳动产品，而劳动产品又作为满足劳动者

---

❶ 周全华，吴炜. 异化的本质即价值异化 [J]. 哲学动态，2014 (10)：11-15.
❷ 樊浩. 伦理——经济概念互释中的意义对话及其价值异化 [J]. 江海学刊，2006 (5)：26-31.

需要的价值物存在。劳动异化使劳动产品成为脱离劳动者之外的对立物，劳动产品并不是满足劳动者需要的价值物，而是剥夺劳动价值的对立物。劳动越多，人的价值越少。价值客体本来是满足主体需要、实现主体价值的手段，结果成了主体价值实现的障碍。

（一）使用价值异化为货币

在资本主义社会中，资本主义生产所造成的人贬值和物增值的现象就是价值异化的一个重要表现。人的贬值是指人的本质力量的丧失或损耗，物增值是指物的交换价值的增加。马克思自始至终坚持以人作为价值主体，一切价值都应当以人自身为目的。人是价值主体，物是价值客体。物是实现人的价值的基础，物的价值越多，人的价值应该越大。但在资本主义社会里，价值客体成了价值主体的对立面。物的价值越多，反而人越没有价值。工人的劳动对工人个体带来的是精神和肉体的牺牲，自由时间的剥夺，寿命的缩短。在马克思看来，自由是人的本质的重要内容，但是"他们越想多挣几个钱，他们就越不得不牺牲自己的时间，并且完全放弃一切自由，在挣钱欲望的驱使下从事奴隶劳动"。[1] 在资本主义条件下，劳动对于人类整体而言，是人类的本质活动，劳动对于个体工人而言是维持肉体生存需要的一种手段。"工资的提高在工人身上激起资本家那样的致富欲望，但是，工人只有牺牲自己的精神和肉体才能满足这种欲望。"[2] 工人的劳动对于资本家来说作为一般劳动付出转移到劳动产品中，创造了产品的价值。工人的劳动对于自己来说就只能给自己换来维持自己生命的微薄的生活资料。劳动本来是人的本质活动，人按照自己的意愿劳动以创造满足人的本质需要的对象物，人通过对自己劳动产品的消费实现对自己本质的确证。但是，私有制使劳动异化为人的对立物，劳动使工人日益贫困化。"在社会的增长

---

[1] 马克思，恩格斯. 马克思恩格斯文集：第1卷[M]. 北京：人民出版社，2009：119.

[2] 马克思，恩格斯. 马克思恩格斯文集：第1卷[M]. 北京：人民出版社，2009：121.

状态中，工人的毁灭和贫困化是他的劳动的产物和他生产的财富的产物。"❶

在资本主义社会里，货币剥夺了其他一切物的价值，成为一切价值的象征。"货币作为现存的和起作用的价值概念把一切事物都混淆、替换了，所以它是一切事物的普遍的混淆和替换，从而是颠倒的世界，是一切自然的品质和人的品质的混淆和替换。"❷ 对于人来讲，货币取代了人的类本质活动和其他一切有用物成为个人实现自己需要和本质的主要手段。为什么货币有这种神力？马克思认为，在资本主义条件下，货币集中了一切对象的特性，即对于人的本质的确证的特性。"货币，因为它具有购买一切东西的特性，因为它具有占有一切对象的特性，所以是最突出的对象。"❸ 如果从劳动的哲学本质理解的话，货币代表了人类对象化在客观事物中的人类本质。马克思认为货币的本质是人的异化的、外化的和外在化的类本质。它是人类的外化的能力。"凡是我作为人所不能做到的，也就是我个人的一切本质力量所不能做到的，我凭借货币都能做到。"❹ 它可以把人的、自然界的现实本质力量变成抽象的观念，也可以把个人想象中存在的本质力量变成现实。没有货币，人就没有了需要和本质的实现。

当货币成为一切物的等价物，货币使价值由主客体之间的关系异化为实体。"金钱是一切事物的普遍的、独立自在的价值。因此它剥夺了整个世界——人的世界和自然界——固有的价值。金钱是人的劳动和人的存在的同人相异化的本质；这种异己的本质统治了人，而人则向它顶礼膜拜。"❺ 价值就是货币，货币就是价值。而这个实体是虚假的，人们以货币来衡量各种价值关系，取代各种价值关系，

---

❶ 马克思，恩格斯. 马克思恩格斯文集：第1卷 [M]. 北京：人民出版社，2009：124.
❷ 马克思，恩格斯. 马克思恩格斯文集：第1卷 [M]. 北京：人民出版社，2009：247.
❸ 马克思，恩格斯. 马克思恩格斯文集：第1卷 [M]. 北京：人民出版社，2009：242.
❹ 马克思，恩格斯. 马克思恩格斯文集：第1卷 [M]. 北京：人民出版社，2009：246.
❺ 马克思，恩格斯. 马克思恩格斯文集：第1卷 [M]. 北京：人民出版社，2009：52.

人们也就陷入了货币陷阱。人盲目追求货币，而忽略了其他事物本来的价值。人们成为货币的奴隶，为货币而生，为货币而存在，而忽略了人自身的价值、人的本质、人的发展。价值主体的自身价值被忽略，价值客体的原有价值被扭曲，一切被货币取代，由货币衡量、决定。货币成为占有、支配一切资源、劳动的权力。追求货币成为人们的最大价值诉求。人们所追求的价值，实际上是货币的数量。人的劳动的本来目的是创造满足人的需要的使用价值，却变成了对于货币的无限追求。在资本主义社会中，为了追求货币，人们奉行拜金主义、禁欲主义。为了最大限度地追求货币，而不得不牺牲人自身的本质，人的各种需要被忽略、限制。资本家为了追求货币的最大化，把货币积累用于扩大再生产，而工人则被限制到最低的生理需求。人的本质用货币来衡量，人可以为了货币而出卖自己的灵魂。货币是人们存在的基础，没有货币就没有人的存在。货币本来是人的创造物，结果货币变成了人的主宰。

一切事物的价值都被货币所取代，一切资源、劳动都用于追逐货币，事物的本来价值被人们忽略。一切自然资源在人类面前就是创造货币的手段，为了对于货币的无限追求，而不断过度开发自然资源，完全忽视自然本身所具有的生态价值。今天全球生态危机的一个重要根源就是价值异化。资产阶级盲目追求货币的无限增长，以远远超出人类本身物质需要的限度而过度开发自然，造成资源的大量浪费和自然生态的严重破坏。当人们的基本生活需要都得到满足的时候，禁欲主义成为资产阶级扩大资本积累、追逐利润的社会障碍。资产阶级又抛弃禁欲主义，宣扬个人享受、物质享乐价值观。资本家不断刺激消费，扩大生产规模，来支撑资本主义生产和资本积累不断延续，其结果造成自然资源的极大浪费，自然生态环境的极大破坏。要保护生态环境，必须要扬弃对于自然的价值异化，正视自然对于人类的本来价值，尤其要高度重视自然资源商业价值掩盖下的生态价值。

(二) 交换价值异化为资本

交换价值本来代表的是商品交换过程中主体间的对象化关系，劳动者作为共同的价值主体在彼此的对象化关系中确证自己的本质，实现个人的价值。劳动者在平等、自愿地原则下出让自己的劳动对象，以交换他人的劳动对象来满足自己的实际需要。劳动是劳动者实现自己生存和发展的手段，劳动者的劳动付出与自己获得的社会财富之间是成正比的。高度发达的商品经济使货币取代一切物而成为财富的象征。当货币作为交换价值的代表成为主体间对象化关系的等价物，货币取代了劳动成为人的本质力量确证的手段。在资本主义时代，资产阶级将生产资料私有化，劳动者自主的劳动权被剥夺。当劳动者一无所有的时候，表明人们的现实需要被区分为两类：一个是最基本的生理需要；另一个是满足追逐金钱和权力的欲望需要。劳动者为了最基本的生存需要出卖自己仅有的劳动能力，而资本家为了获得更多的货币，使用货币把生产资料和劳动力都纳入生产体系中，货币变成能够给资本家带来剩余价值的价值。这样一来，交换价值本来是劳动者本质力量在主体间对象化关系的产物，结果在资本主义生产中成为统治、剥削劳动者的对立物——资本。资本使得工人的物化的本质力量与工人自身本质相对立，工人自身的价值被绝对化为动物本能性的需要。劳动者连同自己的劳动产物成为资本家无限追求货币最大化的工具。在资本主义生产体系中，工人的价值主体地位逆转为价值客体，人与人在商品交换过程中的主体间的对象化关系变成生产过程的主客体间的对象化关系，人与人在商品交换过程中的平等、自由的关系在生产过程中变成了统治与被统治、剥削与被剥削的关系。

马克思的剩余价值理论揭露了资本导致价值对立的秘密。当交换价值成为资本，社会创造的价值被分割为两部分分别属于不同的阶级。无产阶级获得的是自己劳动创造的劳动力价值，而资产阶级则无偿占有无产阶级劳动创造的剩余价值。劳动力价值和剩余价值是资本主义社会内部人的价值分化、对立的表现和基础。劳动力价值是工人实现自己生存和发展的唯一现实物质条件。在资本主义生产关系中，工人的劳动力价值并不是工人作为主体存在的活劳动创造的价值，而是劳动者自身所必需的生活资料的价值。劳动力价值实际是对工人因劳动而造成的身体损耗、体能透支的补偿，也就是工人购买满足自己最基本的生理需要的使用价值。工人穷得一无所有，只有靠出卖劳动力获得生存的条件。人的本质活动异化为资本主义生产的手段和资本家剥削工人的工具。劳动力所创造价值归资本家所有。工人作为劳动力的载体被限定在资本主义生产体系之中。资本家所关心的不是工人的发展，而是工人的劳动能力。劳动力价值仅用于工人劳动能力的补偿和维持，劳动力价值就是能维持工人劳动能力所必需的最基本的生活资料的价值。工人的一切需要被限制在最基本的动物性需要上，工人自身的一切发展都服从于资本主义生产的需要，工人重回动物的本性，逐渐丧失人的价值。劳动者个人价值简化为单纯的劳动力价值。劳动力价值表明在资本主义社会中工人的发展取决于资本发展的具体要求和整个社会对于最低生活标准的认知水平。

剩余价值的实质就是资本家无偿占有的支配其他阶级劳动、占有社会资源的权力。由于社会一切价值都表现为货币，因而最大限度地追逐利润是资本家生产的最大动力。资本家对工人劳动剥削得越多，其获得的剩余价值也就越多。工人自己的劳动异化为资本家统治自己的工具，工人劳动越多，资本家支配工人劳动和社会资源的权力就越大。剩余价值是资本家实现自我发展的必要的物质基础。也就是说，资本家的自由发展建立在对工人劳动剥削的基础上，工人阶级用自己的劳动时间为资产阶级提供大量的自由时间。"一个人只有当他同时满足了另一个人的迫切需要，并且为后者创造了超过这种需要的余额时，才能满足他本人的迫切需要。"❶ 马克思发现，剩余劳动时间是人们实现自己自由发展的必要前提，资本家的自由

---

❶ 马克思,恩格斯. 马克思恩格斯文集：第8卷 [M]. 北京：人民出版社,2009：86.

发展建立在工人剩余劳动时间的基础上。资本家最大的欲求就是货币的无限累计，最大限度地榨取工人劳动创造的剩余价值是资本家实现货币无限累积的主要途径。工人本来是社会价值财富的创造者，但是当社会的货币财富增加主要表现为社会剩余价值增加的时候，剩余价值成为工人的对立物。工人沦为资本家追逐剩余价值的工具，资本家追求的剩余价值越多，工人的劳动力价值就越少。社会的剩余价值越增加，资本家和工人之间的对立就越严重，工人逐渐被贬到社会的最底层，最终将会走投无路。

要实现人的自由而全面的发展就必须建立在个人对于自己劳动的绝对占有和支配基础上。劳动本来是实现人的本质、特性发展的根本手段，结果在资本主义生产体系中，劳动成为剩余价值生产的工具。劳动对于个人来讲，并不是可以直接通过改造对象物来满足自己需要的活动，劳动只是对于人类整体来讲作为类本质活动创造人类社会需要的财富或价值物。个人劳动不再用来直接衡量对象物的效用大小，劳动成为人们分配资源的尺度和工具。人类各种形式的劳动都被抽象为同质的一般劳动，并以量的大小作为分配、支配资源的依据。比如，工人并不会因为自己劳动付出得多就可以创造出更多直接满足自己需要的产品，而是给别人创造出更多的支配他人的权力。工人越劳动越不自由，工人越劳动工人的本性越被剥夺。人的本质和特性被剥夺，代之以人的动物性需求的满足，人呈现动物化、机械化。工人创造的剩余价值越多，工人越没有价值。

马克思认为，作为完整的人，应该占有自己的全面的本质。"人以一种全面的方式，就是说，作为一个完整的人，占有自己的全面的本质。"❶ 在资本主义条件下，作为完整的人和作为工人在本质上是不一样的。工人劳动牺牲了自己的自由，换来的只是满足自己最基本的生理需要的生活资料。也就是工人不得不以牺牲作为人的本性的内容而换来维持自己动物性生存的机会。人被物化、人被动物

---

❶ 马克思, 恩格斯. 马克思恩格斯文集：第1卷［M］. 北京：人民出版社，2009：189.

化。"只得到不是为繁衍人类而是为繁衍工人这个奴隶阶级所必要的那一部分。"❶ 私有财产导致异化，而异化使人成为异己的和非人的对象。只有在自由人的联合体，人与自然之间、人与人之间的矛盾才能真正解决，人的价值才能真正实现。人的本质力量的对象化产物真正回归到人的本质力量的自我确证。

最后需要指出的是，资本主义价值异化现象是资产阶级价值观念的现实基础。价值异化以及所表现出来的资产阶级和无产阶级的价值对立是资产阶级价值观阶级性的重要根源。资本主义国家向世界所宣扬的"普世价值"，实际上是资产阶级价值观，是现实价值异化在人们头脑中的观念反映，因而其宣扬的一些具体价值观概念和其本身的内涵存在高度的不统一和对立性。而共产主义作为对价值异化的扬弃，追求人自身的价值，以人的自由发展作为最高价值目的，真正实现了价值概念和内涵的统一。

第三节　马克思对人的价值追求的分析

人的价值追求是马克思价值理论的重要内容。在马克思的语境中，所谓人的价值，是人作为主体，实现自我的本质、发展，即人的自由而全面发展。探索人的价值追求是人类自古以来的重要话题。古希腊哲学家就开始思考关于人的价值问题。苏格拉底认为人的价值追求就是美德。人的价值不在于自己的物质享受，而在于个人对于他人、社会所起的积极作用。苏格拉底强调城邦整体的价值实现，个人价值是完全服务于城邦需要的。个人的价值在于服务城邦、献身城邦，实现城邦的价值。古希腊价值实现的主体是城邦。近代的古典哲学家则更加注重个人的价值追求，近代价值追求的主体是个人。所谓人的价值追求就是人的自由本质的追求和满足。康德把人

---

❶ 马克思，恩格斯. 马克思恩格斯文集：第1卷［M］. 北京：人民出版社，2009：122.

的理性自由发展视为最高价值。费尔巴哈则突破了古典哲学从人的理性理解人的价值的局限,他把人的价值追求理解为人的需要和欲求的满足。深受德国哲学浸染的马克思,仍然把自由作为人的最高价值。他不是从抽象的理性,而是从现实的感性实践中去实现这一价值。在马克思看来,所谓实现人的价值,不是类人,不是抽象的人,而是现实的、具体的人。

一、个人价值实现的现实障碍

马克思早期认为异化劳动是阻碍个人价值实现的根本原因。因而他认为扬弃异化劳动,让劳动回归人本身是实现人的价值的最终出路。当马克思对经济学价值问题深入研究之后,他意识到时间对人的价值的意义。马克思曾指出,"时间实际上是人的积极存在,它不仅是人的生命的尺度,而且是人的发展的空间。"❶ 时间对于人来说具有特别的意义,时间是人们生活实践的必要条件,人在生活实践中,利用时间、消费时间来确证和提升自己。时间也是一切价值创造的必要条件,任何物的价值都是人们在一定时间中创造的。劳动是物的价值来源,而劳动时间则是一切物的价值尺度。劳动时间是人类价值创造的基础,人类历史中无数伟大的物的价值都是一代代劳动者经年累月的劳动所创造的。可是,当人的劳动从属于分工和生产资料的时候,劳动异化为劳动者本质之外的活动,劳动时间越久,人越贬值。马克思发现在资本主义社会里,工人的劳动能力外化为劳动力商品。工人的劳动成为资产阶级所占有的劳动力商品的使用价值。工人劳动只是资本家实现货币增值的手段,与工人价值实现没有直接的联系,而工人的价值则被绝对化为劳动力商品的价值。工人的价值由社会生活资料的价值和社会整体物质生活水平决定。工人的劳动时间主要用于替资本家创造价值,因而资本家会

---

❶ 马克思,恩格斯. 马克思恩格斯全集:第47卷[M]. 北京:人民出版社,1979:532.

想尽各种办法去延长工人的劳动时间。工人的劳动时间越长，工人越没有时间去实现自己的自由而全面的发展。当工人生理时间之外的全部时间都服务于资本主义生产的时候，工人完全沦为资本家货币增值的工具，工人作为人的本质发展将完全停止，甚至会退化。

在资本主义条件下，只有自由时间才是工人真正实现自己价值的时间。"剩余劳动时间成了对工人精神生活和肉体生活的侵占。"❶欧洲早期工人运动的一个重要目标就是争取工人的休息权，减少工作日时间。工人利用自由时间可以按照自己的需要、兴趣来实现自己的发展。当然，这个自由时间是在享有充分物质基础上的自由时间，不是一无所有的自由时间。当工人享受一无所有的自由时间的时候就是工人被资本所淘汰而失业的时候。必要劳动时间之外的自由时间是工人实现自我发展的必要条件，可以保证工人自身身体和精神的充分休息和全面发展，而不至于完全沦为资本主义生产体系的工具。一定的自由时间为工人实现真正自由提供了必要的空间，让工人可以有足够的能力去摆脱来自自然和社会的压迫及束缚。马克思揭示出阻碍工人价值实现的根源是生产资料的资本家私人所有制和建筑之上的剩余价值规律。也就是说，要想实现无产阶级和人类的解放，最根本的途径应该是废除生产资料的资本家私人所有制。

二、个人价值追求是个人与整体的统一

关于个人与社会的关系一直是哲学家思考的问题，个人既是个人价值追求的价值主体，又是社会价值追求的价值客体。苏格拉底曾强调社会的价值远远高于个人价值，这是对当时城邦生活现实的意识反映。在自然经济时代，人的价值追求主要是履行和完成共同体所需要的任务和使命，共同体价值高于个人价值。个人价值只是共同体价值追求的工具。在商品经济时代，个体价值高于共同体价

---

❶ 马克思，恩格斯. 马克思恩格斯全集：第47卷［M］. 北京：人民出版社，1979：532.

值，但人的价值异化为占有金钱的多寡，个人价值畸形发展，享乐主义、拜金主义腐蚀着人的价值追求。近代资产阶级哲学家从抽象人性论出发强调个人价值，为体现这种个人价值的私有制论证价值合理性。私有制将社会分裂成互相对立的个体，个体以击败对方来获得自身的价值。资本主义社会价值异化，使整个人类沦为物的奴隶。人的价值被异化在物的层面。在资本主义社会里，人与人之间的价值关系，是以一种通过人对物的竞争形式而表现出来的对立关系。个体在这种关系中能否真正获得价值，以他是否能够在对物的竞争与搏斗中战胜他人为前提。在人与人之间的角逐中，无论是胜者或败者，价值的获取与丧失都是一种通过对物的依赖关系完成的。也就是说，即使价值获得者，也不过是物的奴隶。在资本主义社会里，价值实现有一个悖论：一方面劳动社会性决定了人只有以社会形式才能实现自己价值，创造价值；另一方面，私有制又割裂了人的这种社会性，使个体通过对他人价值否定来实现个人价值。

究竟人的价值追求是以个体的方式还是个体与整体相统一的方式存在呢？个人价值追求在本质上是一种社会行为，每一个主体都希望自身价值的实现。由于他不是孤立的人，他的每一个价值追求都会影响到别人。人类对自然的价值追求，是以社会整体的形式进行的。"只有在集体中，个人才能获得全面发展其才能的手段，也就是说，只有在集体中才可能有个人自由。"❶ 人与人之间的价值关系，只有在一种符合人类劳动的整体性关系中，才能得以彻底实现。人的劳动必须通过一种整体方式来进行，劳动作为人的本质规定，决定了个体必须通过与其他个体之间的联系，即个体结成社会方式才能使自己作为个体存在，实现自己在社会中的个体价值。也就是个人必须使社会整体价值得以实现，才能实现个人价值。"马克思主义始终坚信人的存在形态是个体与整体的统一"❷。个体与整体的相

---

❶ 马克思，恩格斯. 马克思恩格斯全集：第3卷［M］. 北京：人民出版社，1960：84.
❷ 韩冬雪. 马克思主义政治哲学诸范畴初探［M］. 长春：吉林出版集团有限责任公司，2007：142.

互依赖性，决定了个体只有在实现社会价值的前提下，才可能实现自身的价值。个体在社会关系中的解放、自由、价值追求也随着人类对自然的能力提高而不断得到实现。在马克思看来，个人价值和社会价值应该是统一的。从社会角度来看，个人价值在于他对社会做出的贡献和创造；从个人角度看，个人价值是作为价值主体所得到的物质和精神的满足，这往往来自于社会对个人的承认和反馈。在马克思看来，个人价值的追求是个体与整体的统一。人的价值随着人类劳动实践的发展而不断展开和完善。人只有在一个整体的社会关系中，才能真正实现自己的价值。在阶级社会中，个人的价值首先从属于一定的阶级。个人的活动在客观上表现为实现阶级的价值，而他又往往通过所从属的阶级实现自己的价值。公有制对私有制的否定，结束了人类进入阶级社会以来人与人之间的对立状态，为实现每个个体的价值奠定了物质基础。

三、真正的共同体是实现个人价值追求的基础

人类价值正是通过具体的社会实践而逐步实现的。创造价值是实现价值的前提和基础，实现价值是创造价值的目的和归宿。价值创造是人类社会发展的基础，是区别人与动物的根本途径。动物与自然环境是一种以自己生理为基础的重复联系，不会产生新的动物与自然的关系。动物也不会产生新的需要，动物一代代只是为了生存和繁衍而忙碌。人对价值的追求，既是一种需要和欲望，又是一种实践和社会行为。价值创造是关乎人类整体生存和发展的关键，而价值分配是关乎个人生存和发展的关键。在人需要完全依赖物来实现个人价值的时候，价值分配是个人价值实现的关键。马克思看到了资本主义社会，价值创造和价值分配之间的矛盾。马克思始终追求和关注的是个人价值的实现，认为社会只是实现个人价值的工具。但是在人类的一定历史时期，人只有在一定的社会共同体中才能实现自己的价值。当社会共同体尤其是国家产生，社会本身成为价值主体更加凸显。但是在阶级社会，社会价值和个人价值实现之

间存在着严重的分裂，所谓追求社会本身的共同价值，其实是实现统治阶级的价值。所谓社会价值观也只是统治阶级的价值观。

财富的攫取是资本主义社会最高价值所在。货币扭曲了主体对价值的追求，一部分主体的价值实现建立在对另一部分主体的价值剥夺上。无产阶级不得不退回到维持动物的本能，而资产阶级则以资本积累作为人生最大价值，陷入极端人生空虚。极端利己主义和精神虚无主义成为资本主义社会价值观念的最大特征。像自由、民主、平等、博爱等为代表的资产阶级价值观念只是思想家们对人的理性本质的思考和崇尚，人的价值被抽象为某种虚幻的道德概念，这些道德价值的实现缺乏实际的内容和现实的路径。资本主义的生产方式和价值异化的现实决定了这些价值概念的虚伪和空洞。只有在共产主义社会里，真正回归人的价值，才能真正实现人的自由而全面的发展。

和资本主义国家不一样，社会主义国家是真正的共同体，是个人实现价值的真正场域。在当代中国，集体价值和个人价值是高度有机统一的。单个人在现实生活中面临的挑战越来越多，这种挑战是任何单个人靠单个力量无法应对的，一个社会共同体的发展对个人价值的实现越来越重要。中国社会主义核心价值观是当代中国价值观念的高度凝练，突出的是国家、社会整体价值目标。国家的富强、民主、文明、和谐是实现个人价值的现实保障，社会的自由、平等、公正、法治是保障个人价值追求的必要条件。在中国还处于社会主义初级阶段的时候，整个中华民族的伟大复兴是全体中国人的共同价值。社会主义国家是这一价值的主体，每一个中国人是其中的一分子。每一个中国人的价值实现就在于为中国梦的实现做贡献。同时，我们不能忽视个人价值，更不能以牺牲个人价值为代价，因为社会主义伟大事业的最终目的是实现每一个人的幸福，实现每个人的自由发展。

四、人的自由而全面发展是人的最高价值追求

马克思一直把自由视为人的本质特征。马克思不论在哲学还是

经济学领域都是把人的自由而全面的发展作为人的最高价值追求的。自由是人类自主的历史活动的产物，随着人类以主体的视角认识世界而产生。所谓自由就是人类在自然界、社会的客观必然性面前，可以达到自己的本性和本质力量的自我实现。马克思曾说："自由不仅包括我靠什么生活，而且也包括我怎样生活，不仅包括我做自由的事，而且也包括我自由地做这些事。"❶ 自由就是人类在同自然的对象化关系中实现的。马克思把劳动这一人的本质力量的对象性活动理解为人类实现自由发展的根本途径。他说："劳动尺度本身在这里是外面提供的，是由必须达到的目的和为达到这个目的而必须由劳动来克服的那些障碍所提供的。但是克服这种障碍本身，就是自由的实现"❷。所谓自由的实现就是人类通过劳动克服那些阻碍自己某种目的实现的障碍，因为人的个人目的在主体的对象化活动中得到实现。劳动实现自由，而劳动本身在人类社会的很长时间内又意味着不自由，因为人受到不以自己意志为转移的客观强制力的驱使不能不劳动。也就是说，当劳动只是人的谋生手段的时候，劳动本身就是不自由。像奴隶劳动、徭役劳动、雇佣劳动都是自由的敌人。劳动时间越久，人越不自由。在社会中形成对立，一方面一部分人因为自己的劳动而让自己失去自由，另一方面另一部分人则因为别人的劳动而让自己免于劳动而获得自由和自我发展的机会。马克思所说的人的自由而全面发展的价值追求是每个人的自由而全面发展，不是部分人的自由而全面发展。因为劳动者牺牲自己的自由发展承担着整个社会的发展，所以在某种意义上讲，劳动者的自由而全面的发展是社会的最高价值追求。不能把马克思所说的自由而全面发展的价值追求理解为人的部分需要的满足和摆脱必然性的主观随意性。首先，自由而全面的发展

---

❶ 马克思，恩格斯. 马克思恩格斯全集：第1卷［M］. 北京：人民出版社，2001：181.

❷ 马克思，恩格斯. 马克思恩格斯全集：第30卷［M］. 北京：人民出版社，1995：615.

应该是人的全面需要得到充分发展的状态，劳动不再成为外在强制力对于个人的驱使，而应该是人主观自觉的行为，也就是说劳动不再是谋生的手段，而是人的第一需要。其次，自由而全面的发展代表人支配现实的能力。人类通过主客体的对象化关系，将外部的必然性转化为人的本质的力量，并且服务于人的目的。要实现人的自由而全面的发展，就主客体关系而言，就要极大提高人类改造自然的能力，创造高度发达的生产力，让人类极容易地从自然界获取丰富的物质财富。就主体间关系而言，则必须要建立人与人之间真正的自由、平等、和谐的关系，废除生产资料私有制，让劳动回归人的本质，真正被个人所掌握。

　　马克思确实认为价值最初源于在实践基础上客体对于主体需要的满足。人的物质生活需要是主体与客体之间关系的纽带，如果没有人的物质需要，人与自然之间的价值关系不会出现。纵观人类历史，正是现实生存和发展的需要驱动着人们在与自然的互动关系中不断创造价值，因而人的需要确实曾经是构成价值关系的重要因素。但是，需要的满足并不是最高价值追求，人的最高价值追求是人的自由而全面的发展。需要的满足是驱动人类征服自然，实现自身发展的动力。人的本质在不同历史阶段表现为各种需要，但是需要的满足不是人类的根本目的，人类的根本目的是自由。需要的满足只是人类实现自由的条件和一种表现。在共产主义社会中，当社会实现按需分配的时候，需要的满足可能不再是社会发展的动力。当每个人不再为了自己的需要而进行劳动的时候，那么他会为了什么而劳动？答案是，为人的自由而全面的发展。在劳动仍是人谋生的必要手段时，自由时间是个人实现自己自由而全面的发展的基础。劳动者的劳动时间在为全社会创造更多的自由时间，以实现社会的更快发展。劳动时间对于个人来讲只是自己必要的需要满足的物质条件，而自由时间才是实现个人自由而全面的发展的物质条件。在共产主义社会中，"在劳动已经不仅仅是谋生的手段，而且本身成了生活的第一需要之后"❶，全社会以极少的劳动时间创造极大的社会财富，这将每个人从社会必要劳动中解放出来。也就是说，全社会的自由时间是实现个人自由而全面的发展的基础，而个人价值的实现依靠的还是劳动时间。因为此时的劳动已经成为人的真实的本质力量，其不再是为了个人物质需要的满足，而是为了让个人和社会实现更好地发展。在共产主义社会中，按需分配不是目的，而是客观现实，它是实现人的自由发展的物质条件。价值的最高形式是人的自由而全面的发展，人类社会的进步和个人的发展在于自由时间的创造，因而马克思并没有把需要作为理解价值的唯一要素。如果我们今天仅仅从需要出发来理解价值，夸大人的需要对价值进行评判，那么我们可能会陷入"需要论"的迷思。人的自由发展才是价值的最高追求和评判标准。

马克思一生都在为每个人自由而全面的发展这一目标努力着。共产主义理想就是马克思这一价值追求的理论落脚点。马克思是从人与自然的主客体关系和人与人的主体间关系两个路径探索人的自由而全面的发展的。人与自然之间的价值关系是人类最基本的价值关系，人类需要不断地在认识和改造自然的过程中发现和创造价值。人类作为价值主体需要在与自然的对象化关系中实现自身价值，因而人类认识和改造自然能力的提高是实现人的价值的基本条件。马克思把这个条件归结为生产力的提高。社会生产力的极大提高是人的自由而全面的发展的物质基础。物质财富的极大丰富使人的物质需要得到全面满足，同时因为生产力的极大丰富，人们获得更多的自由时间发展自己。但是，人与自然的主客体关系不限于此，客体对于主体的对象化也是人发展的重要条件。客体在对主体的确证中，提高了人的认识能力及鉴赏能力。人类可以对自然产生更加全面的认识和价值评价，发现自然的更多维的价值，而不是只看到自然的

---

❶ 马克思，恩格斯. 马克思恩格斯文集：第3卷［M］. 北京：人民出版社，2009：435.

经济价值。人类社会内部的主体间关系是马克思探索人的价值的另一个路径。马克思以对资本主义经济关系中的主体间关系异化的揭露，发现生产资料的所有制关系是影响人的价值实现的重要因素。资本主义生产关系是资本主义社会无产阶级和全人类价值追求的最大障碍。实现人的自由而全面的发展的一个重要前提就是生产资料的社会化所有。马克思的主体间关系启示我们从人类的社会关系出发探寻人的价值发展。主体间并不仅是共同的经济价值主体，在面临共同的客体时，主体间可以探索不同的内部关系。比如，为了人们共享民主、自由，马克思曾主张打碎旧的国家机器（官僚体系和常备军）。在生产资料公有制基础上，人与人之间逐渐开启平等、自由、和谐、共享的价值关系，这为人的自由而全面的发展的价值追求创造了社会客观条件。

总之，价值问题是马克思一生都密切关注的问题。马克思曾在不同的领域和层面分析、阐述其价值思想，但始终都围绕着一个核心问题展开，即追求实现人的价值。早年马克思在哲学上思考价值的一般问题，确立了自己的立场和科学方法论；后来马克思在自己科学世界观和方法论的指导下展开对资本主义价值现象的分析，并批判政治经济学只关注物的价值、忽略人的价值，马克思的经济学理论紧紧围绕着人的价值展开。马克思的剩余价值论揭露了资本主义社会物升值、人贬值的根本原因，为马克思深刻理解价值本质问题奠定了思想基础；晚年马克思又回头思考了一般价值问题，其对价值本质的理解更加全面深刻。

第四节　马克思对资产阶级价值观本质的揭露

所谓价值观，是指主体对客体有无价值和价值大小的立场与态度。❶

---

❶ 罗国杰. 马克思主义价值观研究［M］. 北京：人民出版社，2013：31.

它代表人们在实践中对价值关系、价值现象的基本观点和看法。社会价值观不同于个人价值观，它代表社会集体共同的价值观念，往往反映人类社会在某一时代的共同价值标准和价值追求。而在阶级社会，不同阶级在现实生活中的价值对立会形成截然不同的阶级价值观。统治阶级为了阶级统治总是要把自己阶级价值观上升为国家意识形态。马克思所揭露的不是普通价值观，而是作为意识形态的资产阶级价值观。

一、对资产阶级价值观现实基础的肯定

资产阶级在反对封建阶级的斗争过程中，以自由、平等、博爱等价值观念号召全社会一起反对封建阶级。封建贵族特权以及劳动者对封建地主的人身依附既压迫和剥削劳动者，又阻碍资产阶级的利益实现。"在经济关系要求自由和平等权利的地方，政治制度却每一步都以行会束缚和各种特权同它对抗。……无论在哪里，道路都不是自由通行的，对资产阶级竞争者来说机会都不是平等的，而自由通行和机会平等是首要的和愈益迫切的要求。"[1] 作为对封建等级、人身依附和歧视冷漠观念的否定，资产阶级所提自由、平等、博爱的口号既代表了资产阶级的特殊利益，也一定程度上反映了广大劳动群众反抗封建制度的愿望。在反封建的过程中，自由、平等、博爱的口号具有历史进步意义，它反映了在新生产方式下人们的价值追求。

马克思揭示了资产阶级价值观的现实社会基础。资本主义生产关系是自由、平等、博爱价值观产生的社会基础。马克思认为，平等和自由需要一定的生产关系作基础。在封建生产关系下，不可能有自由、平等、博爱的价值观念。在资本主义生产关系下，生产资料的资本家私人占有和劳动者对自己劳动力的绝对占有瓦解了封建等级制度的根基，商品交换是人们获得财富的主要渠道，商品经济

---

[1] 马克思，恩格斯. 马克思恩格斯文集：第9卷 [M]. 北京：人民出版社，2009：111.

的发展使个人从封建传统中解放出来。在等价交换原则基础上的商品交换过程体现了主体间的自愿、平等关系。作为主体间关系基础的价值（货币）取代特权、等级成为社会资源分配的权力。封建的人身依附关系被货币关系取代，劳动力成为劳动者完全可以自己做主自由支配的能力。没有了人身依附关系，人与人之间在人格上都是平等的。劳动者都是在完全等价交换的基础上交换等价物，因而在等价交换下的商品经济带来的是人们对平等、自由价值观念的认可、追求。

马克思认为，资产阶级的自由价值观是在资本主义生产方式基础上产生的。面对封建专制特权对于资本主义经济的阻碍，资产阶级首先提出经济活动自由的要求，并要求在政治上的自由。资产阶级革命对封建专制制度的胜利，使人们摆脱了各种封建制度的羁绊和人身依附关系，人们获得经济活动的自由和人身自由，成为现代意义上的公民。在马克思看来，资产阶级自由价值观直接派生于资产阶级的利益要求，它不过是资产阶级自身利益和资本主义发展自我要求的价值体现。资产阶级自由是服务于资本主义生产的自由，资产阶级推翻封建制度阻碍资本主义自由发展的桎梏，为资本主义发展提供更大的自由空间。

在马克思看来，平等也是同一定的社会生产关系相联系的。在商品交换中，交换者作为交换关系的主体以相同规定的对象彼此确证对方的价值，交换者之间没有任何差别，表现为在等价物基础上的平等关系。"在这些个人之间就绝对没有任何差别。每个主体都是交换者，也就是说每一个主体和另一个主体发生的社会关系就是后者和前者发生的社会关系。因此，作为交换的主体，他们的关系是平等的关系。"[1] 资产阶级启蒙思想家宣扬平等主要是针对封建等级制度。"人人生而平等"主要是强调每个人作为人的最基本权利，即人们平等地享有把握自己生命、自由生活的权利。在政治生活领域，

---

[1] 马克思, 恩格斯. 马克思恩格斯全集：第30卷 [M]. 北京：人民出版社, 1995: 195.

平等主要是指作为公民享有最基本的政治权利。在资产阶级革命中，平等观念深入人心，成为很多人向往未来的价值追求，它号召广大的下层民众积极投入反对封建贵族的斗争中。

二、对资产阶级价值观虚伪性的批判

在马克思看来，自由、平等、博爱只是资产阶级虚幻的政治口号。当资产阶级成为统治阶级掌握国家政权后，自由、平等、博爱等价值观被资产阶级思想家宣扬为超阶级的、永恒的价值观，上升为国家意识形态。资产阶级以抽象、绝对的自由、平等、博爱等价值观掩盖阶级剥削的真实本质。资本本性决定了自由、平等、博爱价值观在资本主义社会的虚伪性。资本使工人异化为资本家追逐剩余价值的工具，劳动者由人身依附关系转向了资本依附关系。资产阶级价值观成为维护资本生产合法性和维持资本生产秩序的精神支柱。在资本统治下，所谓自由不过是劳动力的买者和卖者在自己的自由意志下平等缔结法律契约的自由。所谓平等不过是人们在商品交换过程中用等价物交换等价物的平等。所谓博爱只是资本家对于工人最低层次的人道主义施舍，而这也仅仅出现在资本家和工人利益相同的时候。

马克思认为，建立在资本主义私有制下的自由必然是空洞和虚伪的。"在现今的资产阶级生产关系的范围内，所谓自由就是自由贸易、自由买卖。"❶ 虽然封建社会的人身依附关系不复存在，但劳动者又重新依附在资本上面。当工人的劳动力成为资本家追逐利润的工具，自由对工人便注定是一种欺骗。工人的劳动力价值只能勉强维持自己最基本的生活需要，而资本家最大限度地增加工人的工作日时间。对于工人来讲，根本就没有了自由的时间和物质条件。在这种情况下，工人只有选择被哪个资本家剥削的自由和生理活动的自由，因而资产阶级自由的本质是资本对劳动力压榨的自由，资本

---

❶ 马克思,恩格斯. 马克思恩格斯文集：第2卷 [M]. 北京：人民出版社,2009：47.

家对工人剥削的自由。就像马克思说的,"在自由竞争中自由的并不是个人,而是资本。"❶

当资产阶级成为统治阶级,平等同样成为资产阶级意识形态口号。平等变成了资产阶级试图掩盖社会事实不平等的虚无缥缈的政治口号。早在《1844年经济学哲学手稿》,马克思就揭示平等仅仅存在于商品交换领域。工人阶级不占有生产资料,劳动异化为他们的对立物。资产阶级以对生产资料的占有长期剥削工人的劳动。而在之后的《资本论》及其手稿中,马克思更全面地揭露了资本家对工人劳动的剥削。在以生产资料私有制为特征的社会,不可能有真正的平等。资产阶级所鼓吹的平等只是以流通领域的等价交换掩盖资产阶级对于无产阶级和广大劳动群众的实际剥削。一旦离开这个领域,其真实面目就会出现在人们前面。也就是说,在商品交换过程中,资本家和工人是主体间在等价物基础上的对象化关系,主体与主体是一种平等交换关系。而在商品生产过程中,资本家和工人是主客体关系,工人是资本家剩余价值追求的工具,二者并不存在平等关系。在具体劳动过程中,工人按照资本家的要求,服从资本家的命令进行生产,这是支配与被支配的关系;在抽象劳动过程中,资本家无偿占有工人劳动创造的剩余价值,这是剥削与被剥削的关系。马克思对于资产阶级平等价值观进行了批判,认为其实质是以流通领域的平等掩盖事实的不平等。

马克思认为,资产阶级鼓吹的博爱同样是虚假的。资本主义社会的价值异化现象,导致金钱成为社会一切财富和价值形式的象征。对于资产阶级而言,除了金钱,没有什么东西和什么人值得自己去爱。在金钱的诱惑下,为了获得金钱人们逐渐开始铤而走险、不择手段。人与人之间的关系被金钱所衡量、取代,人与人之间的关系只是人们为了追逐金钱而建立起来的社会关系。在马克思看来,博爱只是资产阶级伪善的口号,只有当自己和无产阶级有着同样的利

---

❶ 马克思,恩格斯. 马克思恩格斯文集:第8卷[M]. 北京:人民出版社,2009:179.

益要求的时候，只有当自己需要利用无产阶级去冲锋陷阵的时候，资产阶级才会举起博爱的旗号让无产阶级发扬博爱的精神。而当无产阶级的利益和自己的利益发生冲突的时候，资产阶级便会撕下伪善的面具，用国家机器去镇压无产阶级。马克思清楚地揭露了一个鲜活的例子，当无产阶级阻碍资产阶级利益的时候，资产阶级会"把共和国的'自由、平等、博爱'这句格言代以毫不含糊的'步兵，骑兵，炮兵！'"❶他们对无产阶级展开无情的镇压。因此，资本家博爱的口号实际是对工人的欺骗，目的是为了让工人安分守己、满足于现实，掩盖资本家与工人之间的剥削与被剥削的关系。在马克思看来，博爱应该建立在共同利益、平等人格的基础上。

综上所述，马克思价值思想的出发点和落脚点是人的自由而全面的发展。马克思始终围绕着这一问题阐述其价值思想。和其他哲学家不同的是，马克思不是围绕概念抽象思维价值内容，而是从人的具体的、历史的社会实践出发，通过对价值生成的历史过程的反省阐述价值思想内容的。他"力图发现新世界并指出改造世界、确立新价值的现实道路。"❷马克思在对资本主义价值现象的批判中阐述了未来人类社会的价值目标和实现目标的现实途径。追求实现人类整体和无产阶级的最高价值是马克思价值思想的基本政治立场。从人与自然的主客体关系和人与人的主体间关系出发阐述价值是马克思价值思想的根本方法。

---

❶ 马克思，恩格斯. 马克思恩格斯文集：第2卷［M］. 北京：人民出版社，2009：509.
❷ 陆杰荣，张佳琳. 马克思价值哲学的出发点解读［J］. 理论探讨，2016（2）：45-49.

第四章　马克思主义价值论与西方价值哲学的对话

作为西方价值体系重要理论渊源的价值哲学起源于19世纪的下半期。价值哲学的兴起，源于对西方传统哲学的反思。近代知识论哲学只是停留在解释世界，人在哲学中空场，哲学无法为社会发展提供直接帮助。西方价值哲学家意识到哲学的困境，希望探寻哲学的新出路。他们的方法是回到康德的道德哲学，把伦理学树为哲学顶端。价值哲学的酝酿期正是马克思的理论成熟期。西方价值哲学和马克思主义价值论都在不同领域对价值问题进行系统的研究和思考，在研究的过程中几乎面临同样的理论争论和现实问题，诸如，如何解决哲学与其他一切学科之间的关系，如何解决各种科学与人之间的关系，如何解决现实社会中所存在的各种价值问题。西方价值哲学和马克思哲学有相似的使命感，都对近代经院哲学进行批评，哲学不能只解释世界。马克思主义价值论与西方价值哲学相同的地方，都是以主客体方法认识价值，都坚持从主体出发，立足主体理解价值，都关注人的价值实现，最终目的都是为了探寻关于人的价值问题。他们在哲学上关注价值问题的侧重点不同，所要解决问题的思路和途径不同。西方价值哲学的思想主要在于对于人的价值思考。马克思对于价值问题的研究是立足于实际社会现象和具体的价值问题，其最终的目的也是为了解决现实问题。价值哲学理论出发点就是抽象的概念，而马克思并不是从抽象的概念和理性出发去研究价值问题。马克思对于价值的思考主要是对经济学价值概念的抽象，是劳动价值论与效用价值论之间的辩论。他们分别代表了两种思路：一个是为了解决人的价值异化；另一个是为了解决科技掩盖人的价值。他们各自的价值体系对于后世不同价值理论和价值观念的形成具有重要影响。

第一节　马克思主义价值论与价值哲学的间接对话

19世纪欧洲的哲学界分别在两个不同方面讨论过价值问题。一个是对于经济学领域的价值范畴进行一般抽象概括，其目的是为自己的经济学价值理论奠定基础，主要是劳动价值论与效用价值论的交锋。另一个是对人的价值的哲学思考，其目的是为了彰显人的价值，为人的价值实现扫清障碍，主要讨论人贬值物升值和哲学自然科学化对人的价值的遮掩问题。这两个面向的交集是对价值一般概念的抽象以及人的价值的认识，而马克思在这两个面向都没有缺席。

一、对于康德哲学的不同态度

19世纪正是西方社会高扬人类理性、自由，崇尚科学化逻辑思辨的知识论时代。人的价值实现和社会道德秩序陷入无解状态。随着科学的发展，唯物主义逐渐占据上风。康德哲学提出了与实证思辨相对的实践哲学。19世纪下半叶，哲学家们开始关注价值问题。如何彰显人的价值是当时哲学家共同关注的话题。像尼采关注的是在基督教的统治下，上帝成为评价的唯一价值标准，基督教无限抬高宗教的价值、贬低人的价值问题。尼采对于价值的思考集中在意识形态领域，他把人的本质看作是一种权力意志。尼采对道德价值重估的目的是对道德价值进行重构，建立一套新的道德价值体系。但尼采所倡导的价值建立在个人基础之上，否定普遍价值，结果导向了相对主义，陷入轮回，从上帝转向了"超人"。

马克思和新康德主义都不同程度地受到康德哲学思想的影响。在对康德思想继承和超越的基础上，他们分别走上了两个不同方向。

马克思与新康德主义的早期成员几乎处于同一个时期，而且新康德主义价值哲学将康德的绝对精神理论和奥地利学派的效用价值论作为自己重要的理论渊源。而马克思曾对康德的绝对精神进行批判，并且就价值问题与效用价值论进行过交锋。从这个意义上看，马克思与新康德主义的价值思想存在着间接交锋。

康德提出了著名的主体性原则，"无论是谁在任何时候都不应把自己和他人仅仅当作工具，而应该永远看作自身就是目的。"❶ 这一主体性原则的先验思路为价值哲学真正取代传统形而上学开辟了道路。文艺复兴以来，人类思想发生重大转变，"主客二分"思想成为哲学的主要思维方法，人取代神成为哲学主体，对世界的非目的的理性客观解释取代了对世界的目的性解释。客体表现为无情感、无动机、无灵性的纯机械世界，主体表现为纯精神世界。"主客二分"思想使人可以以前所未有的深度和广度向大自然进发，彰显着主体认识自然的强劲力量。客体在主体认识过程中逐渐被精细化，科学的巨大发展就得益于这种思维方式。"主客二分"思想促进了西方近代科技与生产力的巨大进步，也带来了科技与主体性的片面发展，造成人与自然关系的恶化。"主客二分"思想将主体与客体分裂，形成科学主义与人文主义的对立。康德实现了西方哲学的哥白尼革命，即主体性张扬。康德把自然界看作一个目的论系统，把其置于主体的目的之下。西方价值哲学的一般价值概念的提出是基于主客体二元对立的超越。西方价值哲学以主体性超越"主客二分"，以主体标准理解价值。新康德主义提出回到康德，就是试图以人为自然立法，高扬人的主体性，化解主客对立的矛盾。新康德主义要消解哲学自然科学化的倾向，破除主客体之间的对立，抬高了人的主体地位，拓宽了主体的认识视域。19世纪下半期，新康德主义对于康德的先验方法重新挖掘。文德尔班把先验主体对于对象的评价作为统一全部哲学的基础和解决全部哲学问题的标准。表象世界的许多表象与

---

❶ 康德. 道德形而上学原理[M]. 苗力田, 译. 上海：上海人民出版社, 1986：86.

认识主体的意志和感情发生关系。人对于认识对象的评价和态度不是知识命题而是价值命题。同时，认识主体对表象世界的因果性、必然性等知识性认识，也受价值观念的支配和影响。新康德主义引入康德的绝对命令和目的王国的概念，人类共同生活法则的可能性条件在于体现人性的伦理统一体。

康德对马克思的哲学影响在于其对主体的重视。康德从主体认识自然，旧唯物主义从客体认识自然，而马克思从主体认识客体。康德的价值思想建立在客体与主体之间的关系基础之上，他认为，人的欲求能力是通过这种关系而被决定去实现客体的。"因为意愿的决定根据就是客体的表象以及客体与主体的关系，而欲求能力是通过这种关系而被决定去实现那个客体的。"❶ 康德从主体出发理解价值内涵和标准，人对事物的欲求是以主体的接受性为基础的，主体的接受与否决定了客体的价值。不被主体所接受，或者无法实现主体对欲求的满足的客体是没有价值的。新康德主义的方法是通过高扬人的主体性化解主客对立的矛盾。马克思是如何化解主客对立的？对于异化的扬弃，将主客体统一起来，实现客体对主体的确证。马克思主客体的辩证统一超越传统的"主客二分"思想，以在实践基础上的对象化关系理解价值。康德和价值哲学只看到了人与世界间的主客体关系，从主体与客体的关系出发理解价值，没有看到人与人之间的关系，所以他们不能看到道德价值的真正本质，而把它理解成为一种先验的东西。在马克思看来，道德就是主体间关系的体现。马克思和价值哲学都从分析物的价值到理解人的价值。价值哲学如何强调人的价值呢？它们从人的主体性出发理解价值。马克思是从主客体、主体间关系出发强调人的价值。人的价值到底通过什么来实现？马克思认为通过客体、通过其他主体来实现，而不是只靠主体本身。马克思认为，在资本主义生产方式中，劳动对象化表

---

❶ 康德. 实践理性批判［M］. 韩水法，译. 北京：商务印书馆，2000：19-20.

现为对象的丧失和被对象奴役。❶ 工人从现实中被排除，工人所能占有的价值物越来越少。大量的价值物对于工人来讲就是虚幻的价值，它们与工人是彻底绝缘的，时间久了，工人在观念上也失去了对这些价值物的价值认知。穷人无法想象富人的爱好。马克思认为异化一方面使富人的需要逐渐精致化，另一方面使穷人的需要简单化、粗鄙化。最后甚至穷人的需要局限于吃的需要。对于穷人来讲，最大的价值就是生存和发展，而所谓自由、公平、艺术等价值在穷人眼里是难以想象的。就如同人们所说，穷人无法想象富人的生活，贫穷限制了穷人的想象，贫穷限制了穷人的主观需要。马克思把人的需求分为有效需求和无效需求。以感性的、现实的存在为基础的需求是有效的需求，以想象的、表象的、期望的存在为基础的需求为无效需求。这也是人们想象中的价值与实际价值之间的区别。财货本身作为价值的物化形式，它原本体现的是人与自然的价值关系。但是在资本主义社会里，财货却异化为劳动者与非劳动者关系纽带，它的产生过程是劳动者本质力量的损耗，而它的效用却成为非劳动者个人需求和欲望满足的条件。财货的价值对于劳动者来讲反而变成了矛盾。只是以效用、有用来表示财货的价值，是没有办法解释这种现象的。例如，对于皮鞋厂的工人来讲，皮鞋本身的自然属性并不一定会满足工人需要，皮鞋对于工人来讲是通过劳动的付出获得社会的认可让工人具备获取其他生活物品的权利和资格，这种权利和资格外在表现就是货币。也就是说，货币对于人的价值并不在于货币本身的自然属性，而在于其背后所代表的意义和权利。这种权利和意义以社会的认可为前提。自然界对于工人的价值，一个是提供劳动加工的对象，另一个是提供肉体生存所需的资料。新康德主义只关注到自然界对于人的肉体、精神所需的价值，并没有注意到劳动所需的价值。劳动本可以给劳动者创造更多的价值，但是在资本条件下的异化劳动却恰恰相反。工人的劳动越多，越让自己失

---

❶ 马克思，恩格斯. 马克思恩格斯文集：第1卷 [M]. 北京：人民出版社，2009：157.

去生活资料。也就是，对于工人的实际需要来讲，自然界越来越失去价值。价值哲学只看到人改造自然赋予财物以价值，而没有看到劳动付出对人本身的损耗。没有看到创造劳动价值的人与享受价值物的人并不一定是同样的人。

马克思实现了对于康德的超越，解决了人的价值实现的根本途径。康德哲学的价值来源不是自然的、经验的，而是理性的。人的理性本体是人的最高本质。康德认为人既是感性世界的存在者，又是理性世界的建构者。作为感性世界的存在者，人有对幸福的自然需要，而作为理性世界的建构者，人又需要理性去辨明善恶。理性的善良意志是幸福不可缺少的条件，因为只有从善良意志出发，人的存在才拥有价值。康德承认，人首先是一个有需求的存在者，"人的理性当然有一个无可否定的感性层面的使命，即照顾感性的关切，并且为今生的幸福起见，以及可能的话为来生的幸福起见，制定实践的准则"。❶ 但是，人又不同于动物，人不会只把理性用于满足自己感觉需要的工具。如果人只把理性用于动物本能需要的目的，那就没有办法使人的动物性得到升华。人具有天然的动物本性，但人有更高的思维能力，就是能思考自在善或自在恶的事物，而这些只有纯粹的理性才能判断。康德认为，"因而对于这样一个判断，除了感觉之外尚需理性。"❷ 理性人所判断善的事物是所欲求的对象，判断恶的事物是所憎恶的对象，依据理性概念对于事物的善恶进行判断。康德认为，人对感性幸福的追求与遵循道德法则并不必然联结在一起。"因为依照一般自然秩序概念，幸福并不与遵循道德法则必然地联结在一起。"❸ 虽然，道德法则本身并不会独自预告任何幸福。但完全切合道德法则的意向的价值是无穷的。人有追求感性幸福的欲望，能满足于人的感性幸福欲望的事物都是有价值的。康德认为道德是获得幸福的唯一根据。"一切可能的幸福除了理性存在者

---

❶ 康德. 实践理性批判 [M]. 韩水法, 译. 北京: 商务印书馆, 2000: 66.
❷ 康德. 实践理性批判 [M]. 韩水法, 译. 北京: 商务印书馆, 2000: 65.
❸ 康德. 实践理性批判 [M]. 韩水法, 译. 北京: 商务印书馆, 2000: 140.

缺乏与其职责的切合以外并无任何其他限制。"❶ 马克思反对抽象地谈价值，他认为应该以现实的、活生生的人为主体来认识价值。康德研究的主体是理性的人，马克思研究的主体是现实的人。康德努力地把人的生理需要从实践中排除，而马克思从人的需要出发，将实践同不以意志为转移的物质生活关联在一起。康德没有觉察到资产阶级的理论思想是以物质利益和物质生产关系为基础的。"不管是康德或德国市民，都没有觉察到资产阶级的这些理论思想是以物质利益和由物质生产关系所决定的意志为基础的。"❷ 康德把理论表达与所表达的利益割裂开来，把人的自由意志变成纯粹在思想上的概念规定和道德假设。马克思认为，"他把这个善良意志的实现以及它与个人的需要和欲望之间的协调都推到彼岸世界。"❸ 因为德国资产阶级的懦弱，他们不敢反抗德国的现有制度，只能求助于精神革命，精神层面的自由。康德不触及物质领域，完全靠意志、道德去实现人的自由、人的价值，这是马克思所批判的。康德认为人的价值实质上是人的道德价值，自由是价值的最高表现形态，道德是价值实现的途径。康德只是把人的价值实现作为主体的一种精神上道德自律的自我完善；而马克思将人的价值实现放到物质实践领域，与客观历史的必然性联系在一起。康德的人的价值思想实质是以人为目的。在人与自然之间的关系中，人是目的，自然是手段。在人与人之间的关系中，人应该把彼此当作目的，而不是手段。如果人彼此把对方看作手段的话，人的价值是不可能实现的。康德把人看成一个个单独的个体，注重个体的价值。而根据马克思的观点，个人的价值实现从根本上依赖社会的发展。社会不是由个人简单相加而成，它是个人彼此发生的各种关系的总和，社会的发展从根本上决定了

---

❶ 康德. 实践理性批判 [M]. 韩水法, 译. 北京：商务印书馆, 2000：140.
❷ 马克思, 恩格斯. 马克思恩格斯全集：第3卷 [M]. 北京：人民出版社, 1960：213.
❸ 马克思, 恩格斯. 马克思恩格斯全集：第3卷 [M]. 北京：人民出版社, 1960：211-212.

个人价值实现程度。

关于人的价值实现问题，马克思主义与新康德主义存在根本的区别。马克思的人的价值实现建立在科学之上，新康德主义的人的价值实现建立在伦理之上。新康德主义主张靠伦理实现人的价值，依靠道德劝勉实现人的价值。马克思主义则主张靠社会制度和现实条件的改变实现人的价值。而新康德主义无法解决的一个问题，就是无法对资本主义经济事实进行道德规范。这些决定了新康德主义价值实现的空想性质。

二、对于效用价值论的不同态度

马克思和价值哲学都曾受到经济学价值理论的影响，马克思是受到劳动价值理论的影响，西方价值哲学是受到效用价值理论的影响。

价值哲学在很大程度上受奥地利学派的影响，奥地利学派的经济学价值理论为价值哲学提供了思想资源。为了提高哲学对人的关注和对人的自由的重视，以德国哲学家洛采为代表的新康德主义把价值概念从政治经济学引入哲学领域。新康德主义重新讨论道德、价值、真理等概念的内涵，突出了道德理念的绝对价值，努力使价值概念神圣化，把经济学价值与道德法则的价值概念联系起来。奥地利学派的门格尔以效用价值理论反对古典经济学和马克思的劳动价值理论。人的欲望和欲望满足是门格尔理论的出发点。在他看来，人类的欲望是经济的出发点，自由支配满足欲望的资料是经济的目标。人由抱有欲望的状态到欲望满足的状态，是财货的价值和价值量存在的条件和依据。价值量的大小表现为财货对人的欲望满足所具有意义的多少。门格尔认为，财货的价值源于对人有意义，而不在于财货本身的性质，所有价值本质是主观的，是由个人决定的。"价值，不只是它的本质是主观的，就是它的尺度也具有主观的性质。"❶ 价值不等于财货本身，也不是财货所具有的属性，不能独立

---

❶ 晏智杰. 经济学中的边际主义 [M]. 北京：北京大学出版社，1997：231.

存在，它本质上是一种关系、一种意义。商品的价值是由商品效用所决定，效用大小由经济人根据财货具有的意义判断。奥地利学派把这种价值一般性概念作为经济学的基础，理解各种价值现象和各种类型的价值概念。

奥地利学派以个人主观心理理解商品价值，否定劳动在价值创造中的决定作用，商品的价值量由边际效用的大小所决定，而效用又取决于人的主观心理。否定剩余劳动，进而否定资本家对工人的剥削。受奥地利学派的影响，新康德主义普遍以有效性作为价值的一般内涵。李凯尔特认为，价值的实质在于它的有效性，而不在于它的实际的事实性。[1] 李凯尔特认为价值是超验的，否定价值与实际经验的关系，把它视为人的纯粹主观的东西，否定价值的客观性。李凯尔特否定价值的实体性，认为价值既不是物质的东西，也不是精神的东西。价值的实质在于它的有效性，而这种有效性存在与否，是由人的主体性所决定。也就是人认为有效价值存在，人认为无效则价值就不存在。文德尔班认为，哲学应该从回答对象是什么转到回答对象应当是什么，也就是认识论不应该停留在对世界的认识上面，而是应该在对事物的价值认识和评价上。文德尔班认为，哲学只有作为价值科学才具有生命力。科学的发展已经可以更好地解释世界，也让哲学在解释世界方面越来越没有空间置喙。

马克思晚年在批判瓦格纳的国民经济学的时候探讨过自己对价值一般性概念的认识。瓦格纳虽然与奥地利学派不是同一学派，但是瓦格纳关于价值一般性概念的理解和思维方法与奥地利经济学派高度相似。马克思对于瓦格纳的批判可以说是与价值哲学的间接交锋。马克思与价值哲学对价值一般概念有两种截然不同的阐释。马克思揭露了德国政治经济学一般价值概念的方法，实际上就是把政治经济学的使用价值按照德文用法改为价值。"一位德国的政治经济

---

[1] 亨里希·李凯尔特. 李凯尔特的历史哲学［M］. 涂纪亮, 译. 北京：北京大学出版社, 2007：83.

学教授的"自然愿望"是,从某一个"概念"中得出"价值"这一经济学范畴,他采取的办法是,把政治经济学中俗语叫作"使用价值"的词汇,"按照德语的用法"改称为"价值"。而一经用这种办法找到"价值一般"后,又利用它从"价值一般"中得出"使用价值"。❶ 也就是所谓的一般价值概念实际上就是政治经济学中的使用价值的概念。瓦格纳经济学价值概念内涵的思维是,从价值一般性概念出发。瓦格纳认为,人对自然的关系首先是理论关系,而不是以实践为基础的关系。"在一个学究教授看来,人对自然的关系首先并不是实践的即以活动为基础的关系,而是理论的关系"。❷ 瓦格纳认为,人先验地处于人与自然的某种关系中,而自然的外界物也先验地具有满足人的需要的属性。这样就把价值关系和价值物绝对化了,好像人与外界物永远处于价值关系中,外界物对于人的价值永远不变。在马克思看来,作为语言名称的概念实际上反映的是那种通过不断重复的活动变成经验的事物。价值或有用物这些概念最初反映的是满足在一定社会关系中的人需要的自然物。在瓦格纳看来,外界物是被人赋予价值。瓦格纳也是主观价值论者,他从人的主观愿望出发理解价值。马克思的经济学价值概念是从具体的商品现象出发,出发点是现代社会最简单的社会表现形式——商品。在现代社会中,商品是人类生存和发展的最主要的物质条件。从最常见的、最普遍的和人的关系最紧密的商品出发。使用价值是商品天然具备对人有用的属性,它是物对于人的意义。价值则是商品凝结的人的本质劳动,社会对人的价值的衡量,它是人与人之间的比较,是人对人之间的意义。马克思认为,价值的最初含义与商品价值的内涵毫无共同之处。"价值或值这两个词最初用于有用物本身……但是这

---

❶ 马克思,恩格斯. 马克思恩格斯全集:第19卷[M]. 北京:人民出版社,1963:406-407.

❷ 马克思,恩格斯. 马克思恩格斯全集:第19卷[M]. 北京:人民出版社,1963:405.

同商品'价值'的科学定义毫无共同之点"。[1] 商品的价值概念是借用到经济学领域的。商品价值的表现形式——货币，是社会财富的象征和中介。价值的概念确实是从人们对待他们需要的外界物的关系中产生。但这是价值的最初概念，随着时代的发展，价值的内涵不断丰富和发展，并不能把最初的概念理解为价值的一般概念。马克思否定价值的绝对性，他没有把价值关系抽象地看作人的先验状态。价值关系是历史的产物，是人类社会与自然界实践关系的产物。人在改造自然的过程中，固定地把一些自然物充当人类生存和发展的物质条件，逐渐形成人与某些自然物之间的价值关系。

　　马克思和价值哲学，一个从实践出发理解价值本质，另一个从人的本性、先天权利出发理解价值本质。马克思虽然没有思考价值哲学，但是马克思所创立的实践哲学，却为价值哲学的发展提供了一个出路。他解决了哲学与人背离的问题，哲学回到现实。按照马克思主义观点，价值应该是客体对于人的本质的确证。回到最原始状态，人对于自然界的改造和人的生理需求是人的本质的最主要表现。自然界是价值的基础，没有自然界就不可能存在价值，没有感性世界，人类什么也不能创造，这是价值客观性的重要表现。劳动改变自然物的属性，让其具备满足人的需要的属性，因而具备价值。只强调财物的自然属性，否定劳动的作用，也就否定了价值的本质内涵。没有劳动，人与自然之间的关系会停留在最原始状态，所谓的价值也是最初的状态，绝对不会有人的发展和价值的不断丰富。人按照自己的意愿去改造自然物，让其具备满足人的需要的属性，实现人的生存和发展，从本质上讲就是人的本质的确证。马克思也认为，对象对人的意义以人的感觉所及的程度为限。"任何一个对象对我的意义（它只是对那个与它相适应的感觉来说才有意义）都以

---

[1] 马克思, 恩格斯. 马克思恩格斯全集：第19卷 [M]. 北京：人民出版社, 1963：416.

我的感觉所及的程度为限。"❶ 每个人的认知水平和追求不同，其所表现出来的对事物的感觉和兴趣则不同。价值并不完全是由人的需要和兴趣所决定的，人的认知能力和水平是价值判断和衡量的基础。人类的共同价值或普遍价值，一定是人类作为类的价值，应该由人类的共性所决定。而这个共性不变的是人最基本的天然人性，变化的是不断发展的社会性。对于个人来讲，价值直接表现为对人有用的财物。随着人类社会的发展，人的本质内容不断丰富，扩展到精神层面、政治层面和文化层面。人需要良好的社会秩序、对于世界的认知、社会对于自己的认可等。而这些并不是自然所能给人提供的，也不能用财物来体现。自由、平等、幸福等价值理念都由主体决定，人的自我感觉和认知是价值存在与否的根本因素，也就是人认为自己是自由的则自由就存在，认为自己是平等的则平等就存在。价值实现逐渐依赖社会。道德、知识、权利对于个人来讲都是有价值的，因为都能确证人的本质。

马克思也曾批评19世纪所谓自称心理学家的学者，他们仅仅从外表的效用方面来理解人的本质力量。"对这种心理学人们至今还没有从它同人的本质的联系，而总是仅仅从外在的有用性这种关系来理解"。❷ 他们仅仅把宗教、政治、艺术和文学等理解为人的本质力量的现实性和人的类活动。因而他们对价值的理解也会仅仅局限于这些表面的事物。他们把宗教或者具有抽象普遍本质的历史理解为人的普遍存在。对于心理学来讲，人的价值实现是依赖宗教、政治、艺术和文学等，而不是依赖劳动、经济关系和分配制度等。在马克思看来，人的本质力量对象化为价值物，而在工业化时代这些价值物却以异化的形式呈现在劳动者面前。它们对于劳动者来讲，价值关系是虚假、虚幻的，而不是真实的。心理学对价值的理解，仍然

---

❶ 马克思，恩格斯. 马克思恩格斯文集：第1卷 [M]. 北京：人民出版社，2009：191.

❷ 马克思，恩格斯. 马克思恩格斯文集：第1卷 [M]. 北京：人民出版社，2009：192.

停留在这种抽象的、虚幻的、想象的价值关系中。这就决定了这种心理学不能成为真正的科学。"如果科学从人的活动的如此广泛的丰富性中只知道那种可以用'需要'、'一般需要'的话来表达的东西,那么人们对于这种高傲地撇开人的劳动的这一巨大部分而不感觉自身不足的科学究竟应该怎样想呢?"❶马克思批评这种心理学只知道用需要、一般需要的话来表达人的活动,完全撇开人的劳动。这种科学是不完整的,他们对价值一般的理解是不可能包揽内容丰富的人的类活动的。

第二节　马克思价值思想和价值哲学理论体系的不同走向

一、价值实现的途径

在价值哲学家眼里,个人都是孤立的个体,独立地、自主地与自然、与其他人发生着关系。西方价值哲学的功能是把人从理性束缚中解放出来,彰显人的地位和价值。他们强调作为抽象的个人的价值,认为社会共同体是对这种抽象的个人价值的抵触。文德尔班认为,19世纪流行着将全民福利置于一切之上的民主思潮,而将个人的内在价值估计的低得多。❷文德尔班将个人价值置于全民价值之上。文德尔班和马克思都批判施蒂纳的唯我主义,施蒂纳放大个人的观念和意志,不承认超过个人自身之外的一切。但是,文德尔班认可了施蒂纳把个人从社会价值中解救出来的胆识。❸也就是文德尔班注重个人价值,忽视了个人与社会共同体的关系。实际上在资本主义社会中,个人一部分的独立自主性是完全被限制的。就如同马

---

❶ 马克思,恩格斯. 马克思恩格斯文集:第1卷[M]. 北京:人民出版社,2009:193.
❷ 文德尔班. 哲学史教程[M]. 罗达仁,译. 北京:商务印书馆,1997:919.
❸ 文德尔班. 哲学史教程[M]. 罗达仁,译. 北京:商务印书馆,1997:920-921.

克思所描述的异化劳动，劳动者完全被资本所支配，劳动者是不可能完全自主地与自然物对象、其他个人发生关系的。人除了作为动物的本能需要之外，人的需要的产生和满足都离不开社会。马克思把人的价值实现落到社会关系上面，人的需要的满足越来越离不开社会。

  价值哲学所设想的人与自然之间的需要关系，在资本条件下已经被割裂开了。外部世界越来越不给劳动者提供直接的生活资料。工人为社会、资本家创造的价值越多，自己越没有价值。劳动是价值的手段和工具，劳动本身不是价值。劳动产生价值，劳动将自然界对象化，自然界表现为人的作品和现实。而异化劳动剥夺了劳动者生产的对象。劳动者失去为自己创造价值的能力，劳动者只是成为为他人创造价值的工具。人只有通过与他人的关系，才能获得价值。从需要的角度理解价值的话，工人劳动能满足资本家的生产的需要，工人劳动对于资本家来讲就是价值。个人并不能直接从自然界中获得自己需要的各种价值物，而是必须依靠社会的分配，除了完全与世隔绝的鲁宾孙。一个个外在表现的自然物对于个人来讲只是想象中的价值，而真正的价值是中介，是支配财富原则的工具。当财物的生产者与财物的所有者相分离，丧失了直接获取和享用财物的时候，人的需要满足和价值实现多出了一个环节，就是获得更多的社会权利和资格。也就是说，社会制度、社会分配方式对人的需要满足和价值实现起决定作用。忽略社会制度和分配方式对人的影响，直接关注人与价值物之间的关系是没有现实意义的。人只是抽象意义的人。财物只是对于抽象的人有意义，对具体的人并不一定有意义或者有实际意义，因为这个具体的人可能一辈子都与这种财物绝缘。

  马克思提到了人与人之间的需要关系。人和人之间的关系直接就是人同自然界之间的关系，也就是人的自然本能需求的满足需要自然界，但最终也是需要从人与人之间的关系获得自然物，因为人是社会存在物。人与人之间最自然、原始的需要关系就是男女之间的生理需要关系，这是人类最自然的关系。"男人对妇女的关系是人对人最自然的关系。"❶ 而这种关系可以判断人的整个教养程度。人类在独立于自然之外，不断发展着人与人的各种关系，人之于人产生着各种需要，如亲情需要、爱情需要、合作需要、理解需要、统治需要、剥削需要等，这些需要反映的是人类的文明程度。人成为别人的需要，别人成为自己的需要。人的自然本能的感情、精神需要的满足更是直接依赖别人，如亲情、爱情等。别人作为人成为他人的需要，妻子成为男子婚姻的需要，美女成为男子渴求爱情的需要，父母子女作为个人亲情的需要。也就是说，个人更是社会存在物。从这个意义上看，人既是工具又是目的，人满足别人的需要就是工具，别人满足自我需要就是目的。只承认人的目的性，否定工具性是片面的思维。人类共同价值的实现需要在人类共同体中实现，每个人自由而全面的发展需要在共产主义共同体中实现。人类共同价值的实现一定是在人类整体利益至上的情况下才可能实现。也就是，在当前西方优先、西方中心主义的思维不改变的情况下，西方所谓的人类共同价值根本不可能实现，所实现的只是西方世界的价值而已。

关于人的价值实现的制度安排。马克思认为，在社会主义前提下，人的需要的丰富性在新的生产方式和生产对象下，人的本质力量可以得到新的证明，人的本质得到新的充实。也就是说，人的价值得到真正实现。马克思认为，只有在社会主义前提下，人真正从各种束缚中解放出来，人的需要才会更加丰富。社会主义新的生产方式为人的需要满足创造新的条件，人的本质力量会得到新的证明，人的本质会得到新的充实。

二、价值评价的标准

价值哲学以普遍价值作为自己的研究对象和基础。文德尔班的

---

❶ 马克思，恩格斯. 马克思恩格斯文集：第1卷［M］. 北京：人民出版社，2009：185.

论述集中指向价值的普遍性和绝对性，他试图去发掘价值的普遍性，为个别价值评价提供逻辑根据。文德尔班批评功利主义将衡量一切价值的标准存在于一个物体、一种关系、一次行为、一个意念可能引起的快乐或痛苦的程度中。❶ 在文德尔班看来，人的意识中先验地存在着普遍的价值标准。文德尔班主张价值哲学应该寻求一个具有普遍意义的价值，作为评价各种现有价值的标准。文德尔班认为，只有作为普遍有效的价值的科学哲学才能继续存在，相对论是哲学的解体和死亡。❷ 价值哲学追求统一的价值评价标准。

马克思批判了这种价值标准的先验性，认为这只是哲学家自己头脑中的想象。文德尔班从人的本性出发，把价值标准看作人天生的本性，实际上把价值的内涵退回到了最初的状态，就是从外在物对于人的需要层面理解价值。但是，他无法解释在人类社会发展中出现的各种新的价值现象，例如为什么在资本世界会出现人贬值物升值的现象。价值哲学一开始就把价值视为人的主观情感的表达，实际上把价值陷入不确定性中。这种价值论为意识形态霸权提供了机会。一般价值概念只是一个被大家公认的抽象的概念，而具体的内容是什么并没有确定公认的标准。而谁是强者，谁掌握着意识形态的话语权，谁就拥有随意给价值填充内容的权力。这将导致在价值哲学理论上的混乱，因而导致西方道德理论的危机。

以人的心理、感情为基础的价值评价是朴素的，它以人的简单的感性认识为基础。而人类的发展对世界的价值判断和价值追求应该以理性、知识、科学为基础。价值哲学认为是由于人对理性和科学高度推崇而掩盖了人的主体地位和价值。马克思认为是由于资本、异化劳动，科学成为压榨劳动者的工具而侵害人的价值。科学只是工具，真正侵害人的价值的是资本和异化劳动。科技的迅猛发展之所以会掩盖人的价值，在马克思看来，这并不是科技本身的问题，

---

❶ 文德尔班. 哲学史教程 [M]. 罗达仁，译. 北京：商务印书馆，1997：913.
❷ 文德尔班. 哲学史教程 [M]. 罗达仁，译. 北京：商务印书馆，1997：927.

科技只是工具而已，而是因为科技沦为资本的手段，才会让它取代了人。科技在战争中的应用，科技在工业方面的运用，这些都是人类借助理性驾驭自然的直接产物。实际上根据马克思的理论，社会追求科学的目的是为了利润。人的主体地位和尊严的贬低也只是局限于劳动阶级而已，对于资本家来讲，地位和尊严却在提高。西方价值哲学从科技入手，本末倒置。

价值哲学也意识到，哲学如果只是停留在解释世界的层面，可能没有办法继续发展了。新康德主义构建了价值哲学体系解决社会一切矛盾和冲突。马克思构建了实践哲学体系。根据马克思主义观点，道德是人们在社会活动中形成的思想观念，这种观念又由社会物质基础所决定，因而并不存在所谓普世的、抽象的道德观念。资本主义社会的道德本质上是资产阶级道德。恩格斯曾与新康德主义派的朗格就资本主义批判的问题进行过直接对话。恩格斯认为，资本主义生产的极限不是由挨饿的肚子的数目决定，而是由有购买力的钱袋子的数目决定。❶ 也就是说，在资本主义条件下，社会财富的创造或价值的产生并不取决于个人的主观需要，而是取决于具有主观需要的个人的钱袋子。在资本主义社会中，离开了金钱、现实条件，人的需要满足和价值实现都是虚幻的。人的道德和人的需要本身无法推动社会的发展。

三、价值观念体系

当今西方世界所宣扬的"普世价值"的绝对性、永恒性、普遍性是建立在价值哲学形而上学的基础上。中世纪，欧洲基督教宣扬宗教的普世性，探索人类历史的普遍规则，向全世界传播福音。资产阶级思想启蒙运动时，启蒙思想家确立新的世界观，否定了宗教和神学，但是普世性概念没有被抛弃，只是理性取代上帝。理性成

---

❶ 马克思，恩格斯. 马克思恩格斯全集：第31卷下［M］. 北京：人民出版社，1972：471.

为欧洲认同的核心内容。经过思想启蒙运动，欧洲哲学家诉诸理性摆脱宗教的基础，以理性之光普照世界。价值哲学以价值摆脱理性对人的本质的掩盖，但是价值哲学又陷入了绝对化、普世化。作为普世价值基础的价值哲学强调价值的主观性，忽视社会历史条件对于价值实现的意义。价值哲学强调价值的绝对性，忽视价值本身的社会历史性（从抽象概念出发理解价值内涵，而不是从社会具体现象理解），价值哲学完全把价值观念与经济基础割裂开。不能否认人类存在着共同的类本质，以及作为人的与其他动物相区别的独特性。人有最基本的需求，社会要保障每个人最基本的权利，而这个最基本的权利就是生存权和发展权。但现实是，每个人的需要都是存在着差异的，也就是价值认同和评价本身就存在着很大的差异，把自己的价值观念强加给别人就是错误的。更重要的是，人的价值实现是要在一定的社会里，完全忽视不同国家的社会状况差异，这种价值观念只能停留在虚幻中。

价值哲学以价值取代了理性规范人类的行为统治世界。19世纪下半期以来，在西方绝对化理性的哲学思维的影响下，欧洲殖民者认为自己的价值观念才是世界普遍有效的价值观念。他们把自己所信奉的价值观念作为普世的价值向全世界贩售。推广"普世价值"的目的是让本国的无产阶级认同资产阶级的道德和价值，世界各国认同资本主义国家的道德和价值，确立资产阶级意识形态的统治地位。价值哲学的目的是解决世界矛盾和无序状态，而"普世价值"是西方国家的政治工具，用之以实现西方意识形态在世界的统治地位。"普世主义是西方对付非西方社会的意识形态"。❶ "普世价值"以抽象人性论为基础，回归人性，追求个人的价值，确实可以将人从宗教束缚中解放出来，也可以从封建人身依附关系中解放出来。它是精神层面的武器，它确立了人们在思想意识层面的自由、平等

---

❶ 塞缪尔·亨廷顿. 文明的冲突与世界秩序的重建［M］. 侯井天, 译. 北京：新华出版社, 2002：55.

价值追求。但它是建立在抽象个人基础上的价值，至多只能产生形式上的价值理念，并不能带领社会实现真正价值理念。"普世价值"强调绝对、永恒不变，这种绝对和永恒从先验人性出发，把趋利避害、追求幸福、追求自由、道德作为价值。"普世价值"是唯心主义思维方式的产物，它不是从具体的社会历史现实出发，而是从抽象观念出发。它把普世的价值概念当作是人的永恒不变的自我规定，割裂人的思想观念与客观现实的关系，追求纯粹精神上的目标。它否定社会制度的差异、民族的差异，其价值实现的途径是虚幻的。在全球化时代的今天，人类比以往任何时候都需要共同的认知和普遍价值观念去规范人类交往的行为规范。但是这个普遍价值绝不是什么宗教的神圣诫命，也不是所谓抽象理性的表象，更不可能是某些发达国家的特有意识形态。

马克思的学说成为新康德主义的批判对象，因为他们认为马克思对黑格尔哲学的批判导向了唯物主义，马克思甚至还强调历史理论是基于社会现实的科学。他们把所有唯物主义都划入独断论之列。他们认为，马克思主义理论根本不进行任何道德说教。以此推论，他们认为马克思的价值理论完全建立在物质基础上，完全是围绕经济现象的价值概念，忽视了物质以外的价值范畴。这是对马克思主义理论的不了解，也许是历史的局限性，当时《德意志意识形态》等著作没有被发现。实际上，马克思从来没有否定过道德的作用，也没有不向人们提道德上的要求。只是离开物质基础空谈道德根本是缘木求鱼。马克思的价值思想为社会主义价值观提供了哲学基础，第一，价值观概念的内涵不是固定不变的，它是随着人类社会的发展而不断丰富的；第二，价值观的内涵要体现一定的社会历史特点；第三，价值的共性，或普遍价值，应该是建立在各民族、各社会交流互动后形成的共识，而不是以抽象的绝对理性或上帝为依据；第四，人类的普遍价值，其价值的主体是人类整体，而不是部分人，应该要符合人类整体利益，以人类的共同命运和利益为旨归。

新康德主义和马克思分别关注了社会不同的价值现象。西方价值论关注了科学掩盖人的价值的现象，马克思关注了物升值与人贬值的现象。西方价值哲学和马克思价值思想研究的目的都是为了寻找实现人的价值发展的根本途径。西方价值论和马克思价值论的共同点就是都关注到人，都彰显人的价值。他们在到底是什么东西造成了人的价值贬低或掩盖，以及什么样的途径和方法去彰显人的价值方面存在着分歧。价值哲学把问题的根源放在理性与价值的矛盾上，试图从哲学上解决社会问题。新康德主义则是回到康德，从主体地位和绝对精神中寻求解决方案。在哲学方法论上，价值哲学把科学掩盖人的价值现象的原因归结为主客体二元对立的思维方式，他们主张从主体性出发理解一般价值概念。价值哲学把价值评价的主体回归到人身上，超越上帝和理性，目的是凸显人的价值。价值哲学的逻辑思路是在概念上抽象出价值的一般概念，以此作为一切价值的共性和本质，人的现实的主体活动与价值密切相关，以价值为理性立法，价值可以为人的现实的主体活动起到规范作用。以标准意识和普遍价值为指向，和实际生活密切联系起来，以此规范指向社会发展的方向。马克思转向经济领域，从现实社会关系中寻求解决的方案。马克思把产生物升值与人贬值的现象的原因归结为主客体关系的异化，他主张从主客体的辩证统一关系理解一般价值概念。对于主客体关系的不同思考促成了马克思与价值哲学不同的价值思想。对价值的追求以及对人的价值的最终实现，他们走向两个完全不同的方向，新康德主义依靠的是道德和伦理，马克思理论依靠的是制度革命。

第五章 马克思主义价值论的发展

马克思和恩格斯逝世后,西方资本主义思想阵营对马克思主义理论的攻击一直没有停止。尤其是新康德主义高举伦理价值观否定马克思的唯物史观,这对社会主义运动造成严重冲击。因而社会主义阵营一度将价值哲学视为理论研究的禁忌。后来,社会主义国家因应现实价值问题的需要,开始从哲学视角讨论马克思主义价值论。马克思主义价值论在马克思主义理论体系的地位得到认可,马克思主义价值论的内容得到不断丰富。马克思主义价值论为社会主义国家所遇到的各种价值问题包括价值观问题提供了方法论基础。社会主义国家在实践基础上的理论创新又推动了马克思主义价值论的不断发展。

第一节 第二国际内部围绕价值问题的争论

19世纪末的新康德主义围绕价值概念攻击马克思主义理论。新康德主义批评马克思否定价值的效用,批评马克思只重视科学和客观规律而否定人性。在第二国际内部,伯恩斯坦受新康德主义影响篡改马克思理论,在欧洲社会主义阵营内部围绕价值问题曾展开了激烈的思想交锋。考茨基等围绕唯物史观与道德伦理、围绕价值概念的理解与价值哲学展开了针锋相对的争辩,虽存在一定的局限性但基本上捍卫了马克思的理论。伯恩斯坦在篡改马克思理论基础上否定社会主义革命理论,认为通过道德伦理实现社会主义,在社会主义阵营演变成立科学社会主义与伦理社会主义之争。考茨基提出社会主义不仅是科学论证的结果，还是一种理想价值的观点。

一、关于价值概念的哲学争论

马克思和恩格斯逝世以后，新康德主义对马克思主义理论发起挑战，部分工人阶级接受其伦理思想。在第二国际时期，伯恩斯坦受新康德主义的影响，否定唯物史观和辩证法，认为马克思唯物史观是缺乏道德、伦理因素的，忽视人的因素。伯恩斯坦等人直接把新康德主义的伦理思想加到马克思主义理论中，主张依靠道德、伦理实现社会的发展，将唯物史观与道德、伦理对立起来，否定了马克思主义唯物史观，最后要把马克思主义导引到伦理社会主义。第二国际的理论家们当时面临着如何回答历史唯物主义与伦理之间关系的理论难题。考茨基、梅林等人自觉捍卫马克思主义，阐发了马克思主义关于唯物史观和道德的观点。

因为历史的原因，马克思的经典文本中没有对于道德、伦理等问题展开充分论述。但是，随着社会的发展，确实需要马克思主义者对于道德、伦理等问题进行论述。这给伯恩斯坦等人留下了修正的空间。资本主义制度在欧洲基本确立，前资本主义的道德、伦理已经不适应新的制度，对于德国这些新兴资本主义国家而言，资本主义道德伦理刚刚产生不久。资产阶级对无产阶级的剥削处于无序状态，造成社会阶级的对立。资产阶级为了长久的统治，希望有一种道德、伦理维护社会秩序，既能被资产阶级和无产阶级接受，又能掩盖剥削现象。新康德主义提出对普遍人性、普遍价值的重视，把人的价值从科学、理性中解放出来。新康德主义对于无产阶级基本人权的关注，对于无产阶级来讲有一定的吸引力。新康德主义在工人运动中受到一些欢迎，对无产阶级具有很强的麻痹性。

新康德主义把马克思主义的唯物史观归为科学，并批评这种科学忽视人的价值。第二国际的一些人把新康德主义引入到社会主义思想中，修正马克思主义理论，试图放弃马克思的革命理论。价值哲学成为伯恩斯坦修正主义的重要理论来源，是马克思主义者与修正主义者斗争的重要理论内容。伯恩斯坦错误地认为，马克思主义缺乏道德伦理，唯物史观容不下道德伦理。❶ 新康德主义和伯恩斯坦等认为，伦理与唯物史观之间是相互冲突的。唯物史观是通过社会发展的必然性规律的科学论证。他们认为，马克思关注经济价值和物的价值，没有关注人的价值。社会的发展由经济条件所决定。科学社会主义建立在科学论证基础上，而不是建立在以人为目的、实现人的价值基础上。他们认为科学社会主义是通过社会发展的必然性规律的科学论证的，存在着道德空场，要真正扬弃资本主义社会把人当作手段的社会关系，唯有借助伦理学来解决。新康德主义以道德说教和改善人性反对社会革命。整个社会包括工人阶级也希望以道德和价值规范来维护社会基本的秩序，但是这和革命是并行不悖的。不能以道德替代革命，道德解决不了最根本的问题。

考茨基等对伯恩斯坦等人的观点进行了反驳，他在马克思主义唯物史观的基础上挖掘和丰富了伦理思想，确立了唯物史观对于伦理思想的基础作用，并阐释了马克思主义伦理观的逻辑起点、现实基础和价值取向，抵抗了新康德主义唯心主义伦理观对马克思主义理论的侵蚀。考茨基和梅林在捍卫马克思主义的过程中，阐述了唯物史观与道德伦理之间的关系，阐明了道德伦理在马克思主义理论中的地位和作用，辨析了道德伦理与阶级斗争之间的关系，并且没有完全否定马克思主义理论存在道德伦理的关注。伯恩斯坦认为唯物史观和道德、伦理是对抗性的，把唯物史观推向道德、伦理的对立面，完全否定马克思主义的道德、伦理的性质，把新康德主义和马克思主义简单划分为科学和价值。他认为，马克思完全从科学出发，而不是从价值出发。和新康德主义、伯恩斯坦不同，他认为唯物史观与道德、伦理不具有对抗性。❷

---

❶ 林进平. 马克思主义与正义 [J]. 毛泽东邓小平理论研究, 2018 (9)：80-88.
❷ 林进平. 马克思主义与正义 [J]. 毛泽东邓小平理论研究, 2018 (9)：80-88.

考茨基没有否定无产阶级的道德、伦理，他认为无产阶级的道德理想是一种否定性的道德理想，建立在对资产阶级道德理想否定的基础上。考茨基和梅林批判了新康德主义道德的抽象化、绝对化。梅林认为，道德标准是不断变化的。"一个无产阶级的历史研究者如果用自己阶级的今年的道德观点去评断以前的时代，其情形也不会两样。"❶ 梅林批评了新康德主义的道德伦理是维护资产阶级利益的，是不可能承担人类解放的任务的。考茨基认为，马克思主义并没有否定道德伦理，而是建立在唯物史观上的道德伦理观，人类的道德伦理不是抽象存在物也不是超感觉界的东西，而是人类现实生活的社会需要的产物。"道德依赖于社会生活，适合于种种社会要求。"❷ 考茨基认为，从古代至启蒙时代，伦理发展的缺陷是从抽象的人性出发把道德抽象为普遍适用的伦理原则。❸ 考茨基揭示了新康德主义伦理观的本质，这种伦理观是建立在唯心主义基础上，把道德伦理、价值视为超自然的、超时空的、抽象的东西。而马克思的伦理观建立在唯物论的基础上。马克思伦理中的道德、价值、理想概念都不是超自然的、超时空的、抽象的东西，而是具体的、历史的。

考茨基和梅林阐发马克思主义关于道德、伦理的观点，坚持了马克思主义基本原理，是对马克思主义理论的继承与发展。但是由于历史局限性，并没有全面展开马克思主义关于人的价值理论的阐发，对于无产阶级道德观的论述也多停留于阐述否定意义，而没有从正面、肯定的角度阐释无产阶级的价值、道德。

第二国际内部关于唯物史观与道德伦理的争论，正是对时代问题的回答。伯恩斯坦和考茨基都把事实与价值二分的观念强加给了马克思。社会主义在考茨基看来是科学，在伯恩斯坦看来是价值，二者是完全对立的。但是，在第二国际内部的争论过程中，在非友

---

❶ 弗兰茨·梅林. 保卫马克思主义 [M]. 吉洪, 译. 北京：人民出版社, 1982：40.
❷ 考茨基. 伦理与唯物史观 [M]. 董亦湘, 译. 北京：教育研究社, 1927：140.
❸ 考茨基. 伦理与唯物史观 [M]. 董亦湘, 译. 北京：教育研究社, 1927：21.

即敌、非是即非的思维下，在是否背叛马克思主义的政治认知下，对于相关问题的讨论并不完全客观、全面。伯恩斯坦完全把马克思主义唯物史观推向价值的对立面，把马克思主义价值论完全推向效用论的对立面，而马克思主义者在捍卫马克思主义的过程中，又犯了同样的错误，完全站在价值、效用论的对立面。相较于伯恩斯坦，考茨基使历史唯物主义决定论成为达尔文主义的决定论。这在政治上是正确的，为了当时社会主义运动和坚持革命理论是必需的，但是完全从理论的角度来看，我们应该站在更为客观的角度去分析和判断。

后来，价值成为社会主义运动中忌讳的词汇，价值哲学是唯心主义观点，追求社会主义价值是一种修正主义行为。科学社会主义与伦理社会主义对峙，在科学社会主义阵营里，只能谈科学，不能谈社会主义的价值，谈价值似乎就是倾向于伦理社会主义。

二、关于价值概念的经济学争论

新康德主义将经济学的效用理论引入到哲学领域后，在第二国际内部，伯恩斯坦也提出了劳动价值论与效用价值论互补的思想。伯恩斯坦认为，马克思对资本主义的分析是从对价值的分析开始的。他认为马克思的商品价值只是纯粹抽象的概念。❶ 伯恩斯坦认为马克思的劳动价值论采用了抽象的方法。❷ 也就是说，马克思把商品的使用价值给抽象掉才形成了商品的价值，马克思又把各种劳动种类的特性抽象掉才形成了一般的无差别的人类劳动。马克思在确定生产商品的价值尺度由社会必要劳动时间所决定时，需要进行许多的抽象和还原，在抽象的过程中，商品的价值失去了一切具体性质，变成了头脑中纯粹的抽象概念。马克思"舍象"了使用价值，效用价

---

❶ 爱德华·伯恩斯坦. 社会主义的历史和理论 [M]. 马元德，等，译. 北京：东方出版社，1989：324.

❷ 爱德华·伯恩斯坦. 社会主义的前提和社会民主党的任务 [M]. 宋家修，等译. 北京：生活·读书·新知三联书店，1958：43.

值论"舍象"了价值。因而应该允许这两个理论同时存在。在这个过程中，失去了商品的具体性，失去了价值的具体形式，舍掉了人与物之间的关系，也舍掉了人的感觉和天然需要。也就是说，马克思的价值理论只看到了人与人之间抽象的劳动关系，没有看到人的感觉和生存发展需要的各种需求，即没有注意到人的需求和价值实现的各种客观条件。而这一点确实是效用价值论可以补充的。

　　伯恩斯坦错误理解了抽象思维。马克思的抽象思维绝不是"舍象"掉一切具体的东西而变成纯粹抽象的概念。马克思是把存在于事物和关系中的共同内容概括为它们的最一般的思想表现，也就是用思想形式反映出已存在于事物中的内容。伯恩斯坦的做法却是自己制造一种概念来衡量事物，然后让事物必须符合这种概念，也就是伯恩斯坦并不是从实际存在的价值现象得出价值概念，这样一来，价值的部分特性就被排除掉了。

　　马克思并不像伯恩斯坦所认为的"舍象"了商品的使用价值而只抽象出价值，他从未否定使用价值的重要性，而且早就注意到使用价值对人与自然之间关系的揭示，认为人与自然最基本的关系就是价值关系。和效用价值论不同的是，效用价值论一直停留在人与自然之间的价值关系上，忽略或掩盖了社会关系对人的价值的意义。马克思的价值理论尤其是剩余价值论，揭示了社会关系对于人的价值的意义。物对人的效用真正体现在人对物的属性的占有，而这种占有是由社会生产方式所决定的。离开社会生产方式，抽象地去谈物的效用，对于人的意义来讲只能是空想的、虚假的。

　　伯恩斯坦认为，社会主义不是表现在物质生产方式方面，而是表现在工人阶级的各种愿望要求上，以工人阶级为目的，完全符合工人阶级的价值要求。❶ 社会主义如果以生产方式为目的，工人阶级又会沦为工具，工人阶级的愿望要求和价值会被忽视。根据伯恩斯

---

❶ 爱德华·伯恩斯坦. 什么是社会主义？[M]. 史集，译. 北京：生活·读书·新知三联书店，1963：24.

坦的观点，随着社会的发展，经济对社会发展的作用会越来越小。在简单商品生产时期，生产资料对产品的占有和分配起着微不足道的作用，价值主要体现在物对于人的关系。但是在资本主义社会中，生产资料成为产品占有和分配专横的支配力量。一个不占有生产资料和生活资料的阶级，必须依靠出卖自己的劳动才能生存，价值当然主要体现了人与人之间的关系。伯恩斯坦否定了这一点，实际上也就否定了资本主义剥削实质。

没有使用价值，商品的价值根本就不成立。马克思并没有"舍象"掉商品的使用价值，而是将价值建立在使用价值基础上。马克思价值的抽象基础不是人与物的效用关系，而是人与人之间的交换关系，也就是交换的比例，而不是交换的前提。商品的使用价值对人的意义在于商品的效用，商品的价值对人的意义在于人对商品的占有。没有占有，效用就是虚幻的；占有没有效用的东西，又是没有意义的。

马克思对价值概念的抽象，是对价值现象最一般的思想反映，而不是将应有的内容和现象"舍象"掉。考茨基在批判伯恩斯坦等人时也犯了同样的错误，这个错误恩格斯早在1884年就提醒过考茨基，"你对价值也采取了类似的态度。现在的价值是商品生产的价值，但随着商品生产不再存在，价值也就'变了'，就是说，价值本身还存在，只是形式改变了。"❶ 商品的价值是商品生产的价值，反映的是商品交换关系，这种交换关系建立在劳动基础之上，商品生产不存在了，商品价值也就会改变，劳动就不用价值形式来表现。但是，考茨基明显没有接受恩格斯的批评，在对伯恩斯坦批判的时候，仍然坚持了劳动价值的绝对性观点。

作为马克思理论的后继者，为了应对伯恩斯坦修正主义的挑战，捍卫马克思的价值理论，考茨基在1886年写成《卡尔·马克思的经济学说》。考茨基对价值概念采取了绝对化的态度，固执地以劳动价

---

❶ 马克思，恩格斯. 马克思恩格斯全集：第36卷 [M]. 北京：人民出版社，1974：210.

值论无视《资本论》第三卷关于社会使用价值的决定性观点。把马克思的价值论曲解为劳动价值论一元论。名义上是捍卫了马克思的劳动价值论，抗衡效用价值论对马克思价值理论的批判。但是，却歪曲了马克思的价值理论。从普列汉诺夫到列宁，均肯定了考茨基对于伯恩斯坦的批判，对效用价值论采取完全否定的态度，也否定了效用在马克思价值理论中的地位。列宁领导的十月革命成功后，伯恩斯坦的价值互补说被当作标准的修正主义来对待。一直到后来的一个相对长的时间里，否定效用在价值理论中的意义。

第二节　苏联学术界对价值理论的热议

　　自从伯恩斯坦以价值哲学作为自己的重要理论来源，修正马克思主义，放弃革命走改良社会主义道路之后，科学社会主义阵营将价值哲学作为重要批判的对象。在苏联，从十月革命至苏共二十二大之间的几十年，苏联哲学是避谈价值的。苏联哲学界普遍认为哲学意义的价值论是唯心主义观点，是与马克思主义哲学相对立的。价值问题是纯粹唯心主义范畴，价值论是资产阶级学术理论内容，是马克思主义理论批判的对象。1956年的苏共二十大是一个转折点。苏共二十大，否定了列宁关于只要帝国主义存在战争就不可避免的重要观点；修正了马克思列宁主义的暴力革命理论，承认一些国家通过议会的道路可以和平过渡到社会主义。苏共二十大批判了对斯大林的个人崇拜，否定了斯大林时期的各种理论。因而，苏共二十大之后，苏联意识形态领域出现了某种导向，斯大林时期的政治灾难主要就是政治生活对活生生的人的打击，对人性的压抑，忽略了应该尊重人性，宣扬人道主义。

　　20世纪60年代，价值问题进入苏联学者的理论视野，这与苏联当时具体的社会实践的现实需要有一定的关系。当时苏联学者从理论上力图摆脱苏联理论界的僵化状况，西方哲学界几乎垄断了整个价值学的论坛，人们在实践中提出的理论问题，现有的理论体系无法回答，尤其是关于伦理、道德、价值问题。苏联理论界对马克思早期著作的挖掘和研究对于价值论的讨论来讲具有重要的作用。苏联理论界在对马克思的《1844年经济学哲学手稿》《德意志意识形态》《神圣家族》等早期著作的研究基础上，日益明确了人的问题在马克思主义哲学中的地位，认为马克思主义哲学是不折不扣的人的哲学。"马克思主义哲学按照另一种方式提出和解决个人创造的主观性问题和社会历史发展中人的主观因素问题。它是从马克思关于人的社会的和具体活动的本质、社会进程中主客观因素的内在本质的相互联系以及人以实践的批判的革命态度对待现实的原理出发的。"❶

图加林诺夫是苏联将价值理论引入马克思主义理论的最重要的哲学家。图加林诺夫认为，新康德主义和马克思主义的区别，并不是一个承认价值一个否认价值。❷ 二者真正的区别在于，新康德主义的价值理论方法具有主观随意性，与一般的科学发方法相对立，而马克思主义是建立在唯物史观和唯物辩证法基础上的。图加林诺夫批评以往学术界从否认一切价值的立场出发与新康德主义斗争的错误，因为这样并不能弄清马克思主义与新康德主义之间的区别。图加林诺夫试图化解唯物主义与人道主义价值观之间的对立，他认为哲学应该包括科学成分和价值成分。图加林诺夫论证马克思主义哲学与价值观点是不矛盾的，科学是对事实的确认，价值是对事实的评价，感官证明决定科学观点，社会利益决定价值观点。社会利益是社会生活中一个属于经验的事实，马克思主义对现象的价值观点是科学观点的一个方面和结果。图加林诺夫批判西方价值哲学的错误是把科学真理与价值对立起来，否定科学真理的意义。否定科学真理只会将价值陷入唯心主义、虚无主义。

---

❶ 鲍·季·格里戈里扬. 关于人的本质的哲学[M]. 汤侠声，李昭时，译. 北京：生活·读书·新知三联书店，1984：16-17.

❷ В. Д. 图加林诺夫. 马克思主义中的价值论[M]. 齐友，王霁，安启念，译. 北京：中国人民大学出版社，1989：134.

图加林诺夫首先对价值范畴进行唯物主义的思考,他批评了西方价值哲学的唯心主义的观点,价值并不是起源于抽象,而是起源于现实和自然。在价值的产生和性质方面,图加林诺夫表现了历史唯物主义的态度。他反对把价值看成是永恒的、抽象的东西,他认为价值产生于人的自然生活和社会生活的背景之中,它不是单纯的自然物或自然特性,它是物与人之间的一种关系。❶这个定义强调了价值主体的社会历史性,但是把价值理解为价值客体。从主体的需求和利益出发理解价值,没有摆脱价值哲学的影响。

对于马克思的经济学价值论与哲学价值论的关系问题,图加林诺夫认为,马克思的商品价值理论是一般价值论的经济学表现,而且马克思经济学价值论为一般价值论研究提供了重要的方法论前提。❷ 也就是认为,马克思的经济学价值论是一般价值论研究的重要形式。图加林诺夫没有将劳动价值论与需要价值论对立起来,而是试图把它们统一起来。

图加林诺夫的价值理论是以他的人性论为基础的,他认为人类所有的成员都具有普遍的人类属性,虽然人性会随着社会关系的改变而改变,但是人的根本特性是相同和不变的。这是一种理论的倒退。马克思从没有否认过人类存在相同和不变的特性,人类最初就存在与其他动物无区别的共同特性,例如人的生物本能。而人的价值和社会发展真正体现在不断变化的社会性上。针对西方价值哲学的唯心主义的抽象人性论,图加林诺夫提出唯物主义人性论。图加林诺夫批判价值哲学混淆个人的各种需要,图加林诺夫认为必须把人作为生命体固有的需要与在社会生活生产基础上产生的需要区别开。❸ 因为在社会生活生产基础上产生的需要是会随着社会发展而不

---

❶ В. Д. 图加林诺夫. 马克思主义中的价值论 [M]. 齐友,王霁,安启念,译. 北京:中国人民大学出版社,1989:11.

❷ В. Д. 图加林诺夫. 马克思主义中的价值论 [M]. 齐友,王霁,安启念,译. 北京:中国人民大学出版社,1989:3.

❸ В. Д. 图加林诺夫. 马克思主义中的价值论 [M]. 齐友,王霁,安启念,译. 北京:中国人民大学出版社,1989:18.

断变化的。这决定了价值的社会历史性。相对于西方价值哲学的抽象的、绝对的人性论，图加林诺夫把人性分成了两部分，一部分是人类所有的成员所普遍具有的、永恒不变的根本特性，另一部分是人类随着社会关系的改变而改变的社会性，因而存在着普遍的价值，也存在着反映不同社会关系和社会性质的价值形式。但是二者是什么样的关系，这种普遍具有的永恒不变的特性到底是什么？扮演着什么样的角色？图加林诺夫并没有说清楚。

对于人的价值部分来讲，图加林诺夫指出资产阶级价值哲学的危害之一是否认阶级性谈论一般价值，阶级性是资产阶级人的价值的最根本特征，资本和资产阶级是造成人的价值实现的最大障碍。❶而以革命形式消灭资产阶级是实现人的价值的根本途径。社会主义人的价值是真正体现了一般价值范畴的。

图加林诺夫认为，马克思列宁主义的价值理论作为马克思主义认识论和社会学的组成部分，是伦理学直接的哲学基础和方法论基础。❷这对社会主义价值观念的建设具有重要的意义。社会主义国家的意识形态论述强调人类社会规律发展的必然性，从人类社会发展的科学论证中证明社会主义，缺乏社会主义的价值引领，缺乏人类社会发展的理想性和目的性阐释。社会主义国家重视制度层面建设，缺乏社会主义道德、价值观念的建设。当面临西方国家价值哲学和人道主义价值观念的挑战时，社会主义国家往往会陷入被动。

在图加林诺夫等学者的努力下，价值论成为苏联学术界讨论的一个热点问题。1964年12月到1965年3月，苏联科学院哲学研究所学术委员会就价值问题举行了两次讨论会。讨论的内容主要围绕着两个理论问题，一个是马克思主义经典作家是否使用作为范畴的价值概念，另一个是价值理论与马克思主义的关系是什么。20 世纪

---

❶ В. Д. 图加林诺夫. 马克思主义中的价值论［M］. 齐友，王霁，安启念，译. 北京：中国人民大学出版社，1989：141.

❷ В. Д. 图加林诺夫. 马克思主义中的价值论［M］. 齐友，王霁，安启念，译. 北京：中国人民大学出版社，1989：49.

六七十年代，苏联学术界对价值问题的研究如火如荼。不过苏联价值问题的理解多集中在人道主义理论上，对以往苏联学术界将马克思主义唯物特性作为绝对真理、否认马克思主义存在人道主义道德价值进行了反思。认为之前的学者们预设了马克思主义唯物史观与人道主义之间的矛盾。苏联学术界对社会主义道德价值进行了丰富的研究和探索。在苏联道德价值理论体系中，人是最高的价值，这个人不是小我，而是代表社会全体成员利益的人。人是他人的目的，人不是他人的工具。苏共二十二大提出"一切为了人，为了人的幸福"的口号。这个人是每一个人的个体，个人需求和爱好的满足。不是抽象的人而是具体的人，不是人的集体而是作为个体的人。从重视革命转向对人的需求的重视，强调了人作为最高价值的目标。这个"人"是超越阶级和历史的人的共性，有着全人类的共同价值。共产党人不否定道德，否定的是剥削者的阶级道德。共产党人崇尚反映整个劳动人类利益和理想的共产主义道德。苏共二十二大所提出的《苏联共产党纲领（草案）》认为人类社会存在普遍的道德标准和正义标准。而这种道德在剥削阶级统治下被无耻地践踏。苏联以人道的意识形态取代革命的意识形态，以人道的价值取代革命的价值。

苏联学术界在20世纪60年代关于价值的讨论，对社会主义国家有很大影响，它引导社会主义国家关注社会主义道德观、价值观的建设，改变在社会主义运动史中长期对马克思主义价值论忽略的状况。苏联学术界对价值的讨论为社会主义国家的价值问题的思考和解决提供了思想借鉴。

第三节　中国改革开放初期中国学术界关于价值问题的讨论

20世纪60年代以前，中国学术界在哲学界是以批判的态度看待价值论,认为哲学上的价值论是资产阶级学术理论内容,与马克思主义哲学是相对立的。因为中苏关系恶化的原因,苏联掀起的价值论研究的热潮也没有引起中国学术界的关注,直至1978年中国才掀起了关于真理标准的大讨论热潮。真理标准的讨论延伸到真理与价值之间的关系讨论,例如作为检验真理标准的实践应不应该包含情感和价值因素?这个问题不得不引导人们去思考在实践标准中真理和价值之间的关系。有学者开始认识到实践中真理原则和价值原则的统一性问题。1980年,杜汝楫发表《马克思主义论事实的认识和价值的认识及其联系》一文,提出事实认识和价值认识是马克思主义认识论的两方面内容。❶ 马克思把社会实践提到真理标准的地位是非常了不起的。在社会实践领域只探讨实践判断的真理性而不进一步研究价值判断的问题,那么对于真理以及社会实践的理解来讲是很不够的。他认为西方唯心主义哲学是把价值问题弄成了玄奥的问题,而马克思主义哲学价值问题则是完全归结为经验的事实。此后,越来越多的学者开始从认识论的角度研究价值问题。一方面,在学术研究方面,学术界对马克思主义价值论进行理论的溯源和正名。学术界不断挖掘和解读马克思价值思想的文本,推动马克思价值思想的深入研究。另一方面,学术界在中国特色社会主义实践基础上不断探索和丰富价值思想,使得马克思主义价值思想不断得到发展。

一、关于社会主义实践价值标准的讨论

中国掀起一股价值论研究的热潮源于社会实践向人们提出了一系列重大议题。20世纪80年代,随着中国社会改革开放事业的不断推进,社会实践活动的效益和效果问题愈来愈受到重视,人们运用价值尺度评判一切活动的自觉性增强。

在改革开放过程中,一直存在着如何评价改革的成果以及各种

---

❶ 杜汝楫. 马克思主义论事实的认识和价值的认识及其联系[J]. 学术月刊,1980(10):1–10.

改革到底"姓社姓资"的争论,这都涉及改革的价值评价问题。邓小平同志提出的"三个有利于"标准使人们对改革开放中一系列错综复杂的问题判断不再困难。邓小平同志提出"判断的标准,应该主要看是否有利于发展社会主义社会的生产力,是否有利于增强社会主义国家的综合国力,是否有利于提高人民的生活水平。"❶邓小平同志把"三个有利于"作为衡量改革开放是非得失的标准,实际上就是对实践是检验真理唯一标准的观点发展在实践中具体运用。成功的实践则体现了事实与价值的统一。在建设中国特色社会主义的实践中,衡量发展好坏的标准是它的效果。只要它有利于人民的利益、有利于发展生产力、有利于增强综合国力、有利于提高人民的生活水平就是好的。中国强调加速增长,是从逐步提高人民的生活水平出发的,以人民群众所能享受的发展成果的实在价值为归宿。以人民群众为价值主体。与西方价值哲学相比,中国价值哲学以人民群众为价值主体,将国家利益、集体利益和个人统一起来,可以避免以个人为价值主体的局限,有利于克服脱离实际的主观性和片面性,从而实现公平正义。

邓小平同志在实践中对社会主义的认识始终坚持了科学尺度和价值尺度的统一。邓小平同志以实事求是的实践观和生产力标准认识社会主义的本质,体现了真理尺度和价值尺度的有机统一。"三个有利于"是对中国特色社会主义道路的评价标准。实践作为检验真理的标准,为了真理的坚持和发展,价值作为成功实践的标准。为了社会主义实践地更好发展,只重视社会主义的性质,否定社会主义的效果是不对的;只重视社会主义的效果,否定社会主义的性质也是不对的。"文革"时流行"宁要社会主义草,不要资本主义苗"的口号,在这个语境中,"苗"是有价值的东西,"草"是没有价值的东西。只要是社会主义性质的,宁愿没有价值也要;只要是资本主义性质的,宁愿有价值也不要。这是只重视事实性质的思想观念。

---

❶ 邓小平文选:第3卷[M].北京:人民出版社,1993:372.

邓小平同志把二者统一起来，既要坚持社会主义事实，又要坚持社会主义价值。坚持四项基本原则是坚持社会主义事实，坚持"三个有利于"是坚持社会主义价值。二者的统一实现了对社会主义认识的转变，从追求社会主义制度的完善，到追求社会主义道路的实效，将社会主义事实与社会主义的效果统一起来。

生产力标准、"三个有利于"标准都涉及价值标准问题。人们对价值的讨论从经济学转到其他领域。价值论的讨论也让人们对实践问题有了更全面的认识。人们从实践的角度理解价值的本质，探讨实践与价值之间的关系，以及实践的价值尺度。实践实际上是一种合规律和合目的相统一的活动。合规律就是所谓真理的尺度，合目的就是所谓价值的尺度。以往认为社会主义本身就是符合人类社会发展规律的，就是优越的。社会主义本身符合人类社会发展的一般规律，是不是只要是社会主义国家就一定成功？只要走社会主义道路就一定成功？中国和其他社会主义国家的实际经验表明，并不一定是如此。因为不能忽视人的因素，不能忽略人的利益。随着中国改革开放的深入展开，国家、群体和个人之间的利益冲突日益突出，价值问题成为人们不得不面对的问题。"三个有利于"标准实际上朴素地指出了马克思主义价值观点，价值主体、价值检验标准、价值源泉，丰富和发展了马克思主义价值思想。价值范畴是价值哲学的逻辑起点和基石。邓小平同志的"三个有利于"，以实践的实际效益作为价值评价标准，深刻揭示了价值的本质内涵，从实践结果出发去确定价值，体现了价值的客观性。马克思主义价值观建立在唯物史观的基础之上，以国家、人民群众作为价值主体，以国家、社会、人民群众的根本利益为价值归宿，克服了价值哲学理论上的混乱，体现了马克思主义基本原则——生产力是价值创造的根本力量，人民群众是价值主体。

马克思主义实践论是价值论的基础，也是马克思主义价值论与西方价值论的根本区别。与西方价值论不同，中国价值哲学的讨论从一开始就与实践论联系，很多学者认为价值问题本质上是实践问题，价值的讨论有助于赋予实践以新的内容。❶ 一切立足于中国实践，以中国现实为出发点。真理的检验标准破除了思想束缚，回归事实、回归实践。以事实为依据，以现实为尺度来看待传统观念。除了客观规律和生产力标准，还有人民群众的愿望和需求也很重要。不符合人民群众意愿和需求的实践也不会成功。

二、关于人的价值的讨论

受社会主义传统观点的影响，人的价值长期成为中国学术界研究的禁区，避而不谈。20世纪80年代，伴随真理标准的大讨论以及对"文革"的反思，在进行价值问题讨论的同时，一些报刊开展所谓人生意义问题的讨论，开始了人的价值问题讨论。关于马克思是否存在人的价值理论，和传统观点相比，一些学者主张研究应回到马克思，挖掘马克思关于人的价值理论，认为马克思尊重人的价值思想贯穿马克思一生。❷

在看待人的价值问题上，中国学术界绝大多数学者自觉地用马克思主义观点与资产阶级观点划清界限。学术界基本保持着以马克思主义基本观点和方法论去考察人的价值问题的基调，与西方的价值观点做区隔。多数学者坚持历史唯物主义观点，反对从抽象的人性和抽象的类本质去简单理解人的价值，主张以社会历史观看待人的价值。马克思主义人的价值观与西方最根本的区别是马克思主义人的价值观建立在历史唯物主义的基础上，资产阶级人的价值观建立在唯心主义基础上。西方从抽象的人的本质出发，得出超阶级、抽象的人的价值概念。中国学术界坚持从马克思主义人的本质观点出发理解人的价值，人的本质在于其社会性，而这种社会性是社会关系的总和。从人与社会关系中考察人的价值，不再把人的价值看作是神秘、虚幻、唯心的东西。学术界多数学者形成一致性认识，

---

❶ 朱林. 试论实践与价值 [J]. 齐鲁学刊，1986 (8)：68 – 72.
❷ 罗张甫，张新旭. 人的价值是什么 [J]. 社会科学，1981 (6)：64 – 68.

即马克思主义关于人的价值,不是从抽象的人和人性出发,而是从现实的社会关系出发。

1984年5月25日,复旦大学哲学系召开了"怎样看待人的价值"学术讨论会。围绕人的价值的含义、人的价值的客观尺度、人的价值与人类进步、社会发展的关系、研究人的价值的方法论、社会主义时期的人的价值等重要问题展开讨论。学术界存在以下几个争论问题:第一,是否单从贡献的角度看人的价值问题?第二,人类社会发展的生产力尺度与人的价值尺度是否是排斥的?第三,人的价值是否等同于人的价值观念?第一个问题的争论实质上是关于人的价值尺度。传统观点认为人的价值是以个人对社会的责任和贡献为尺度。相对于传统观点,当时最大的突破是对人的自我价值的肯定。李连科认为,只从贡献的角度看人的价值,把人看成单纯的有用性,等于把人的价值等同于物的价值了。[1] 这显示哲学开始重视个人的需要和发展。开始思考个人的价值,认为人的价值既包括人的社会价值,也包括人的自我价值。为什么以个人对社会进步的贡献作为人的价值的主要依据?因为人的价值的全面实现和逐步提高有赖于社会进步,不能离开社会进步奢谈人的价值。社会主义社会不是磨灭人的自我价值,恰恰是人的自我真正能最终实现的根本条件。人的价值实现和发展需要一系列的社会政治经济和文化条件。马克思在经济学中抽象的商品价值,从本质上反映了人的价值。在一定条件下看,商品本身体现了劳动者对于社会的贡献,而商品的占有和使用又会让某些人实现自我价值。当然,商品只是人的价值在特定时期的特定表现,并不是人的所有价值都表现为商品或者都以商品来衡量。社会主义社会实现人的价值最基本的条件是创造先进生产力,建立和完善政治经济文化制度,改善客观物质条件。抛开社会制度和物质条件因素谈人的价值实现是不切实际的。社会主义不是否定个人的需要和享受,而是要随着社会经济的发展不断满

---

[1] 李连科. 人的价值的哲学分析 [J]. 哲学研究, 1986 (5): 20-25.

足个人的需要和享受。满足人的需要和享受并不等同于资本主义社会价值观念，不同于西方的拜金主义、享乐主义。改革开放之初，中国对社会主要矛盾重新认识，在社会主义初级阶段，社会主要矛盾是人民群众日益增长的物质文化需要和落后的社会生产之间的矛盾。这一矛盾的解决以满足人民群众的物质文化需要为动力和出发点，发展生产力就是对于人的价值的重视。温饱、小康，共同富裕，都是体现的人的价值、人的发展。第二个问题涉及人类社会发展的尺度。李连科认为，生产力尺度与人的价值尺度是一致的。❶ 就人的能力发展而言，人的价值尺度与生产力尺度是一致的。从人类整体而言，生产力发展是人类社会整体进步的根本条件。在剥削制度下，社会内部出现个体之间的对立，部分人沦为另一部分人的工具，生产力尺度与人的价值尺度就部分个人而言并不完全吻合。社会主义制度的建立消除了人类社会内部个人之间和群体之间的对抗，个人价值与集体价值趋同，个人价值表现为目的和手段的统一，作为目的就是为每个人的发展为目标，作为手段就是每个人都要为社会发展贡献自己的力量。第三个问题是要厘清人的价值与人的价值观念。有些学者一开始对这两个概念有所混淆。人的价值与人的价值观念应严格区别，人的价值不是抽象的东西，它本质上是一种社会关系。人有什么样的价值并不取决于他的价值观念。我们考察社会主义社会人的价值，只能从社会主义社会发展的客观需要和社会现实条件出发，不能从所谓的抽象人性出发。

20世纪90年代，人们讨论人的价值与市场经济之间的关系。探索人的价值实现与社会主义市场经济之间的关系在社会主义发展史上是一个开创性的课题。如何正确看待市场经济？市场经济并不一定完全否定人的价值。马克思所批判的资本主义社会所存在的异化现象、物升值人贬值的现象在社会主义市场经济条件下会不会同样出现？中国坚持公有制的主体地位，建立健全社会保障制度，实施

---

❶ 李连科. 人的价值的哲学分析 [J]. 哲学研究，1986 (5)：20-25.

按劳分配为主体的分配方式,这在一定程度上避免了市场经济带来的一系列负面的社会问题。社会主义与资本主义的重要区别在于对人的价值评价和追求不只局限于物质层面。社会主义强调了精神追求对人的价值的重要性。从根本上说,市场经济体制是搞好经济、促进生产力发展的重要条件。因而在社会主义初级阶段,市场经济体制从根本上可以保障人的价值实现。从人的价值意义来看,市场经济拓展了人的独立和自由的空间,为个人发展提供了动力、条件和机遇。经济利益是人最基本的利益,经济体制与人的价值实现之间的关系十分密切。僵化的计划经济和配给制度限制了人的需要,而市场经济为人实现价值提供了一个重要手段,人们可以在市场中获得自己所需要的各种东西,使自己多方面的需要得到充分的满足。僵化的计划经济、行政命令和"吃大锅饭"的状况,极大地挫伤了人们的积极性,而改革开放在发展生产力、发展科学技术的同时,解决人的积极性问题。改革开放的过程就是一个不断提高人的主体性、实现人的价值的过程,人的自我价值实现最主要的表现就是物质文化需要的满足。

三、对社会主义价值体系的探索

20世纪90年代初,王锐生和刘井山两位专家在《哲学研究》中围绕社会主义的价值和价值观展开辩论,引起了学术界对于社会主义价值和价值观问题的关注。他们虽然在某些观点上争论,但是在社会主义价值和价值观的基础问题上认知是一致的。他们都认为深入研究社会主义价值和价值观不仅在理论还是实践上都有重要意义。社会主义价值应该是社会主义所独有的价值,不能与西方资本主义价值完全相同。社会主义价值观与社会主义实践密切相关。社会主义价值不等于社会主义价值观,但它们二者有紧密的关系。社会主义价值主要是社会主义的价值目标、评价标准。社会主义价值观主要是人们应该树立的社会主义价值观念和行为规范。

构建中国特色社会主义价值体系是中国社会主义精神文明建设

的应有之意，也是保证中国改革开放健康持续发展的客观需要。中国要建立一个全新的经济体制，就需要一个与之相适应的社会价值观。20世纪90年代，中国由计划经济体制转向市场经济体制，社会物质生活领域的深刻变化必然会引发社会精神生活的调整与变化。一些地方拜金主义、极端个人主义、功利主义、实用主义等不良价值观滋长蔓延，各种价值观念相互撞击，中国需要建立一个积极向上的中国特色社会主义价值体系。中国特色社会主义确立的价值体系既要区别于传统社会主义模式，也要区别于资本主义模式。邓小平同志提出的"三个有利于"从根本上解决了社会主义建设的价值导向、价值评价的准则问题。"三个有利于"打破了社会主义价值体系的传统标准，它既作为中国特色社会主义事业成败与否的衡量标准，也逐渐成为构建社会主义价值体系的基础。传统的价值观念往往注重道德问题，而不是考虑主体发展和社会进步。"三个有利于"既坚持了生产力标准的唯物主义观点，也体现了以人民群众的利益和发展作为一切问题出发点和归宿的群众观点，对社会主义具有根本性的价值导向作用。苏联和东欧国家的剧变，说明它们所建立起来的具体制度没有能够真正地体现社会主义价值取向，在实际中偏离了社会主义的价值目标。邓小平根据社会主义的本质总结出社会主义的价值标准，把"三个有利于"作为具体制度的评价标准，避免了重蹈苏联和东欧国家的覆辙。

进入21世纪，随着中国经济的崛起，中国与世界其他国家的交流日益频繁。中国的意识形态面临着严峻的挑战，特别是西方资本主义国家所谓"普世价值"渗透的压力。而中国内部经济体制深刻变革，社会结构发生变动，构建社会主义的主流价值观念非常迫切。在党的十六届六中全会上，党中央正式提出社会主义核心价值体系。社会主义核心价值体系的提出具有极强的现实针对性和实践意义，其主要针对理想信念的缺失、价值观的混乱。社会主义核心价值体系作为凝练出来的主流价值观体系代表了中国特色社会主义核心价值。社会主义核心价值体系囊括了社会主义价值目标和个人的行为规范。富强、民主、文明、和谐是国家层的价值目标,自由、平等、公正、法治是社会层面的价值取向,爱国、敬业、诚信、友善是公民个人层面的价值准则。社会主义核心价值体系在社会主义国家具有重要意义,它凝练了社会主义国家意识形态的核心。社会主义与资本主义相比,除了中国改革开放的成功所体现出来的社会主义制度的优越性,也体现了社会主义意识形态层面的优越性。社会主义核心价值体系固守了社会主义属性,体现了社会主义国家在意识形态上的优越性,与资本主义作必要区隔,又与时俱进,适应了时代发展要求。

  社会主义核心价值体系的提出,是马克思主义价值思想在当代中国的重大发展。社会主义核心价值体系体现了马克思主义的根本立场、基本观点和科学方法。中国共产党将马克思主义价值思想与中国具体实际相结合,明确提出构建社会主义核心价值体系和核心价值观的历史任务,这意味着中国共产党对社会主义的认识从制度层面上升到价值层面。社会主义核心价值体系的提出是对社会主义意识形态的丰富。社会主义自信更加全面,除了制度自信、道路自信、理论自信,也增强了社会主义的文化自信和价值自信。社会主义除了在制度方面,在意识形态方面也能与资本主义相抗衡,这对抵制西方资本主义意识形态渗透起到关键作用。

  当代的马克思主义者根据马克思主义的基本原则和方法,在反思当代社会主义实践和不断解读经典作家的相关思想的过程中不断丰富和发展马克思主义的价值理论。中国开启改革开放道路之后,价值问题成为现实实践问题,中国在为价值问题寻找答案的同时主动将马克思主义的基本价值观点和价值原则贯彻到改革开放的实践中,并丰富了马克思主义价值论。中国学者对马克思主义价值论的发展起了重要作用。在当今价值理论的世界领域中,以中国学者为主要代表提出的马克思主义价值论占据重要地位,受到其他国家的尊重和重视。马克思主义价值论打破了西方价值理论的垄断地位,也打破了西方主导的价值体系在世界领域的统治地位。

第六章　马克思主义价值论与西方马克思主义

20世纪初，西方社会出现的所谓技术理性掩盖人的价值的现象不仅引起西方价值哲学界的关注，也引起了西方马克思主义者的关注。西方马克思主义者希望从马克思的思想中寻找揭露资本主义社会掩盖人的价值的根源，他们认为应该发挥马克思哲学的价值批判向度。马克思哲学把人类社会作为自己的研究对象，把如何实现人的价值、实现人的自由发展作为哲学研究的任务，这对西方马克思主义产生了重要影响。尤其是1932年全文公开发表的《1844年经济学哲学手稿》被西方马克思主义者奉为理论至宝。他们把《1844年经济学哲学手稿》中马克思关于人的观点视为人道主义观点并将其看作马克思思想的核心。《1844年经济学哲学手稿》中所蕴含的马克思早期人的价值思想对于西方马克思主义的发展产生了一定影响。

第一节　马克思的人的价值思想对西方马克思主义的影响

20世纪20年代，无产阶级革命的命运问题和革命策略问题是在社会主义阵营中有极大争议的问题。与苏联革命派不同，以卢卡奇和葛兰西等为代表的欧洲部分马克思主义者尝试着依据新的时代条件去制定新的无产阶级革命战略。他们将马克思主义与当代哲学、社会学等领域的其他理论成果相结合，逐渐汇聚形成了西方马克思主义流派。西方马克思主义以马克思早期哲学思想为基础对西方发达资本主义社会展开了激烈的哲学批判。20世纪30年代，马克思早期著作《德意志意识形态》和《1844年经济学哲学手稿》的相继问世对西方马克思主义产生了重大影响。马克思《1844年经济学哲学手稿》的公开发表让一些西方马克思主义者以一种人道主义角度解读马克思思想。《1844年经济学哲学手稿》中马克思关于人的本质、人的价值的思想引起西方马克思主义者的关注。他们认为，人是马克思主义思想的核心和最终目标。20世纪初，西方技术理性和人的价值之间的冲突更加直接地在社会中展现出来。一方面，现代科学技术快速发展，人类征服自然、创造物质财富的能力空前提高。另一方面，人类科技带来的劳动成果并没有实现人的本质力量的确证。科学技术、物质财富等成为统治人的异化力量。资本主义社会正面临着科技快速发展，科学技术使人们创造物质财富的能力空前提高，但人的价值被技术理性所掩盖。西方马克思主义关注的焦点是人类普遍的生存境遇，人的价值实现问题。马克思的异化理论、人的价值理论等为西方马克思主义批判资本主义社会提供了理论武器。

一、马克思的异化理论对西方马克思主义的影响

20世纪上半期，人类社会经历了两次世界大战，人们陷入科技异化、消费异化等诸多的社会困境。西方马克思主义者开始重新评价社会、认识人的价值以应对西方新产生的严峻社会问题。马克思《1844年经济学哲学手稿》中的异化理论为西方马克思主义揭示科技理性对于人的价值的掩盖提供了方法论基础。卢卡奇较早地利用马克思的异化理论揭示资本主义社会技术理性的滥用，他认为技术理性掩盖了人的价值，使得人向物的价值妥协。"在资本主义发展过程中，物化结构越来越深入地、注定地、决定性地沉浸人的意识里。"[1] 后世西方马

---

[1] 卢卡奇. 历史与阶级意识［M］. 杜章智，任立，燕宏远，译. 北京：商务印书馆，1996：156.

克思主义延续了异化理论，并以此深刻反思人与人、人与自然的关系。法兰克福学派关注的是作为个体的自由和尊严问题。他们把马克思哲学视为抽象的人道主义哲学，主张运用抽象的人道主义哲学来批判资本主义社会的异化现象。西方马克思主义倾向于复归传统哲学中对善的合理追求。他们认为，对于技术理性的批判不是一个哲学内部的问题。它关系着人类现实世界的伦理价值判断。他们注重伦理道德的重建。西方马克思主义对价值问题的研究在对技术理性批判的过程中呈现出向伦理转向的倾向。例如，马尔库塞对于技术理性进行批判，认为现代技术异化为操纵劳动者的工具。"一种舒舒服服、平平稳稳、合理而又民主的不自由在发达的工业文明中流行，这是技术进步的标志。……这种技术秩序还包含着政治上和知识上的协调，这是一种可悲而又有前途的发展。"❶ 虽然在现代技术世界，人的物质生活条件改善了，但是劳动者丧失了人之为人的基本维度。要把价值整合到科学中，科学技术与价值艺术相结合，扬弃技术异化，消除技术理性的操纵统治功能，才能真正实现在科技发展的同时实现人的价值。

马克思的劳动异化理论对于西方马克思主义产生了重要影响。法兰克福学派在马克思的异化思想基础上形成了全新的总体异化观，并将其应用到人类当代社会各个方面的生存困境的分析与批判上。在对现代资本主义物质文明和社会制度的价值判断基础上，他们认定现代资本主义是非人性的社会。西方马克思主义者深入探讨了西方现代社会的异化问题。"大多数西方马克思主义者都保留了马克思的异化理论和内在矛盾的理论。他们依据异化和阶级斗争来考察现代资本主义。"❷ 西方马克思主义者研究了当代资本主义社会的诸多新的异化现象，在一定程度丰富了马克思主义的异化理论。马克思

---

❶ 赫伯特·马尔库塞. 单向度的人——发达工业社会意识形态研究［M］. 刘继，译. 上海：上海译文出版社，2008：3.
❷ 本·阿格尔. 西方马克思主义概论［M］. 慎之，等，译. 北京：中国人民大学出版社，1991：8.

的劳动异化理论启发一些西方马克思主义者探讨实现人的价值的途径。美国学者弗洛姆根据马克思的劳动异化理论，得出马克思的劳动概念包含着基于人道主义的价值判断，因而不能从经济学意义来理解马克思的劳动概念，而应当将劳动理解为一种人类学的概念。"马克思的目的不是仅限于工人阶级的解放，而是通过恢复一切人的未异化的、从而是自由的能动性，使人获得解放，并达到那样一个社会，在那里，目的是人而不是产品，人不再是'畸形的'，变成充分发展的人。"❶ 弗洛姆把劳动理解为人自由的创造活动，人在劳动中使自己得到发展，变成了人自身。异化劳动则让人的劳动对象成为人的对立物，结果人自由的创造性活动变成了单纯维持人的肉体生存的手段。导致人的一切价值的贬损，对于物的占有成为人的最高追求。弗洛姆认为，异化劳动则是人的价值和意义的丧失，自由自觉的劳动是人的价值实现的根本途径。

西方马克思主义在继承马克思劳动异化思想的基础，又揭示了当今社会的大众文化异化、日常生活异化和消费异化现象。弗洛姆揭示了西方资本主义社会的文化异化现象。弗洛姆受弗洛伊德心理学思想的影响，把异化理解为一种内心体验。异化根源于人的本质之中，历史造成了主体与客体相分离，异化就是人的本质与客体心理体验的疏远。弗洛姆对于人的定义，不同于马克思哲学的"现实的个人"，他把人理解为一种建立在文化浪漫主义基础上的所谓理想性的存在。弗洛姆将弗洛伊德的心理分析方法运用到社会分析，把社会视为有机体。弗洛姆以心理学视角理解价值的内涵，因为人存在爱的需要，所以个人和社会所需要的就是爱。弗洛姆认为爱是人的存在的基本方式。"如果我确实爱一个人，那么我也爱其他的人，我就会爱世界，爱生活。"❷ 他批判资本主义现实与理想存在的巨大

---

❶ 复旦大学哲学系复旦大学外国哲学研究室. 西方学者论《一八四四年经济学哲学手稿》[M]. 上海：复旦大学出版社，1983：62.

❷ 艾里希·弗洛姆. 爱的艺术 [M]. 李健鸣，译. 上海：上海译文出版社，2011：57.

反差。"异化导致一切价值的贬低"。❶ 他以爱作为资本主义社会交往重塑的原则和路径,爱是他所认为的伦理价值目标。弗洛姆希望构建一种良好友爱的社会关系,社会应该是以爱为纽带的社会成员的有机整体,这样爱就成为弗洛姆伦理哲学的终极价值追求。人的价值体现在爱的需要的满足。"我们谈爱情,不是在'说教',……相信爱情能从一种零星出现的个别现象发展成为普遍的现象,是一种合理的信仰,这一信仰是以认识人的本质为基础的。"❷ 弗洛姆主张通过教育等途径使人道主义真正成为人们主导性的理想和行为准则,建立健全的社会。从价值的角度看,人道主义是古往今来共同的基本价值观念。不过,弗洛姆的价值是以人的心理体验为基础,实际上陷入了唯心主义。马克思的价值论是以实践为基础,所考察的是主体与客体之间的实际关系。弗洛姆把伦理价值理解为人的幸福,人的价值实现就是通过个人的力量把自己的能力变成现实。弗洛姆的价值实现之路是爱的概念。这与马克思的价值实现之路有根本区别。弗洛姆最终舍弃了马克思哲学的唯物性,将价值导向了唯心主义。弗洛姆把异化理论引入伦理文化领域,可以帮助人们从伦理层面认识资本主义的本质。但是弗洛姆规避经济基础、社会结构等物质因素,人的价值实现只能停留在抽象层面。以爱为基础的社会交往原则无法改变劳动者被剥削奴役的状况,无法化解阶级对立。只有建立在共同利益基础、没有根本对立冲突的社会才能真正实现真正意义上的博爱、社会成员之间的友爱。不过,弗洛姆将价值问题引入伦理领域,对于今天我们理解社会主义核心价值体系,探讨社会主义道德秩序的建立具有一定的借鉴意义。

  西方马克思主义者揭示了资本主义社会的日常生活异化现象。法国思想家列斐伏尔将马克思《1844年经济学哲学手稿》中对资产阶级劳动关系的异化批判微观化为日常生活的琐碎客观事件的异化。

---

❶ 复旦大学哲学系复旦大学外国哲学研究室. 西方学者论《一八四四年经济学哲学手稿》[M]. 上海:复旦大学出版社,1983:65.
❷ 艾里希·弗洛姆. 爱的艺术[M]. 李健鸣,译. 上海:上海译文出版社,2011:163.

他认为，除了马克思所关注的劳动生产过程外，资本家仍然盘剥着劳动者的日常生活。"真实的劳动者的日常生活是一种用生命、活动和肌肉，以及一种他的主人们共同寻求让他减至最低限度或转到与世无争境地的意识——以不幸福的方式表现出来的商品生活。"❶ 列斐伏尔通过揭露资本主义社会日常生活异化现象，让我们更清楚地看到资本主义社会中人的地位和价值被贬低和蒙蔽的问题。但列斐伏尔从人的生物本能和欲望出发，强调人的自然性是异化现象产生的根源。他只看到了异化现象的表面，就是异化在资本主义社会的各种具体表现，没有能够深入看到异化所产生的物质根源。而且列斐伏尔认为在资本主义社会生产力高度发展和无产阶级的奋力争取下，工人阶级的劳动条件和生存境况获得较大改观，资产阶级的统治方式也做了较大调整，宏大的经济政治异化已经变成日常生活异化。这是对当代资本主义社会的错误判断。在消除异化实现人的价值途径方面，列斐伏尔不仅放弃了政治革命，也对总体革命失去信心，而把目光投向日常生活的艺术化。总之，日常生活异化理论借用马克思的异化理论揭示资本主义社会的对立现象，帮助我们更清楚地了解资本主义社会对于人的价值贬低的问题，但是其解决方法带有明显的乌托邦特征。

西方马克思主义者揭示了资本主义社会的消费异化现象。西方马克思主义揭露了资本主义社会对人的价值剥夺的新障碍——异化消费。"异化消费是指人们为补偿自己那种单调乏味的，非创造性的且常常报酬不足的劳动而致力于获得商品的一种现象。"❷ 工人阶级不仅在分配领域被剥夺了实现个人价值的物质条件，其深层精神也被殖民化。他们被激发出很强的购物欲，成为消费的机器。工人在消费的过程中逐渐失去主体意识，忘掉了自己。像马尔库塞就借鉴

---

❶ 亨利·列斐伏尔. 日常生活批判，第 1 卷 [M]. 叶齐茂，倪晓晖，译. 北京：社会科学文献出版社，2018：131.

❷ 本·阿格尔. 西方马克思主义概论 [M]. 慎之，等，译. 北京：中国人民大学出版社，1991：494.

马克思的异化理论,他把人的异化归因于物质生活资料的消费。马尔库塞认为资本主义工业时代,颠覆了人与商品的关系。商品本应该是达到人们幸福的手段,以满足人们的生存需求而促进人的自由和发展。但是在资本主义社会,商品不是为了满足人的需要而生产,而是人为了商品被消费而存在。人的价值只有通过商品消费才得以确证。"人们似乎是为商品而生活。小轿车、高清晰度的传真装置、错层式家庭住宅以及厨房设备成了人们生活的灵魂。把个人束缚于社会的机制已经改变,而社会控制就是在它所产生的新的需要中得以稳定的。"[1] 资本主义生产方式的问题是为了追求利润,为了商品的消费而不断夸大和误导消费者的物质需要,其实质并没有真正满足人的真实物质需要。但不能因此而否定物质消费、物质需要,物质消费本身就是人的物质生活条件的改善。真正要解决的问题是商品生产与人的真正需要的统一。马尔库塞关注到物升值人贬值的现象,看到了物质追求和消费过程中对于人的感性和原始欲求的压抑,人的灵魂被商品不断侵占。但是,马尔库塞并没有找到真正的解决之道。

二、马克思的人的本质理论对西方马克思主义的影响

(一) 马克思人的本质理论对马尔库塞人学思想的影响

马尔库塞的人学思想深受马克思的影响。马尔库塞的人的价值思想与马克思早期思想有直接的关系。马尔库塞极为推崇马克思早期的著作,1932年马克思的《1844年经济学哲学手稿》问世之后,引起马尔库塞的极大关注。尤其是马尔库塞直接将马克思的劳动异化、虚假需要、人道主义等思想运用到自己的理论之中。而马克思实践的观点则被马尔库塞换成为弗洛伊德的精神分析学。在关于人的本质方面,马尔库塞受弗洛伊德的影响从人身上最原始的生命冲

---

[1] 赫伯特·马尔库塞. 单向度的人——发达工业社会意识形态研究[M]. 刘继, 译. 上海:上海译文出版社, 2008:9.

动出发理解人的本质。也就是马尔库塞强调的是人的生物本能，人的自然性。马尔库塞把爱欲作为人的本质，爱欲是人与动物的根本区别。"情欲是人强烈追求自己的对象的本质力量"。❶ 这一点马尔库塞与马克思有根本不同。马克思重视人的自然性，重视人作为类与其他动物的不同，但是马克思是从人的社会性去把握人与其他动物根本不同的。马尔库塞把人的本质归结为爱欲，而爱欲是人类所普遍具有的，是人天生的本性，它是超越了时间和空间的。人的本质成为永恒不变的爱欲，因而人的价值也变成了永恒不变的内容。马克思是从人的社会性去探讨人的本质的。在马克思看来，人的本质来自现实性，因而人的价值内容是随着社会不断发展而不断变化的。马尔库塞将情欲视为人追求自己的对象的本质力量，将人的情欲的解放和满足作为人的价值实现的途径。这与马克思的观点不同，马克思只是将情欲作为人的本能，而追求自己对象的本质力量是人的劳动。一切情欲的满足都要建立在物质的基础上。劳动不断创造财富满足各种实际的需要。物质基础是一切情欲的基础。在马克思来看，一个连最基本温饱都解决不了的人，他的最大需要就是食物，其他一切情欲都会压抑起来。"人们为了能够'创造历史'，必须能够生活。但是为了生活，首先就需要吃喝住穿以及其他一切东西。"❷ 马尔库塞把人的价值实现归结为人的精神需要的满足。资本主义社会通过物质消费和大众传媒的不断宣传让人们在消费的时候觉得自己是幸福的，但是人们并没有真正快乐。马尔库塞认为过度追求物质生活资料的消费会导致精神的痛苦，因而公开倡导人们抛弃富裕的物质生活环境。马尔库塞把人的价值实现归结为爱欲的满足是对资本主义生产方式的否定和批判。发达工业文明把客观世界改造成为人的心身延长物。人们通过自己消费的商品识别自己的灵

---

❶ 复旦大学哲学系现代西方哲学研究室. 西方学者论《一八四四年经济学哲学手稿》[M]. 上海：复旦大学出版社，1983：112.

❷ 马克思，恩格斯. 马克思恩格斯选集：第1卷［M］. 北京：人民出版社，1995：78-79.

魂，而人们原始的心灵被掩盖。

(二) 马克思人的本质理论对存在主义的影响

当代存在主义的主要代表萨特从《共产党与和平》开始向马克思主义靠拢。萨特认为，马克思主义哲学美中不足是把人"消融"掉了。只要用"人学"去补充马克思主义，马克思主义就可以完美无瑕了。

存在先于本质是萨特哲学的出发点。萨特认为人的本质是个人自由选择的结果。他认为世间的人都是个别地、单独地选择自己的本质。人们在一生中都在选择这种本质，一直到临终时才获得一个本质。因而这个本质属于个人，是独特的。"人首先是存在——人在谈得上别的一切之前，首先是一个把自己推向未来的东西，并且感觉到自己在这样做……人性是没有的，因为没有上帝提供一个人的概念。"❶ 在萨特看来，由于人的存在先于本质，而人的存在与自由又是同一的，所以人是自由的。萨特引出他的道德观和价值观。萨特把自由作为道德的唯一标准，除了个人的自由选择，不存在任何是否善恶的标准。萨特认为，自由是价值的源泉和基础。"主张人本身就是目的而且是最高价值"。❷ 人的世界是一个价值和意义的世界。价值和意义不是自有本身的规定性，而是与人的活动和自由选择密切相关的主客体关系。萨特所理解的自由主要指选择人生意义、人生道路的自由，无条件性，不需要有什么依据的选择。而马克思主义的自由观强调人对必然性的认识。

在存在主义看来，传统哲学把人当作现成存在者是把人当成物，是人的贬值和人的价值的颠覆。存在先于本质就是将人与物区别开来，赋予人以特殊的价值。萨特的价值观根本否认人道社会性和客观实在性，片面夸大个人的主体性。萨特将个人价值实现局限于个

---

❶ 让·保罗·萨特. 存在主义是一种人道主义 [M]. 周熙良，汤永宽，译. 上海：上海译文出版社，1988：8.

❷ 让·保罗·萨特. 存在主义是一种人道主义 [M]. 周熙良，汤永宽，译. 上海：上海译文出版社，1988：29.

人生活的纯主观领域，把人的价值与外部世界割裂开。人的价值变成一种超验的抽象的心理活动。自由是人生的价值，这种价值是以人的主观而定，是主观的、个人的东西。价值因人而异，一个事物有价值是因为有人选择它，其他人不选择它完全可以否定它的价值。马克思也将个性自由作为个人价值实现的尺度，也以追求个人价值作为自己的理论旨向，但是马克思是在社会历史的背景条件下谈论个人价值的实现的。在马克思看来，个人自由是个人支配外部必然性和自身必然性的能力。人的价值实现依靠个人能力的发展和外部客观条件的不断改善。马克思主义是反对孤立地、抽象地谈论人的价值。萨特否定了道德的任何客观标准。而马克思的道德观是历史的、变化的，道德不是纯粹主观的，它是一定经济基础和阶级关系的反映。

三、马克思的需要理论对西方马克思主义的影响

《单向度的人——发达工业社会意识形态研究》是马尔库塞对资本主义工业社会意识形态批判的代表作。在《1844年经济学哲学手稿》中马克思将资本主义社会的需要分为真正需要和虚假需要。马尔库塞借鉴了马克思《1844年经济学哲学手稿》中的需要理论，进一步发展了马克思虚假需要的观点。"为了特定的社会利益而从外部强加在个人身上的那些需要，使艰辛、侵略、痛苦和非正义永恒化的需要，是'虚假'的需要。"❶马尔库塞从消费的虚假需要切入揭露资本主义社会的生存现实。虚假需要是资本主义所特有的需要，它在本质上是服从和服务于资本特殊利益集体追逐利润而由资本故意制造出来的需求。这个需要并不是人们的真正需要，它背离人的本质。在马尔库塞看来，对于物质享受的追求并不是人的本质特征。因为在人的各种原始欲求中，追求物质享受并不是人的重要欲求，

---

❶ 赫伯特·马尔库塞. 单向度的人——发达工业社会意识形态研究[M]. 刘继, 译. 上海：上海译文出版社, 2008：6.

因而物质享受的满足并不能给人们带来幸福。科学技术成果成为资本主义的工具,通过不断提高生产力和效率操控人们的思想意识,将人们的意识控制在满足物质需求,以及追求新的需求上面。"科学和技术的历史成就已经使价值准则转化为技术任务成为可能,亦即使价值的物化成为可能。"❶ 资本主义社会过度追求物质利润和物质享受,而带来的社会道德危机引起人们的担忧。虚假需要是资本为了利润而制造出来的,为了扩大商品的消费,通过广告等大众媒体的宣传和误导,将人们的兴奋点引向商品的消费。夸大人们的消费预期,放大人们的物质欲望。人们从商品消费中获得幸福和自由的体验,体现自己的价值。虚假需要的目的是为了无限扩大利润,而不是真正实现人们的发展。应该说,马尔库塞将马克思的异化理论应用到消费领域,让我们更全面地了解资本主义社会异化现象。在当代资本主义社会,经济繁荣背后所存在的对于人的压抑和剥削依然存在。在消费端,一方面供给者以各种方式引导市场需要以扩大消费,另一方面消费者在诱导中盲目进行物质消费。资本主义社会永远在意的是物的价值,而不是人的价值,人的真正价值在虚假需要中迷失。马尔库塞让我们看清了,不论是在生产端还是消费端,人都沦为整个资本主义生产过程的工具,人自身的价值无法彰显。但是,马尔库塞最终将人的真正需要导向了精神需要,将爱欲的满足作为人的真正需要,并没有触及资本主义社会的根本问题。按照马克思的异化理论,人的需要异化的根源在于资本逻辑为了自身持续运转的需要,所以人的需要只不过是作为资本的需要,不根本否定资本主义生产关系,人的真正需要是不可能实现的。

四、马克思的主体间关系理论对西方马克思主义的影响

马克思在论述商品交换价值的时候,曾指出,"等价物是一个主

---

❶ 赫伯特·马尔库塞. 单向度的人——发达工业社会意识形态研究[M]. 刘继,译. 上海:上海译文出版社,2008:183.

体对于其他主体的对象化"。❶ 在资本主义生产方式下，一个主体的本质力量对象化为其他主体的劳动产品，同时一个主体的本质力量的确证也需要由其他主体的劳动产品来完成。哈贝马斯继承了马克思的主体间关系理论，提出了人与人交往的主体间性关系。他认为，资本主义社会的生产方式削弱了主体间的合理交往关系，把人与人的关系降格为物的关系，这导致了人的全面物化，使人成为工具。哈贝马斯主张建立自主的、平等的主体间交互关系，这种主体间性结构是个体发展和社会进步的基础。哈贝马斯认为社会的文化价值观念和行为规范是交往行为者以特定的关系模式在生活世界形成的。他主张通过对主体在道德层面建立合理的交往行为学习机制，作为历史发展的动力机制；而通过协商、道德学习实现主体间的平等和自主是不现实的。不过哈贝马斯主张通过人与人自主、平等的交往中实现人的价值，说明他认识到社会关系对于人的价值实现的重要性。"这种道德共同体的结构原则就是要消除一切歧视和苦难，包容一切边缘群体，并且相互尊重。"❷

哈贝马斯认为，规范具有普遍有效性，因为它是所有人都必须遵守的准则。价值反而不具有普遍有效性，因为价值只是对特定的个人或集体来说才有值得追求的某种善或好。价值冲突就是不同的文化价值观念之间的冲突，即不同社会群体因各自价值标准不同而产生的冲突。哈贝马斯认为，可以通过建构统一的规范调节价值冲突，而规范是可以通过主体间的商谈和程序确立起来的。哈贝马斯思考的是如何建立一个良好的社会制度来避免价值冲突。

应该说，哈贝马斯和马克思有着共同的价值目标，就是实现人的自由和全面的发展。马克思对资本主义社会进行政治经济解剖，对资本主义命运进行了判决。但是，哈贝马斯不主张推翻资本主义社会，而是主张对资本主义社会进行改良和手术。哈贝马斯以所谓

---

❶ 马克思，恩格斯. 马克思恩格斯全集：第30卷 [M]. 北京：人民出版社，1995：196.
❷ 哈贝马斯. 在事实与规范之间——关于法律和民主法治国的商谈理论（修订译本）[M]. 童世骏，译. 北京：生活·读书·新知三联书店，2003：2.

具有目的合理性的劳动范畴和具有道德合理性的交往范畴取代了马克思的生产力和生产关系范畴，他以交往行为的合理性作为衡量历史进步的尺度。

哈贝马斯与马克思主体间关系思想存在不同。马克思所着重阐释的主体间关系是资本主义社会以商品、货币为纽带所构建的人与人之间的主体间关系，这种主体间关系是以劳动的衡量与交换为基础。资本将货币打造成为一切社会交往的中介，货币就成为衡量人与人之间关系、衡量人的社会地位和社会价值的根本尺度，人的价值由货币来衡量和体现。要扬弃人的价值异化现象，实现人的自由而全面发展，最终就要扬弃货币，真正体现人自身的价值。哈贝马斯认为马克思用劳动概念笼统地涵盖了社会交往，抹杀了人类的交往行为，他提出用交往行为取代生产方式。所以哈贝马斯的主体间关系是以交往为基础的。由于语言是人与人之间的主体性关系的中介，因此他认为当代资本主义主体间关系的最大障碍是沟通的问题。要改变社会交往行为存在的问题关键是人与人之间对话和交换意见。他提出一个关于改变人类生活状况的话语、交谈途径，首先是通过协商建构大家共同尊重的规范标准，其次是选择恰当的语言进行对话交谈。

总之，西方马克思主义所关注的价值问题是资本主义社会具体的人的价值实现问题，他们研究的重点是对资本主义社会人的价值问题的分析。马克思早期主要是从哲学的角度探讨人的本质、人的价值问题，他对资本主义的批判主要停留在抽象的道德原则和道德理想上。之后，马克思主义价值观主要表现为对资本主义经济和政治的批判，而西方马克思主义则将批判的重心转向资产阶级意识形态的批判。西方马克思主义认为，资本主义社会的问题是对人的价值的掩盖，其表现为科技理性对于人的价值的掩盖，以及物的价值对于人的价值的掩盖，而这些问题的根源就是异化。因此，他们把实现人的价值的根本途径归结为异化的扬弃。就方法论而言，西方马克思主义继承了马克思在《1844年经济学哲学手稿》中的主客体关系理论，从主客体关系中理解人的本质和发展，他们把资本主义社会人的价值掩盖的根源理解为主客体关系的异化。他们忽视了马克思之后的主体间关系理论，从而也就掩盖了资本主义社会的剥削根源。

第二节　马克思的自然价值观对西方马克思主义的影响

20世纪中叶以来，当世界开始面临生态危机的威胁时，一场旨在保护环境的绿色运动在西方爆发。西方马克思主义由此产生了一个新思潮——生态马克思主义。生态马克思主义是当代国外马克思主义中最有影响的思潮之一。该学派通过分析生态危机背后的资本主义生产方式根源从而对资本主义进行系统批判。他们主张赋予自然历史文化内涵以重新认识自然、文化与劳动之间的关系，并提出解决生态危机的理想制度——生态社会主义。

一、马克思关于人与自然的价值关系理论对生态马克思主义的影响

生态马克思主义探索并挖掘马克思的人与自然的价值关系理论，并在此基础上深入阐发自然与人类社会的统一关系，以期解决资本主义的生态危机。马克思在《1844年经济学哲学手稿》中对于人与自然之间的关系进行了深入的阐释，强调自然对人类社会的重要性，人们应关注人化自然，人与自然是有机统一体。在处理人与自然之间的关系时，应将人类的根本利益作为根本的价值尺度。生态马克思主义深入阐述了人与自然之间的和谐统一关系，在处理人与自然之间的关系时，坚持以人类的利益作为根本价值尺度，认为在资本主义制度下产生的异化消费是导致生态危机的直接根源。资本主义为了实现利润诱导人们走向异化消费，使人将自身生命的全部追求

等同于物质消费,这与人的本质、人的根本利益是相违背的。价值的主体是人类整体,价值关系是客体对于主体需要的满足。客体就是自然世界,需要一定要是真正需要,而不能是虚假需要。建立在虚假需要基础上的价值不是真实的价值,不能真正实现人的价值。

生态马克思主义借用了马克思的价值理论揭露了人类中心主义价值观和生态中心主义价值观的问题。人类中心主义价值观将人类作为生态主体,自然作为生态客体。生态中心主义价值观将自然作为生态主体,人类社会作为生态客体。二者在自然与人类社会之间的关系方面走上了完全对立的两个极端。生态中心主义认为,近代以来的人类中心主义价值观把人看作是唯一具有内在价值的存在物,把自然看作相对于人的工具,自然只具有工具价值,这导致了人对自然的滥用和生态危机。人类中心主义价值观则认为人类整体利益和长远利益是生态运动得以维系的内在动力和基础。生态马克思主义认为,资本主义社会生态危机的本质是人类价值观的危机。生态马克思主义继承了马克思的人与自然的主客体价值关系理论,在生态价值观上坚持了马克思的主客体辩证统一思想。例如,佩珀就认为,马克思既不赞同对资本主义的技术中心论的批判,也不认可生态中心论的阐释,人类应在尊重和掌握自然规律的前提下支配自然。[1] 生态马克思主义既批判生态中心主义价值观,又批判人类中心主义价值观。首先,生态马克思主义批判了人类中心主义价值观。人类中心主义价值观没有区分人的感性欲望和理性欲望,以人的感性欲望为基础无限索取物质财富。在资本主义生产过程异化和消费异化的情况下,经济价值取代人的其他一切价值,产生金钱至上和个人利益凌驾于集体利益之上的价值观。把自然仅仅视为人类需要和利益满足的工具而已,对自然资源过度索取。生态马克思主义也不赞同人类中心主义价值脱离制度,认为人类中心主义主张不改变

---

[1] David Pepper. Eco-Socialism: From Deep Ecology to Social Justice [M]. London and New York: Routledge, 1993: 114.

现有制度，在本质上只不过是西方中心主义和自由主义。其次，生态马克思主义批判了生态中心主义价值观。生态中心主义的核心思想是论证人之外的自然也具有内在价值。生态马克思主义批评生态中心主义价值观否定了人的生存权利，这种贬低人的价值和尊严的反人道主义的生态价值观无助于生态问题的解决。生态马克思主义在人与自然之间的关系方面采取了辩证唯物主义的态度，将它们作为相互作用的统一整体。生态马克思主义否定了生态中心主义价值观，并赋予人类中心主义价值观以新的理论内涵，认为应该以人的需要为中心，探讨人与自然之间的关系。只不过这个需要不能是虚假的需要，而应是真实的。

  生态马克思主义在接受马克思的劳动异化思想的基础上，又发掘出资本主义社会的异化消费现象对生态环境的破坏以及其中的关系。劳动异化是指在资本主义社会的生产端，人与自己的劳动产品之间的异化，劳动者生产的劳动产品越多，个人的力量耗费的就越多。劳动作为人的价值实现的根本途径在资本主义生产方式下反而使人不断贬值。消费异化是指在资本主义社会的消费端，人与消费品之间的异化。资本为了追求利润，通过各种方式将人的消费倾向导向为实现利润的消费品。人的各种需要简化为物质需要，资本主义商品生产规模不断扩大，生态环境不断遭到忽视，其结果是生态贬值。生态马克思主义批判了资本主义社会只关注自然对于人的经济价值，然而自然除了对于人的经济价值，还有生态价值。他们认为，自然本身具有不依赖人的内在价值和生存权利，应该要尊重自然和保护自然。不能完全将人类凌驾于自然之上。柏克特认为，马克思的共产主义社会可以解决资本主义价值与自然之间的矛盾，因此可以从根本上解决生态危机。❶ 共产主义社会扬弃了异化，按照社会需要生产、分配，消费品与人的本质需要高度统一，异化消费消

---

  ❶ Paul Burkett. Marxism and Ecological Economics：Toward a Red and Green Political Economy [M]. Chicago：Haymarket Books, 2009：320 - 321.

失，人们不再为了利润对自然资源进行大肆掠夺。

生态马克思主义试图完全从生态学的角度来理解马克思的思想是不科学的。马克思虽然早期对于人与自然之间的关系给予了较多关注，但生态思想并不是马克思理论的核心内容。而且马克思并没有停留在人与自然之间的关系阐释上，而是进一步探究在资本主义生产方式下的人与人之间的关系，揭示资本主义社会的基本矛盾。生态马克思主义更加突出资本主义社会人与自然之间的矛盾关系，忽视了资本主义社会基本矛盾，具有片面性。生态价值从表面上看是人与自然之间的关系，反映的是自然对于人的价值，但是重视生态价值和实现生态价值，根源于人与人之间的关系的扬弃。

二、马克思的劳动价值论对生态马克思主义的影响

生态马克思主义认为马克思将政治经济学与生态学融合在一起，为分析当今生态危机提供了有效的方法论基础。生态马克思主义对价值的理解并没有停留在经济领域，而是扩展到生态领域。生态马克思主义以马克思的劳动价值论为思想武器，分析资本主义生态经济问题。例如，克沃尔坚持以马克思主义的劳动异化理论分析资本主义生态问题，得出结论，资本主义生态危机是资本的求利性积累造成的。资本主义重视交换价值、忽略使用价值，必须使劳动从资本中解放出来，让使用价值从资本主义的交换价值中解放出来才能解决生态危机。"资本主义是一个自私自利的社会制度，坚持人类对包括自然在内的世界万物的至上权利"。[1] 只有克服劳动与劳动产品的分离、劳动与生产资料的分离，使用价值才能从交换价值中解放出来。

保罗·柏克特在1999年出版的《马克思与自然》一书中，重点阐释了马克思的劳动价值论和共产主义思想中蕴含的生态学原则。

---

[1] Joel Kovel. The Enemy of Nature：The End of Capitalism or the End of the World [M]. New York：Zed Books, 2002：171.

柏克特以生态经济学为基本进路研究当代资本主义的生态危机。他继承了马克思的劳动价值论，认为马克思的劳动价值论是对现代生态学人与自然之间关系的具体阐述。"共产主义社会所具有的生态意义远远超出以往公认的评价"。❶ 柏克特将价值、使用价值等因素整合在一般价值形式理论中。柏克特详细阐述了马克思的劳动价值论与资本主义生态危机之间的关系。他认为，从马克思的价值理论出发，可以看出资本主义所蕴含的生态危机。在资本主义条件下，商品价值交换的一般等价物（货币）作为商品价值的代表，成为商品交换的中介，代表着一切商品的价值，成为社会财富的象征。而商品的使用价值则成为"免费"的。

柏克特认为，资本主义把财富等同于商品价值，把商品使用价值排斥在外，因而把商品使用价值看成是免费的，进而生产所必需的自然资源在资本眼里也是免费的。自然资源在经济学意义上是贬值的。柏克特概括了资本主义社会的四种具体生态危机：一是资本占用自然资源，消灭了自然界本身的生态多样性；二是人与自然异化，人与自然的纽带断裂；三是自然的碎片化、简化；四是资本对自然资源的无限掠夺使生态危机向全球蔓延。这里面包含了生态马克思主义所主张的人类要树立正确的生态价值观。人类要重视自然对于人的多重价值，不能只局限于经济价值，要维护自然本身的生态多样性，要重视自然本身的生态系统对于人类的价值。自然不仅为人类生产提供必要的条件，自然生态系统本身就对人类的生存和发展具有重大价值，不要破坏自然生态系统。要重视人与自然的有机统一关系，不要将人类完全凌驾于自然之上。柏克特反复强调，马克思设想的共产主义的最基本特征是克服了生产者与生产条件的分离，实现二者真正的有机统一。❷ 私有制度是一种金钱崇拜的制度，而正是金钱崇拜使金钱成了一种独立的东西，成了一切事物的

---

❶ Paul Burkett. Marx and Nature [M]. New York: St. Martin's Press, 1999: 14.

❷ Paul Burkett. Marxism and Ecological Economics: Toward a Red and Green Political Economy [M]. Chicago: Haymarket Books, 2009: 320 - 321.

普遍价值，于是人类本身的价值被剥夺了，自然自身的价值也被剥夺了。马克思揭示了私有财产制度与自然的对立，自然异化给工人所带来的严重后果是不仅使他们丧失创造性工作，而且丧失了生活基本要素。柏克特认为，资本主义的资本积累危机是环境危机的根源。资本主义的资本积累就是商品价值的积累，而商品价值又必须通过使用价值来表现。因此，资本以对可销售的商品使用价值进行无限积累达到资本无限积累的目的，进而资本主义生产一定会对自然资源进行无限开采，自然环境也就不可避免地不断遭受破坏。

  针对西方生态批评家对马克思劳动价值论的批评，生态马克思主义进行了辩护。西方生态批评家认为马克思的劳动价值论把自然条件看作是无价值的，根本没有考虑自然资源的稀缺性，是一种忽视自然内在价值的反生态的思想。针对西方生态批评家对于马克思劳动价值论与自然对立的指责，柏克特对马克思劳动价值论进行了辩护。柏克特认为生态批评家们完全误解了马克思的历史唯物主义和劳动价值论。针对马克思的历史唯物主义，柏克特认为生态批评家们不了解自然在历史唯物主义的位置，劳动在历史唯物主义的核心地位并不否定自然的使用价值。马克思把天然产生的使用价值当作人类劳动的一个内在组成部分。"自然的普遍的代谢过程，生产着无数的潜在的使用价值，存在于劳动之外"。❶ 马克思把未占用的自然的使用价值也当作财富的组成部分。未占用的自然财富之所以重要，取决于其最终会与人类劳动相结合。❷ 柏克特同时强调劳动发展史不仅是一个社会过程，而是一个与自然协同进化的过程。他认为马克思的劳动价值论并不是以人类劳动生产力发展来支配自然的观点，而是人与自然在物质代谢过程中协同进化的观点。针对资本对于自然的无偿占有问题，柏克特认为资本对自然的无偿占有不等于自然不参与资本主义商品的使用价值的创造。也就是，自然虽然没

---

❶ Paul Burkett. Marx and Nature [M]. New York: St. Martin's Press, 1999: 27.
❷ Paul Burkett. Marx and Nature [M]. New York: St. Martin's Press, 1999: 27.

有以成本的形式体现其经济价值，但是并没有贬低自然的地位，自然条件的地位事实在资本主义生产过程中得以确认。在柏克特看来，马克思的劳动价值论并非与自然对立，而是从人类与自然协同进化的高度对于资本主义反自然的本质进行批判。

生态马克思主义认为，随着当代资本主义发生新变化，资本主义经济危机被生态危机所取代。在资本主义生产端，由于资本主义自身对于生产关系的调节，经济危机的危害越来越小，而危机的趋势转移到消费领域。生态马克思主义试图通过改变建立在虚假需求基础上的消费主义价值观，将人们追求自身价值的创造性愉悦劳动与理性消费相结合以化解生态危机。而在马克思的视野里，生产和消费是辩证统一的。生态马克思主义过度强调生态危机的严重性，偏离了马克思所强调的生产力与生产关系的矛盾。生态危机的产生从本质上看是资本主义生产方式所带来的后果，要解决生态危机离不开生产力与生产关系这一基本矛盾的解决。生态马克思主义的主张有利于引导人们树立正确的消费观，改变过去过度追求物质消费和奢侈消费的习惯。人们的消费习惯会引导生产的走向，减少环境污染的生产。但是，在资本主义生产方式没有根本改变的时候，是不可能从根本上扭转生态危机状况的。只要以追逐利润为生产的原始动力，虚假需求就一定存在。

三、马克思的共同体思想对有机马克思主义的影响

有机马克思主义是一个正在生成和被逐渐引起关注的英美马克思主义研究新流派。有机马克思主义认为应该建构一种以整个地球为中心的共同体价值观。现代性价值体系是以个体主义价值观为核心的，这是导致现代全球性生态危机的重要根源。个体主义价值观只顾自己的利益，不顾整体利益，为了自己的利益欲望无限索取、破坏自然。个体主义价值观将个人视为共同体存在的目的，把个人价值实现凌驾于共同体之上。

在对待人类中心主义的态度方面，有机马克思主义与生态马克

思主义不同,他们认为人类中心主义价值观建立在人与自然的二元对立基础上。他们反对将人与自然主客二分的思维方式,认为人与自然是一个有机整体。有机马克思主义试图回到马克思主义,他们运用马克思唯物史观分析资本主义生态危机的根源。有机马克思主义以马克思的唯物辩证法作为理论前提,他们认为,马克思唯物辩证法将世界看作一个万事万物处于普遍联系的、运动变化发展的有机整体,整个世界就是由相互联系、相互依存的事件构成的有机系统,因而不存在主客对立相互分离的人与自然。人作为自然整体的一部分,必须服从自然系统的整体法则,人与自然界其他事物具有同样的地位,而不是互为工具。有机马克思主义试图解决主客体二元思维产生的流弊,他们按照英国哲学家怀特海过程哲学思想中的有机整体主义,构建一个人与自然、人与人、人与社会的和谐统一的共同体。"为扭转这一状况,有机马克思主义把注意力从个人主义转移到了共同体主义上。共同体主义一直不断地对自由主义制度的弊端做出积极回应,我们预测,随着环境危机越来越严重,它也将发挥越来越重要的作用。"❶他们的解决途径是有机整体思维,将宇宙视为有机整体。他们既反对人类中心主义,也反对自然中心主义。有机马克思主义认为,机械二元论在人与自然的关系方面刻意拔高了人的主体性,主观地认为人处于整个生态系统的中心。人类以自然的主人自居,将自然的价值体现在满足人类不断发展的需要上。怀特海曾指出,人类没有权力去毁伤任何物的价值,因为万物对自己或他物都有某种价值,而不仅仅是对人。❷有机马克思主义把整个宇宙世界都视为相互共存、互生共栖的有机体。各种事物共同编织了一个和谐共生的生态共同体,除了人类社会,大自然拥有自身内在的价值。生态危机的根源就是对大自然固有价值的忽视。各种自

---

❶ 菲利普·克莱顿, 贾斯廷·海因泽克. 有机马克思主义——生态灾难与资本主义的替代选择 [M]. 孟献丽, 于桂凤, 张丽霞, 译. 北京: 人民出版社, 2015: 138.
❷ 阿尔弗雷德·诺尔司·怀特海. 思维方式 [M]. 黄龙保, 芦晓华, 王晓林, 译. 天津: 天津教育出版社, 1989: 136.

然物真正的价值就存在于它们所处的每一个有机的联系中，而不是体现在它们对于某个人有什么用途或者能给某人换来多少钱。❶

马克思的共同体思想也对有机马克思主义产生了影响，有机马克思主义参考了马克思社会共同体内各成员之间关系架构。马克思认为人作为社会关系的总和存在就意味着人绝不是独立的存在，而是作为类群居的动物。主体的发展离不开共同体的发展，在社会共同体中，只有克服主客二分的对立思维，才能让社会共同体内的成员之间有机统一起来。人类社会可以基于人的自由意识联合成真正的共同体。有机马克思主义主张像人类共同体一样，宇宙中人、自然、社会也是一个有机统一体。在宇宙共同体内，成员之间尊重彼此的权利，追寻成员之间的和谐共处之道。马克思的共同体思想以实践为中介，确证他人，在他人中确证自己。把个体的价值置于共同体之中，在共同体中个体互相依靠彼此实现自我价值。共产主义社会是个体的自由联合，终极目的是个体价值的实现。不论是人与自然的主客体关系，还是人与人的主体间关系，价值的主体都是人。马克思的主体间关系用于分析社会关系、人与人之间的关系。怀特海的主体间性，不只发生在人与人的主体之间，还包括人类与非人类的关系。马克思的共同体指的是人类社会，怀特海的共同体指的是整个宇宙，它是为有机宇宙论提供思想支撑。马克思的共同体是以人的解放为根本价值立场，怀特海则强调存在物的存在和生成。怀特海的价值论解构了主体和客体二元对立的思维方式，主张整体论的思维方式。怀特海批评将价值理解为客观事物能满足人们需要的某种属性的观点。他认为，这种价值观只看到了事物对于他者的价值，而忽视了事物本身的内在价值。马克思认为，人类是价值的主体，是自然万物的价值评价者。

有机马克思主义认为人类藐视大自然固有价值而对自然肆意妄

---

❶ 菲利普·克莱顿，贾斯廷·海因泽克. 有机马克思主义——生态灾难与资本主义的替代选择［M］. 孟献丽，于桂凤，张丽霞，译. 北京：人民出版社，2015：216.

为，认为维系宇宙这一共同体的安宁祥和必须以承认和尊重共同体成员的自身价值为前提。怀特海认为，在对待人与自然之间的关系上，把自然作为一个与人类平等的主体来看待，自然界是一个独立的主体，本身具有创造性和存在的价值。把人类作为主体，从人类自身找原因，但是也把自然作为主体的话，自然自身的问题怎么解决？人类能否对于自然的问题熟视无睹，任由发展吗？把自然本身视为主体，可能会忽视人类修补自然生态系统的能力。自然确实具备自我修复的能力，但是这种能力不能被高估，尤其是在人类社会与自然共处的过程中。马克思虽然坚持以主客体关系思维认识人与自然之间的关系，但是马克思并没有认为可以盲目改造与征服自然，马克思尊重自然。人类发挥主观能动性按照自我意愿认识和改造自然，也最终会服务和修复自然。有机马克思主义没有从历史唯物主义角度看待生态问题，反而皈依宗教力量。有机马克思主义把价值理解为事物固有属性，而不是关系，存在明显的唯心主义倾向。

有机马克思主义立足全球生态危机，对资本主义工业文明进行批判，追求生态文明，认为人类的所有福祉来源于大自然，而人类为谋求自身发展却不断任性地与生态作对。有机马克思主义目的是改变人类不尊重自然的传统认识。人类要尊重自然，要承认自然有自己的发展规律，有自己独立的系统和生命，而这些与人类社会是无关的。实际上，随着人的认知发展，人类会逐渐意识到生态对于人类生存和发展的重要性，并重视生态价值。真正阻碍人类重视生态价值的是在资本主义生产方式下对利润的无限追求。如果回归到人类社会的本质，回归到人的全面发展，人类会对生态系统重视和维护。当前，中国作为社会主义国家主动承担责任，就是一个好的例证。

第七章　社会主义核心价值观对马克思主义价值论的继承与发展

西方的价值观念虽然是脱离实际的，具有虚假性、幻想性的特点，但是其背后的思想体系是完整的、严密的。西方价值观念以深厚的理论体系为基础，经过西方几百年的理论积淀，形成了一套严密的思想逻辑体系。社会主义核心价值观作为当今中国的核心价值体系，首先应该建立在扎实的理论体系基础之上，没有扎实思想理论做基础的话，社会主义核心价值观就会缺乏说服力。因此，我们必须要持之以恒地进行理论渊源的挖掘和理论体系的构建工作。总体上讲，社会主义核心价值观是以马克思主义理论和中国优秀传统文化为基础，尤其是马克思主义价值思想奠定了社会主义核心价值观的思想基础。马克思的价值论解决了社会主义核心价值观的几个理论问题：第一，解决了社会价值观念抽象化、空洞化、虚假化的问题。自由、公正、法治等价值观在资本主义社会呈现抽象、虚伪的特征，马克思赋予这个概念具体的、真实的内涵，让它们成为人类真正可以追求的价值观。第二，解决了公领域与私领域之间的关系问题。马克思批判了西方社会所谓道德的超阶级、超民族性。西方国家以避免侵犯人权的借口对于私德建设采取中立态度。马克思认为道德本身是意识形态的重要内容，国家政权与私德建设是分不开的，尤其是社会主义国家要担起构建社主义道德的责任。第三，解决了社会主流价值观构建与社会物质基础之间的关系问题。马克思批判了资产阶级价值观的唯心主义倾向，阐释了社会主流价值观构建与社会物质基础之间的辩证关系。社会主义的生产方式是构建社会主义核心价值观的物质基础。党的十八大以来，以习近平总书记为核心的党中央提出的社会主义核心价值观，是在社会主义实践基础上对马克思社会主义价值观的创新发展。社会主义核心价值观解决了社会主义在主流价值观构建方面面临的若干问题：社会主义核心价值观解决了社会主义国家主流价值观构建的上位问题，即谁来主导价值观的构建；社会主义核心价值观解决了社会主义一般性价值观与市场经济价值观的融合问题；社会主义核心价值观解决了民族性文化价值基因与阶段性价值要求的关系；社会主义核心价值观贡献了社会主义国家主流价值观构建的中国路径。可以说，社会主义核心价值观是马克思主义价值论在 21 世纪的新发展，是 21 世纪的社会主义价值观。

第一节　社会主义核心价值观对马克思主义价值论的继承

马克思、恩格斯所提出的为大多数人谋利益、实现社会平等和人的自由全面发展等价值观构成了科学社会主义价值观的根本基因。

一、社会主义核心价值观继承了马克思的以人民为主体的价值立场

马克思提出了以人民为主体和为绝大多数人谋利益的价值理想，并科学论证了其实现的途径、手段和主体力量。唯有积极挖掘马克思价值论的人民性指向，才能真正把握社会主义核心价值观的人民立场。马克思认为人的现实需要是人类历史存在和发展的前提。人的需要是人类活动的原动力。人的需要促进了生产的扩大和语言的产生，而生产的需要又促进了交往的需要。马克思曾指出，人是社会关系的总和。每个人都是要生活在某种社会关系之中。人民群众是历史的创造者，人民群众的各种社会活动和社会关系是社会价值

观的社会基础。从马克思的价值论实践品格看，人类社会主流价值观不断发展的过程就是人类社会生产方式和社会交往实践不断进化的过程。价值观是人们在社会交往过程中所形成的集体思想共识，既反映了人类生活的客观条件，又代表了人类对于未来的向往和追求。

马克思在《德意志意识形态》中曾揭露阶级社会的普遍思想观念本质是统治阶级的思想观念。根据马克思的观点，资产阶级的普世价值就是资产阶级的价值观上升为社会主流价值观的形式。当资产阶级的价值观成为社会主流价值观的时候，其他阶级的价值观会被逐渐忽视，包括无产阶级在内劳动群众的价值诉求会在社会中被掩盖。资产阶级的价值诉求成为全社会的价值追求，资产阶级的价值标准成为全社会的价值标准。西方的主流价值观本质上是为建立在市场经济基础上的市民社会服务的。它是要构建一个符合市场经济原则的社会秩序和道德原则。在整个社会对于物的价值追求远远超过对于人的价值追求的情况下，民主、自由、人权、法治等价值概念都变成资产阶级维持自己统治的抽象口号。资产阶级思想家们以抽象的人性论和绝对理性论述这些价值概念，最终这些价值概念变成了脱离实际的用来维护资产阶级统治的绝对教条而已。

社会主义核心价值观的人民主体性正是马克思唯物史观的人民群众的历史地位在中国特色社会主义实践中的具体表现。人民不是一个抽象的概念，而是一个个具体的生命个体的总和。作为社会主义核心价值观价值主体的个人是现实的人，是具体的、不断变化发展的人，是一定社会历史条件造就的人，这是我们理解社会主义核心价值观的逻辑起点。社会主义核心价值观具有广泛的群众基础，它不是某些政治家或思想家高呼的口号，也不是某些社会群体巩固自己统治地位的精神工具。社会主义核心价值观是最广大人民群众的价值共识，是大家共同的价值追求和道德价值要求。社会主义核心价值观与每一位社会人紧密相关，它反映出每一个普通的人在社会发展中的存在价值。中国特色社会主义事业是人民群众共同的事业，是人民群众实现个人价值的真实场域。社会主义核心价值观的内容体现了当代中国发展的价值要求，与最广大人民群众的命运息息相关。人民群众是社会主义核心价值观培育和践行的主体，人民群众对于社会主义核心价值观的认可程度最终决定了核心价值观践行的效果。社会主义核心价值观本身的阐释需要贴近人民群众，社会主义核心价值观的培育与践行需要深入人民群众，与人民群众的生活紧密相连，使得人民群众自觉将社会主义核心价值观内化为自己的实际行动。

社会主义核心价值观是中国共产党在马克思主义的指导下，对于当前中国实践价值关系的高度概括和人民价值意愿的高度凝练。社会主义核心价值观作为人民利益和需求的最大公约数，兼容社会各阶层的整体利益和需求。社会主义核心价值观是社会大多数人共识的价值理念，它是整个社会的普遍价值标准。它不专属于哪个阶层，也不是为哪个阶层的利益服务，是各个阶层的共性。社会主义核心价值观代表各个阶层的共同理想、共同遵守的社会准则和秩序、共同遵守的社会道德。大多数人普遍可以接受社会主义核心价值观的价值准则。社会主义核心价值观从根本上说是人民群众在国家、社会、个人层面的价值观，其根本目的是通过引导和塑造社会伦理道德、公序良俗，维护和实现人民群众的利益。社会主义核心价值观的价值立场在于以人民为主体，体现人民的价值追求和价值取向。社会主义核心价值观所包含的个人价值观与西方极端个人主义价值观有本质的区别。极端个人主义价值观完全以个人为出发点，极端追求个人利益，无视他人的基本权利，最后结果会破坏社会共同遵守的底线与价值共识。社会主义核心价值观是在充分尊重个人权利和诉求的同时，使每个人成为社会秩序的自觉参与者，自觉遵守与维护社会规范，将自己的利益与社会正向发展统一起来。在资本主义社会，个体价值观与社会价值观是矛盾的，社会价值观只是部分阶级价值观以社会的形式呈现出来，其本质是阶级价值观。这种阶级价值观又表现为抽象的概念，尤其是对劳动群众而言，社会价值观的遵循并不等于个人价值的彰显,可能是个人价值的掩盖和贬低。而在社会主义社会,人的个体生活与社会生活是共生共荣的,个体生活以自身的方式呈现在社会生活中。个体价值观融汇合成社会价值观,社会价值观引领个体价值观的发展方向。社会价值观与个人价值观基本上是一致的,个人在遵循社会价值观的同时,也在实现个人价值。社会主义核心价值观是个人价值观的凝练和共识,培育和践行社会主义核心价值观可以激励个体的行为,强化个体的利益需要和追求,使个体保持积极、持久的精神状态。

  社会主义核心价值观包含国家、社会、个人三个层面的价值观,实际上体现了中国人的集体价值诉求。人民群众的价值与国家、民族的价值是一致的。国家、民族不是抽象的、虚无的,而是真实的,是每一个个体的集合体。根据马克思的观点,个人价值的实现是离不开社会的。中国近现代历史表明,国家、民族的落后是全体中国人实现价值的最大障碍。中华民族的前途命运与每一个中国人的命运紧密相关,没有国就没有家。国家、民族的繁荣、强盛是改变个人命运、实现个人价值的根本条件。国家的富强、民主、文明、和谐为个人的发展创造坚实的基础,而自由、平等、公正、法治的社会又会给每个人的发展创造良好的社会环境。构建有效的社会治理、良好的社会秩序是满足人民群众日益增长的美好生活需要的条件。[1]社会主义核心价值观不是抽象的概念,它有具体的内涵和要求。在国家层面、社会层面和个人层面上都是非常具体的。在社会主义社会,社会主义核心价值观以绝大多数人的利益为价值立场,真正实现了社会关系基础与社会价值观之间的统一。人民群众的价值诉求在社会主义核心价值观中得到充分彰显,人民群众的价值诉求和价值标准成为全社会的价值诉求和价值标准。社会主义核心价值观作为中国社会的核心价值观承载着全体中国人的美好愿景,代表着中

---

[1] 习近平. 决胜全面建设小康社会夺取新时代中国特色社会主义伟大胜利——在中国共产党第十九次全国代表大会上的报告[N]. 人民日报,2017-10-28(1).

国人民对中国特色社会主义事业的价值追求。中国共产党也一直将人民群众的需要作为一切工作的目标和社会发展的动力。改革开放初期，党和国家以满足人民群众日益增长的物质文化需要作为整个社会的根本任务。中央决定以经济建设为中心，大力发展生产力，就是要改变落后生产的状况，满足人民群众的需要。社会最高价值原则和标准就是生产力的发展和经济建设，也就是生产力标准。经过改革开放40多年的发展，在党的十九大报告中提出，"把不断满足人民日益增长的美好生活需要"作为党的使命不懈追求。这意味着人民群众生活水平有了很大的提高，又有了更高的价值追求。总体上看，人民群众是我们整个社会的价值主体，人民群众是价值的创造者，人民群众又是价值的满足者。

二、社会主义核心价值观继承了马克思的主体间价值关系思想

马克思在抽象概括商品价值概念的时候，创立了主体间价值关系理论。主体间价值关系理论使人们对于价值的理解超越了主客体关系。人们对于价值的认识从人与自然的主客体关系转向人与人的主体间关系。除了人类改造自然创造的满足人类需要的劳动产品之外，人类社会内部所形成的政治制度、社会秩序、社会规范等对个人也有价值，是个人实现价值的社会客观条件。马克思揭示，资本主义社会人与人之间的关系是掩盖在物背后的以劳动为纽带的关系，建立在等价交换原则基础上的劳动竞争、劳动交换关系是实现个人发展的基本社会条件。资本主义社会的这种劳动交换关系打碎了封建社会的人身依附关系、等级关系，使每一个人成为独立的生命、人格个体。在资本主义市场经济基础上的完全以劳动交换为基础的社会关系形成社会不同的秩序、规范、氛围。人们对这种新的社会秩序、规范、氛围产生新的理想的价值观念，诸如民主、自由、法治等。但是，因生产资料私有制而导致的劳动异化，又使人的本质、人格物化为物或货币。主体间关系异化为主体间对立以及主体间劳

动剥削关系。民主、自由、法治的理想社会状态恐怕只是有钱人的专利。

中国特色社会主义是以社会主义市场经济体制作为社会资源配置的基础手段。市场经济作为一种配置资源的手段，内生出与其相适应的价值规范。市场交换必须遵循的原则：等价交换、自愿交换。商品就是个人利益与社会利益交换的载体。商品的交换价值就是社会对于个人利益的认可。市场经济并不是以极端利己主义为道德基础，而是以互利为基础的个人主义基础。价值原则包括权利平等、公平交易、诚实守信、遵守法律等。在经济上相对独立的个体，在交往、交换过程中作为经济人具有平等的权利。公平，讲求等价交换，以法律规范市场行为，只有诚实守信才能保证市场经济的正常进行。市场经济有自己固有的规律，对人的道德素质和行为准则有共同要求。创业进取、敬业守职、诚实信用、公平竞争和遵纪守法等，是世界各国在不同市场经济体制下共同遵循的道德要求，同时也成为各国在经济交往中的共同道德要求。

中国特色社会主义构建社会主义市场经济体制就是要承认在市场经济中存在社会主义与资本主义的不同，马克思所揭示的主体间异化关系根源不是市场经济而是以私有制为基础的资本主义制度。既然承认市场经济有社会主义和资本主义的不同，那么市场经济就不一定是和个人主义价值观天然共生的。个人主义价值观是和私有制基础的市场经济相吻合的。市场经济的主要功能是配置资源，而分配方式是由生产资料所有制所决定的。与公有制为主体的市场经济所吻合的不是个人主义价值观，而是集体主义价值观。对于国有企业的职工来讲，利益立足点不是个人主义，而是集体主义。集体主义价值观与市场经济并不是对立的。在资本主义国家，人们依靠私有财产和法律去保障和追求公平和平等。在社会主义国家，人们还可以依靠政府和社会去保障和追求公平和平等。资本主义社会公平竞争、等价交换是在交换领域，不是在生产领域。在生产领域是不等价交换，代表者是劳动力商品。对社会主义国家而言，公平、平等除了表现在经济领域，也表现在政治、社会领域。在竞争机会、社会资源和政治权利方面，由于实行人民民主专政和以公有制为主的经济基础，政治和社会领域能更公平和平等。

马克思曾揭示资本、市场对于人的精神生活异化，造成人的精神生活丰富性的抽空。在商业化的现代社会资本逻辑中，一切权利和资源都可以用资本价值来衡量。市场原则与人们的日常生活密切相关，这种人们在现实社会生活基础上所形成的认知和规则更容易让人接受。由于人们对于价值的物质量化和对金钱拜物教式的崇拜，使得很多人的精神生活成为欲望阈值，从而给精神生活的进一步提升带来难度。市场化的资本逻辑是现代个体按照个体自我需要，尽力满足自身内部的欲求。社会主义国家要构建丰富的精神生活的公共性福祉，这与资本逻辑矛盾。我们不是全部、彻底否定资本逻辑，而是要规范、约束资本对于人的精神生活丰富性的抽空，应该在市场逻辑下的伦理与社会主义精神生活秩序之间选择一个合适的度。在精神活动领域，绝对不能让资本操纵，凌驾于政府之上。在政治生活领域，绝不能让资本控制政治生活和民主选举。要以社会道德规则规范、约束市场经济行为，而不能将市场经济行为的基本原则引申到道德领域，并成为调整人与人之间关系的道德准则。社会主义制度是一种比资本主义制度更进步的社会制度，在本质上必然有比资本主义经济道德更高层次的道德——社会主义道德体系。市场经济体制共同要求的道德与社会主义道德体系并不排斥。中国在构建社会主义市场经济体制初期出现了一些道德价值观乱象，根源在于社会主义市场经济的道德体系没有构建起来。在从传统经济向市场经济过渡时期最可能发生的状况，是以忠诚为核心的道德传统动摇。在市场经济条件下，人与人之间的关系不是谁忠诚谁，而是相互平等地尊重和信任。这种尊重和信任不仅是对人格、人品的信任，更是对对方能否担负起与权利相对称的责任特别是财产责任能力的信任。极端利己主义往往发生在市场经济初期、未成熟时期，以相互尊重、相互信任为核心的道德秩序尚未建立，个人既不考虑忠诚，也不恪守信用，只考虑自己个人的利益和愿望，损害和欺骗他人。当社会主义道德体系构建起来后，这些现象得到很好的解决。在中国，维护市场秩序和道德行为的力量不仅仅是市场本身，还有党和政府的力量。社会主义道德体系既反映了市场经济要求，又体现了社会主义性质。

对于社会主义国家来讲，社会主义价值不仅体现在人们对物质财富的创造和共享，也体现在人们对于理想的社会制度、社会规范、社会氛围的向往和实现。社会主义扬弃了资本主义主体间的异化关系，能够真正实现主体间关系的和谐状态。社会主义核心价值观集中体现了社会主义主体间价值关系的理想要求。社会主义核心价值观是以社会的共同价值和理想为最终目标的，它是以个体和集体的长远利益和最终利益为目的，不是以个体的现实利益为目的。不同利益主体有自己的现实利益，有在现实利益基础上的价值观念。社会主义核心价值观是对个人价值观的引导，使个人自觉、理性地将自己的现实利益与集体的、长远的利益统一起来，并以社会主义核心价值观规范自己的行为，引导自己的价值观念。社会主义市场经济不是谁把谁"吃掉"，而是要保持良好的秩序和原则，避免弱肉强食、个人至上的竞争原则，克服资本主义市场经济的弊端。社会主义市场经济保障良性竞争，避免恶性竞争，不以浪费社会资源为代价，不以牺牲别人为目标。

三、社会主义核心价值观继承了马克思的共同体价值思想

社会主义核心价值观体现了个人价值与社会价值的高度统一。人的价值到底是表现在其个人价值还是社会价值，一直是价值哲学讨论的问题。个人主义价值观和集体主义价值观也是资本主义和社会主义意识形态对立的重要表现。马克思在《德意志意识形态》中曾提出真正的共同体是实现人的全面发展的途径和场域的观点。他认为以往的国家只是冒充的、虚假的共同体，因为这种共同体在本质上是一个阶级反对另一个阶级的联合。个人价值与社会价值之间

存在严重分裂。国家所要追求的价值是统治阶级的阶级价值，更甚者当国家政权异化为某种独立的利益集体时，所谓的国家价值实际上就是政治统治者的价值。当资产阶级思想家主张个人自由、个人价值的时候，国家甚至成为个人价值实现的现实障碍。个人自由逐渐演变为极端利己主义。

只有在真正的共同体中，个人价值与社会价值才能高度一致。以生产资料公有制为主体的社会主义国家是对虚假共同体的扬弃，人民是国家的主人，国家在本质上代表人民群众的根本利益。社会主义国家是实现个人价值的真正场域，中华民族的伟大复兴是每一个中华儿女的共同理想。国富则民强，国穷则民弱。每一个人的价值实现是和中国特色社会主义事业绑在一起的。社会主义国家作为人民普遍利益的代表，不能容忍某些群体利益过分膨胀而威胁到人民普遍利益。改革开放前，在追求纯粹公有制和高度计划经济背景下，个人利益与集体利益高度一致，但是因为整个社会发展的滞后限制了个人价值的实现。20世纪90年代，在计划经济向市场经济转型的过程中，在以单一公有制为基础的计划经济体制向公有制为主体的多种所有制基础上的市场经济体制转变时，人们的分配方式发生根本性变化。货币成为社会资源配置、劳动产品交换的主要媒介，计划经济时代的一些分配方式，比如福利分房、票证制度、粮食配给制度等被货币取代。货币开始成为人们满足自己物质文化生活需要的主要工具，个人对金钱的向往和崇拜逐渐成为普遍现象，拜金主义价值观在社会中的影响也越来越大。而作为集体象征的政府、社会、团体等对于个人的影响在不断淡化。也就是说，公有制在所有制的主体地位没有在民众的日常生活中体现出来。代表集体的政府、社会对于个人影响削弱，角色淡化。在我国经济发展不平衡不充分的情况下，现实存在着价值主体多元化的现象，广大人民群众的价值要求既存在某些一致性，又存在一定的冲突性。人们的需求不同、关切不同、认知不同，所以自发形成的价值观念也不同。根据马克思的历史唯物主义原理，意识形态取决于社会生产方式的变化。当社会的生产方式和社会关系发生变化的时候,原来的思想观念就落后了。改革开放以来,人们的利益呈现多元化趋势,使得社会呈现出多元主体的价值诉求。中国需要构建社会主流价值观,尽可能地将多元主体的价值诉求纳入社会价值观中。中国的价值观构建背景与西方不同,西方主流价值观的背景是反封建主义的资产阶级革命;中国主流价值观构建的背景是社会转型,由计划经济体制下的社会向市场经济体制下的社会转型。在这个转型过程中,我们需要解决的是如何把个人价值纳入社会价值的范畴。人们最大的共识是中华民族的伟大复兴,每个人的价值实现与整个中华民族的前途命运紧密结合在一起。社会主流价值观最主要的问题是国家未来的发展方向和新的社会秩序、道德规范的构建问题。改革开放的前40年,人们最缺乏的是各种物质资源和文化资源,整个社会的价值标准是能否满足人们日益增长的物质文化需要,以发展经济、生产力、精神文化作为最大的社会价值追求。全社会围绕着生产力、综合国力、生活水平的提高作为社会评价标准。党的十九大提出,社会主义主要矛盾由人们日益增长的物质文化需要转向人们日益增长的美好生活需要。整个社会以能否实现人们日益增长的美好生活为价值标准。人们的美好生活建立在富强、民主、文明、和谐的经济、政治、精神、社会、生态各领域的发展基础之上。一切围绕着人们的美好生活、中华民族的伟大复兴作为评价标准。社会主义核心价值观就是对于社会价值观念的集中凝练。

社会主义核心价值观的根本属性就是社会主义性质的价值观。社会主义核心价值观是以社会普遍性的特征存在的,既体现了社会主义性质,又体现普遍形式。社会主义核心价值观中国家层面的价值观,代表的是每一个中国人的共同愿望,也表明了社会主义国家个人价值与社会价值的高度统一。社会主义国家以其理想的普遍性特征充当着社会主义核心价值观的中介。当社会主义核心价值观由国家作为中介之后,社会主义核心价值观与社会成员的关系表现为国家与社会成员的关系,其背后代表的是个人的特殊利益与国家的普遍利益之间的辩证关系。因为中国的社会主义性质，个人的特殊利益与国家的普遍利益具有高度的一致性。比如，我们的"精准扶贫"工作的成功体现了国家作为普遍利益的代表承担了个人利益保障的重担，彰显了社会主义核心价值观的普遍性。西方社会是自下而上的形成价值观。西方社会的主要任务是将资产阶级的价值观上升为社会主流价值观，利用所掌握的宣传媒体和思想家们进行不断宣导、构建理论系统，并逐渐排挤、抑制其他价值观念。其主要途径就是通过理论的教育和媒体的宣传把资产阶级价值观绝对化、理性化。我们是自上而下的构建社会主义核心价值观。当国家自上而下的去引导社会价值观的时候，面临的问题是人们自下而上所形成的价值观念与国家自上而下的价值观之间的冲突和矛盾。我们的主要任务是培育和践行社会主义核心价值观。中国共产党和各级从政者不仅应当是道德建设的倡导者、组织者，而且应当是道德建设的带头践行者。

第二节　社会主义核心价值观对马克思主义价值论的发展

进入 21 世纪，社会主义与资本主义两制之间的竞争，除了制度优势之争，越来越表现出价值优势之争。西方国家利用自己的传统优势，以各种形式对社会主义国家进行意识形态的渗透，试图以"普世价值"取代社会主义价值。习近平总书记曾强调，"如果没有自己的精神独立性，那政治、思想、文化、制度等方面的独立性就会被釜底抽薪"。❶ 社会主义国家在意识形态方面面临着前所未有的压力和挑战。一方面，西方国家以资产阶级思想理论动摇中国特色

---

❶ 中共中央文献研究室. 习近平关于社会主义文化建设论述摘编 [M]. 北京：中央文献出版社，2017：159.

社会主义理论基础。西方资产阶级意识形态在渗透的过程中逐渐淡化了政治色彩，常常披着学术理论的外衣，对于大学生和知识分子的影响更大。西方一些机构、大学以公开学术知识的方式，推动资产阶级价值观对中国的渗透。西方势力通过学术交流、非政府组织等，扶持网络公知、意见领袖等，中伤党和政府的形象，通过资助、帮助出版、提供访问学习机会等方式资助亲西方学者、意见领袖。这些人对自己的文化自卑，以洋为尊，盲目崇洋，奉西方理论、西方话语为金科玉律，跟着西方话语亦步亦趋，不由自主演变成资本主义意识形态的吹鼓手。另一方面，西方国家以新闻媒体掌握舆论导向攻击社会主义制度。西方国家借助新媒体手段，利用热点问题、焦点事件，制造舆情、蛊惑舆论，急速放大效果，形成舆论风波。新媒体传播速度快，辐射效应强，扩散范围广，意识形态风险的"蝴蝶效应"表现得更加显著。借助社会热点，将热点问题与意识形态联系起来，利用自媒体等工具渲染炒作，将矛头引向社会主义制度和党的领导体制。消解主流意识形态话语权，形成网络意识形态危机。网络信息传播的多元、双向性，打破了传统媒体单向度的传播模式，使得主流意识形态的话语权威日益消解，社会主义核心价值观在引导、规范和矫正方面的功能被弱化。西方利用互联网技术手段，引发一部分民众非法触网，接触境外消息，利用嫁接、歪曲的消息误导民众，抹黑党，攻击社会主义基本制度，否定党的历史。某些人利用民众的猎奇心理以解密、再评价、再认识等方式，对一些历史事件、历史人物进行歪曲。另外，资本力量在网络新媒体的扩张也对于社会主义核心价值观造成很大的冲击。资本将触角渗透到意识形态领域，尤其是网络，众多的社交平台、直播平台、电商平台、游戏平台等需要凭借强大的流量而获得广告、零售等巨额利益。资本为了巩固自己的互联网地位，他们会将自己的文化或价值观通过互联网灌输给受众，起到长期锁住受众的目的，这对于社会主义核心价值观的建设造成了重大影响。所以，习近平总书记在文

艺工作座谈会上强调,"文艺不能当市场的奴隶,不要沾满了铜臭气。"❶

中国特色社会主义在经济建设方面创造了世界奇迹,展现了社会主义制度的优越性。中国需要也有能力展现社会主义文化的强大优越性。社会主义核心价值观作为社会主义价值的观念凝练是社会主义意识形态的核心。社会主义核心价值观是当代中国精神的集中体现,是凝聚中国力量的思想道德基础。在全国构建社会主义核心价值观体现了中国共产党展现社会主义文化先进性的雄心壮志。中国特色社会主义实践充分展现了社会主义价值,也让我们对社会主义价值有了更为全面的认识。社会主义核心价值观正是对社会主义价值的高度凝练,因此也体现了社会主义国家的基本价值要求。社会主义核心价值观与西方的"普世价值"有根本的区别,社会主义核心价值观真正坚持人民的立场,立足社会现实的发展,追求人的解放和发展。社会主义核心价值观是社会主义基本价值原则与民族特性、时代要求相结合的典范。社会主义核心价值观之所以不像西方"普世价值"沦为抽象的概念、虚假的精神幻想,就在于社会主义核心价值观深深扎根于民族文化、切合时代要求。马克思主义与中国传统文化相结合,让优秀传统文化在当代焕发新的生机。尤其是中国传统文化中关于个人修养、道德伦理教育的思想弥补了马克思主义价值观在道德方面的缺失。社会主义价值原则与时代要求结合,让社会主义价值原则真正落到实际中,社会主义事业得以不断发展。理解社会主义核心价值观绝不能忽视它的时代性。我们要贴近时代去理解和阐释它。社会主义核心价值观体现了中国特色社会主义新时代的价值要求,其中包括实现社会主义现代化的要求,实现中华民族伟大复兴的要求,实现人民群众美好生活的要求,等等。简而言之,社会主义核心价值观是对21世纪中国特色社会主义价值

---

❶ 中共中央文献研究室. 十八大以来重要文献选编(中)[M]. 北京:中央文献出版社,2016:132.

观念共识的高度凝练，是马克思主义价值观在 21 世纪的新发展。

一、社会主义社会的社会伦理文化建设

根据马克思主义观点，社会价值观是在一定生产力基础上的社会关系、社会交往的产物。例如，资本主义国家的社会价值观的形成和产生与资本主义生产方式的市民社会密切相关。在西方社会，当资本主义生产方式发展到一定阶段出现了国家与市民社会的分化，市民社会有自己相对独立性，在市民社会中个人或团体从事最基本的物质生产生活活动。市民社会的行为规范需要一个不同于封建等级社会的价值观念。社会交往的自由、平等、法治、公正的价值观念与市场经济、资本主义私有制原则密不可分。人们按照一定的规则进行社会交往活动。活动的目的主要是满足自己生存和发展的需要，不具有政治性。在西方社会，道德价值观是市民社会中人们自愿遵循的社会交往的规则。市民社会构建的新价值观念，符合资本、商品交往的原则。只不过这些价值观念进入社会交往的其他领域则变成了虚假的口号。

社会主义国家的社会价值观与资本主义国家的社会价值观不同。社会主义国家的社会价值观既与社会主义国家的社会关系、社会交往密不可分，又要遵循、体现社会主义基本价值观念。社会主义国家的社会价值观代表社会发展的方向和社会应该遵守的社会基本原则。马克思主义价值观所推崇的自由、平等、民主等价值观念作为体现人的价值，实现人的解放的价值观念理应成为社会主义社会价值观的重要内容。社会主义核心价值观反映了当前中国社会关系、社会交往。对于社会主义核心价值观的理解不能超出我们这个时代，不能超出我们的社会关系、社会交往，不能超出我们的生产力水平。当价值目标描绘的理想状态与现实境况相去甚远的时候，人民群众就会产生怀疑，损害社会主义价值观在人民群众中的公信力。社会主义价值观必须立足于现实，符合现实要求。在中国基本经济制度和基本政治制度基础上所形成的各种社会关系是我国主流价值观形

成的基础。我国主流价值观的变化也是随着社会变革而形成的新社会关系而变化的。中华人民共和国成立前，传统的宗法伦理秩序是社会关系的基本原则。20世纪50年代到改革开放前，政府和集体经济取代宗族成为个人获得自我价值的外部条件。改革开放之后，随着商品经济、市场经济的发展，计划经济体制的"大锅饭"、平均主义被按劳分配为主的多种分配形式取代，个体的物质生活改善依赖自己的劳动和生产要素的付出，人们更多地关注自我和自我价值的实现。

改革开放前，社会主义主流价值观是全心全意为人民服务，集体主义，讲求奉献，以社会、集体为最高价值目标，实现社会、集体的价值，个人的价值体现在为人民服务方面，体现在对社会的价值。改革开放之初，随着个体经济的再次兴起和对个人利益的重视，社会出现关于人道主义价值观的争论，人们提出所谓社会主义人道主义，开始对人的个人价值的重视，重视人的需要、个人利益。20世纪90年代，非公有制经济的发展和市场经济体制的建立，改变了经济分配方式和资源配置方式，人们在经济领域的行为和规则发生变化。人们逐渐增强了自由、自立、自强的自我意识。同时，个人主义、利己主义和享乐主义价值观日益流行起来，传统社会主义价值观遭受到前所未有的挑战。国家所倡导的为人民服务、集体主义、公而忘私的价值观念在人们日常生活中遇到冲突，与人们的实际利益相冲突。这些集体主义价值观越来越边缘化。进入21世纪，我国经济社会转型加速，导致人们思想观念和价值取向不断多元，呈现多样性、差异性、独立性特点。改革进入深水区，矛盾激化凸显、问题集中爆发，如果处理不好，会引发政治不稳定风险。而深处其中的民众，可能会因为利益的失衡而产生不满，对政府的误解导致思想的情绪化、极端化。中国构建社会主义市场经济伦理，需要实现社会价值观创新，就是如何处理社会主义价值观与市场经济的关系，尤其是要解决民营企业、企业家关于经济效益与社会效益的关系问题。资本天然追求经济利润、经济效益，而社会效益是作为社会主义建设者的责任和义务。非公有制企业除了是市场经济主体，更是社会主义建设者。社会效益以社会整体利益为价值导向，民营企业家在就业、纳税、公益、扶贫、创新等方面扮演着重要角色。市场主体要遵守社会法律法规，要遵守基本的社会道德要求。

  社会主义核心价值观将社会主义制度和市场经济融合，构建既符合社会主义制度属性，又能体现市场经济规则的价值观念，这是对马克思主义价值观念的创新。核心价值观虽是社会主义性质的，但与其他的价值观并不产生根本冲突。在多种经济成分下的价值观体系构建，要尽量回避彼此冲突，凝练都能接受的最大公约数。当今西方社会也是处于以多种所有制并存为经济基础，以资本主义私有制为主的多种所有制并存的状态。资本主义主流价值观是资产阶级性质的，与社会关系并不完全相同，资本主义社会内部存在着各种价值观矛盾和冲突。中国与西方国家不一样，人民群众的根本利益是一致的。社会主义核心价值观的经济基础是以公有制为主体的多种所有制经济。在经济基础之上，人们形成以生产关系为基础的各种社会关系。当然这种社会关系还会受到社会传统伦理和社会政治制度等因素的影响。人们在社会资源分配、政治权利、生态环境、民生等方面的合理需要不断增长，公正、民主、法治、和谐、幸福等成为人们的同等重要的价值要求。习近平总书记指出："任何一个社会都存在多种多样的价值观念和价值取向，要把全社会意志和力量凝聚起来，必须有一套与经济基础和政治制度相适应并能形成广泛社会共识的核心价值观"。❶ 当代，中国特色社会主义社会是建立在自由、平等、民主、法制等现代伦理政治秩序之上，与传统中国社会在本质上完全不同。自由、平等、法治、公正等价值观念既是社会主义经济交往的原则，又是社会交往的原则。与资本主义国家不同，这些价值原则不仅仅体现在经济领域，也体现在各种社会权

---

❶ 中共中央文献研究室. 习近平关于社会主义文化建设论述摘编[M]. 北京：中央文献出版社，2017：106.

利、社会机会、社会资源方面。

社会主义核心价值观不同于共产主义社会基本原则，不能以共产主义原则套用到社会主义阶段。要承认社会主义初级阶段的价值观是具有阶级性的价值观。社会主义自由、民主观具有无产阶级属性，不同于资产阶级的自由、民主观。因而不能把社会主义核心价值观念等同于资本主义社会的价值观念。公有制决定了价值观念的社会主义性质，多种所有制并存又决定了价值观念的包容性、兼容性。协商民主就体现了民主观念的包容性。自由除了资产阶级革命反抗封建制度所倡导的自由，还有社会主义革命反抗资本主义剥削的自由。我们的自由不是建立在私有制基础上的，不是一种个人主义的自由。我们的自由是建立在以公有制为主的多种所有制基础上的自由。这种自由既保护资本流动的自由、保护个人财产基础上的自由，又保护公有财产基础上的自由，维护社会整体利益和多数人的自由。所以，我们的自由更多地强调多数人的自由。

社会主义核心价值观具有统领性。既有代表公有制的集体主义价值观，又有代表其他非公有制的价值观，如个体经济、民营经济、外资经济。构建一个适合中国特色社会主义基本经济制度和政治制度的价值观体系是一个重大任务。要凝聚共识，凝聚向心力，必须构建一个具有共性的价值观。中国需要一个价值观体系引领全社会。公有制为主体的经济基础和人民民主专政的国家政权，为自由、平等、法治、公正价值观提供了根本保证。社会主义核心价值观的社会层面价值观在概念方面与西方价值观相同，但内涵和价值主体不同。西方的自由、平等、公正价值观价值主体是个人，而中国的自由、平等、公正、法治的价值观主体是社会，是对社会整体的要求。西方强调个人自由，中国强调社会自由。在中国，社会共同体是实现个人价值的真正场域。我们要落实核心价值观，就必须注意社会价值观构建细节，在全社会确立社会统一的、客观的价值标准，维护社会的公平正义。

二、社会主义的国家发展价值建设

社会主义核心价值观和西方主流价值观的内容不同，西方价值观主要是强调个人的价值，社会主义核心价值观不仅强调个人价值，也强调国家价值、社会价值。社会主义国家重视个人道德价值观、国家价值观建设。国家层面的价值观就是国家的走向，未来的发展方向，这是人民的期盼，也是党对于人民的庄严承诺，明确社会主义国家的发展目标。

当前世界格局正呈现东升西降的趋势。中国没有按照西方的意图进行发展，西方势力对中国进行政治经济自由化的和平演变的企图落空，西方社会对中国的特色社会主义事业的成功保持警惕和出现恐慌。西方国家掀起新一轮的中国"威胁论"，对于中国特色社会主义道路和制度进行攻击和抹黑。不同制度、不同发展道路之间的较量更加激烈。西方意识形态正集中力量对付中国，一些境外敌对势力对我国发动意识形态攻势。西方媒体对于中国骂声远远多过赞美声。一些政客利用西方社会对于中国的一些误解污名化中国的政策，比如"一带一路"，德国前外长加布里埃尔指中国借"一带一路"打造有别于自由、民主与人权等西方价值观的制度；美国前国务卿彭佩奥在拉美演讲时将中国称为"新帝国主义列强"。所谓"普世价值"是西方发达国家的价值观念，与西方的历史文化密切相关，代表欧美国家的地域性，代表了欧美国家的发展的阶段性，代表了欧美文化传承。中国和其他发展中国家有处于相同发展阶段的共同价值观念，例如对于现代化的追求，对于富裕的追求。中国作为发展中国家的代表，中国的价值观对发展中国家更有意义。中国还有代表中国历史文化传统的价值观念，中国要向世界介绍、展现中国价值，让世界能够认可和接受中国价值。因而，中国要勇于提出自己的价值，不要陷入西方的逻辑陷阱中，不随西方价值起舞。

中国共产党根据中国特色社会主义建设经验，总结出了社会主义国家发展的价值要求。作为经济文化相对落后的社会主义国家，国家整体的发展目标既要体现现代化的要求，又要体现社会主义本质要求。社会主义的民族化、本土化，一个重要要求就是将社会主义基本价值要求与民族的历史发展任务结合起来。社会主义核心价值观将社会主义基本价值与中华民族的历史使命高度结合起来。社会主义核心价值观本质上是中国特色社会主义的意识形态核心，反映了中国特色社会主义的本质要求，是全体中国人价值观念的最大公约数。它表达的是我们要建设一个什么样的国家重大理论体系和解决什么样的现实问题。国家层面的核心价值观，代表着对国家发展的要求，既符合社会主义本质又符合民族复兴要求。富强、民主、文明、和谐体现了社会主义原则，但更多的是作为中华民族的要求，作为一个现代化国家的要求，是中华民族伟大复兴的要求。这个要求是具有阶段性的，也就是社会主义初级阶段的要求。富强、民主、文明、和谐等这是作为发展中国家的共同追求，是实现现代化的要求。

社会主义核心价值观国家层面的价值观为我们建设一个什么样的国家指明了方向，这也是中国特色社会主义实践对社会主义现代化国家标准的具化。（1）富强价值观，是中华民族近代以来对于经济富足强烈的现实诉求。中国共产党带领全国人民通过改革开放实现我国经济的快速崛起，我国已经是世界第二大经济体，但是这距离我们实现现代化仍然有一定的距离。经济发展是我们解决一切问题的基础和关键。我们要实现中华民族伟大复兴的中国梦，必须不断发展生产力，推进经济体制改革，持续增加经济总量和经济质量，为实现中国梦，满足人民群众的更好生活需要奠定物质基础。（2）民主价值观，代表着中国人民真正当家做主的诉求。中国共产党领导中国人民推翻"三座大山"，建立了人民当家做主的新政权。我国开创了中国特色社会主义民主制度，通过人民代表大会制度、多党合作和政治协商制度、民族区域自治制度、基层民主政治建设等落实了人民当家做主的渠道。不过，民主制度需要继续完善和丰富，人民群众的民主素养需要继续提高，民主发展道路的物质保证需要继续增强，这需要我们继续高举民主价值观旗帜更好地推进民主制度建设。我国所追求的是人民当家做主的民主，不是西方式的民主。我们要坚持社会主义民主观，坚定对社会主义民主的自信，引领中国的社会主义现代化建设。(3) 文明价值观，体现了中国对社会主义文化的重视和自信。文明已经成为中国社会主义现代化建设的重要内容。文明代表国家层面的文化富足，它是整个国家软实力的提高，整个民族精神状态改善。"文化是民族的血脉，是人民的精神家园。文化自信是更基本、更深层、更持久的力量。"❶ 我们树立文明价值观是要推进社会主义先进文化建设，让中华优秀传统文化伴随着国家的强大而不断焕发新的生机和活力。(4) 和谐价值观，是中华民族自古以来一直坚持和追求的价值规范。和谐代表着中国人处理社会关系、人与自然之间关系的理想状态。而这种理想状态也只是到了现在才变成现实。改革开放创造了经济奇迹，与此同时，利益多元化也带来了社会不同利益体之间差异矛盾。各种社会关系的和谐是社会稳定、团结的前提条件。坚持和谐价值观为我们处理人与人、人与自然在发展中的各种关系提供了基本原则。

三、社会主义个人道德价值建设

马克思主义对形成社会主义道德体系的贡献是：构建人类美好社会的理想、关于道德体系的生产方式和物质基础的论述、关于共产主义道德观念的论述等。在马克思看来，这些道德观念虽然不具有阶级性，但也是与生产方式和社会制度密切相关的，它反映了生产方式和社会制度的要求。封建社会不要求爱国，而是要求忠君，因为封建社会只存在单纯的人身依附关系，封建社会也没有敬业、诚信观念的要求，敬业、诚信是市场经济的要求。像亚当·斯密就认为，道德行为与经济活动是一致的，具有利己主义本性的个人在

---

❶ 中共中央办公厅、国务院办公厅. 关于实施中华优秀传统文化传承发展工程的意见 [N]. 人民日报，2017-01-26 (6).

社会关系中控制自己的情感和行为，进行有一定行为准则的有规律的活动。行为准则在经济活动中表现为经济规律，在政治生活中表现为社会法规。

社会主义道德一定要和社会主义发展阶段相一致，与国家发展目标、社会伦理要求相统一。苏联的惨痛教训是国家所宣扬的共产主义道德与现实存在很大的反差，苏联一方面宣扬在全国进行共产主义道德建设，另一方面苏共领导干部出现严重腐败现象，许多高级领导个人品德、个人生活被人诟病。

马克思主义价值观的作用主要是在国家政治层面的顶层设计和价值引领，马克思主义是关于经济基础和政治上层建筑的思想，是世界观和方法论，它与中国传统文化并不冲突。马克思主义并没有丰富的价值论、道德伦理以及社会秩序的思想。这些还需要我们从传统文化中去挖掘。中华传统美德主要指导人们的日常生活和私人交往甚至影响个人修养。中国传统文化是贯穿中华民族始终的、是凝结在中华民族基因中的东西。这是我们民族的特性，是不可能根除的，任何外来的思想和制度都要与之相适合、相融合。中国传统文化也是不断发展的，不同的时代散发不同的魅力，这种魅力不因社会制度的变迁而消失。从奴隶社会到封建社会，再到社会主义社会，制度变了，文化并没有发生根本改变。道德价值有着自己的民族遗传因素，不能简单与自己的传统切割。

中国传统文化中的仁义礼智信，是古代统治阶级所宣扬的社会行为规范和对个人道德修养的要求。这些都是作为个体的行为规范，是个人在处理与他人关系时的准则和规范。传统美德是中华民族道德价值的根，是立基点。其中虽然蕴含封建等级思想，但作为中国传统美德，消除其中的封建性和等级性并赋予新时代的内涵，可以作为全体民众的行为规范和美德的思想渊源。爱国是中华民族一直以来所倡导的道德准则。中华民族的家国情怀、爱国主义思想激励着一批批仁人志士投入到革命中，这是中国传统文化的精髓，也是中华民族屹立不倒的精神力量。虽然这里面不可避免会有忠君思想、等级观念，但不能因此一概抹杀。要从中剥离唯心主义的、封建的因素，赋予唯物主义的、社会主义的因素，要让中国传统优秀文化、传统美德焕发新的生机，要赋予其新的内涵。忠，在社会主义社会，不是忠于君主，而是忠于国家、人民。忠诚是一种美德，是个人对于集体的一种责任。敬业、诚信、友善涉及的是市场经济下个人行为规范和秩序的构建问题。敬业问题、诚信问题是市场经济初期所面临的共性问题。资本主义社会市场经济刚形成的时候就出现了很多道德问题，例如抗蒙拐骗。为了市场经济秩序的稳定和长期发展，需要让大家都遵守市场经济规律、规则。敬业、诚信无关社会制度性质，而是是否遵守游戏规则的问题，所以要用规则来约束。我们强调敬业、诚信、友善等道德伦理是有针对性的，主要是针对中国社会存在的问题，在市场经济和个人主义思潮影响下社会出现不诚信、不敬业、不友善的现象。这些价值观主要为了应对这些社会道德问题。例如，敬业是所有职业道德的共性。在西方中世纪，职业道德观来自于宗教，职业被作为上帝赋予人在世俗中的使命或义务，职业道德是对于上帝的忠贞，完成上帝赋予的使命。但是在资本主义社会，越敬业被剥削得越严重，敬业反而成了资产阶级灌输给无产阶级的经济"蜜糖"。在社会主义社会，职业道德有很多，敬业是最大公约数。敬业与社会主义事业有关，敬业是实现社会主义建设事业的重要精神动力。从社会主义事业看待敬业价值观，敬业本身反映的是劳动者与工作之间的关系，劳动者可以自由地选择职业。从国家的角度，敬业有利于社会的稳定，经济的健康发展；从个人的角度，敬业有利于职业发展；从企业单位的角度，敬业有利于企业单位的稳定。对于企业来说，企业也要承担社会责任和道德责任，坚持经济效益和社会效益并重，要积极承担社会责任，也要尊重道德。企业发展的社会价值导向是让企业与社会主义事业统一，这样的企业才能长期发展，才能得到人民的信任和国家的认同。一个企业如果和社会的主流价值观背道而驰，那这个企业最终会被社会所唾弃。诚信反映的是人与人交往的平等。中国传统文化中的信，主要是在家庭、家族本位基础上的君主专制主义等级社会的伦常关系规范。我们今天的信，主要是对等的人与人之间的相关关系规范。中国的市场经济快速发展，新旧体制更新迭代，熟人社会向生人社会演变。熟人社会的道德约束被破坏，生人社会的道德没有形成，更加容易不讲诚信。诚信价值观除了人们自觉树立，以诚信规范自己的行为，更重要的是社会对于诚信价值观的保障和维护，整个社会要形成和遵守诚信价值观，党政、法律制度去保证价值观。友善是个人之间一般性相处的态度，它所针对的是极端个人主义价值观，过分关心个人利益，对他人冷漠，不关心。中国传统文化的"仁"就是指人与人之间的关系准则。人与人日常交往的一种友善态度是，对待别人，要忠诚，己欲立而立人，己欲达而达人，己所不欲勿施于人。传统文化的这种仁爱是一种有差等的、推近及远的爱。我们要把传统仁爱思想中的封建等级、狭隘的血亲观念去掉。社会主义社会的友善是把这种人与人之间的友善建立在平等、互助、同志般的无差别的关系之上。

四、社会主义核心价值观的践行创新

中国有丰富的道德教化的思想、方法和鲜活的事例资源。中国的道德来源于家、国。在中国传统文化中，国家对于道德的内容和教化都扮演重要的角色。在中国，道德不是个人的事情，是家庭的事也是国家的事。道德教化是人性的提升过程，它要削弱和消解人本身的动物性。道德教化就是社会有意识地将社会的道德规范，通过一定的形式、途径向人们传授，寻求广泛、普遍的认同，以培养道德主体应然的道德品质。道德教化的过程要素包括道德教化的主体，道德教化的客体，道德教化的内容，道德教化的方式，道德教化的目的。关键是谁来实施，怎么实施，实施的目标是什么。

西方的道德主要来源于宗教和资本伦理。在西方国家，尤其是自由主义者，是反对国家进行道德教化的，他们主张国家应在道德和道德教育上保持中立。西方的那一套价值观践行方法不一定适合中国。在中国，对一个人影响最大的往往是家庭、学校、生活交往密切的人。中国传统文化重视家庭、血缘关系的伦理道德建设。在中国传统文化中关于个人的德和国家的德的内容非常丰富。在中国传统社会的家国同构体制下，围绕家庭、血缘关系的道德观与围绕国家的道德观之间相互联系。社会主义核心价值观虽然是国家所倡导的自上而下的价值观念，但是它本身是生活化的凝练。绝大多数人对于社会主义价值观的认同和接受是完全没有问题的。最关键的是在实践中的践行问题。对于个人而言，能否真正做到敬业、诚信更关键。还有就是践行主体的问题，自由、公正、法治等价值观践行的主体不应仅仅是个人，政党、政府、团体更应该作为践行的主体。社会主义核心价值观的践行，一定要党员干部带头。最大多数民众在践行过程中能够让自己的生活更加满意。民众是践行的主体，民众也是践行的受益者。

与西方社会相比，中国家庭在道德价值观方面扮演更重要的角色。家庭的传统、家庭的家风对个体价值观的养成起到极其重要的作用。最好的、符合中国特色的培育社会主义核心价值观的途径是进行道德教化。在中国几千年来的家国同构的体制下，中国传统文化以家庭为基础，家国情怀浓厚。中国人即使远离故土几百年也能保留中国文化基因，因为维系中国文化和道德的主要贡献者就是家庭。中国人的家庭联系和纽带远远超过西方社会，个体对于家庭的依赖和重视也远超西方社会。西方的利益最小单元是个体，而中国长期以来的利益最小单元是家庭。家风对于个人的影响远超其他因素，良好的家风对于个人成长至关重要。家国、忠孝向来是中国人最重要的价值观念，对家孝，对国忠，舍小家顾大家，忠大于孝。历史证明，时代的发展变化都改变不了家庭在社会中的独特地位和功能。传统家庭美德是支撑中华民族生生不息、薪火相传的重要精神力量，它不会因为市场经济的发展而弱化。传统家族随着现代经济发展而不断弱化、瓦解，家族在道德维护上的作用不断弱化，但家庭在个人道德养成方面扮演的角色并没有弱化。

2018年3月10日，习近平总书记在参加十三届全国人民代表大会第一次会议重庆代表团审议时强调："领导干部要讲政德。政德是整个社会道德建设的风向标。立政德，就要明大德、守公德、严私德。"❶ 习近平总书记将中国传统文化中的"德"发扬光大，赋予了新时代的内涵。作为个人素养的高度凝练，德本身就包含个人对于国家、社会、个人修养三个层面的内容，与社会主义核心价值观三个层次的价值观是高度对接的。从其本质看，德就是一种利他的品质，是与利己相对的。这是个人与他人、社会所处的准则和行为规范。在中国传统文化中，德主要是指高尚的品格及行为。它体现的是对于自我和社会认知的理性化，它是人们对于个人生活与社会生活的诸多行为价值判断和价值选择。习近平总书记指出："一种价值观要真正发挥作用，必须融入社会生活，让人们在实践中感知它、领悟它，达到'百姓日用而不知'的程度。"❷ 习近平总书记曾指出，"核心价值观，其实就是一种德，既是个人的德，也是一种大德，就是国家的德、社会的德。"社会主义核心价值观凝练了大德、公德、小德的内容，这是将中国传统美德与现代化要求统一起来。从层次看，大德是最高层次的，具有指导性，方向性。对于当代中国而言，大德就是中华民族的伟大复兴，国家和民族的未来。国家、社会的大德是国家、社会的发展方向和规范，是人们对于国家和社会的要求。社会公德一般指公民在社会交往和公共生活中应当遵循的行为准则。公德包括政治领域和社会领域的公德，政治领域的公德一直是中国传统文化的重要内容，社会领域的公德在中国传统社会是欠缺的。独善其身为小德。很明显，公德是指在公领域人们需要遵守的规则，小德也即私德是指个人的品德。而大德则是中国独特的思想，以天下为己任。

---

❶ 习近平：领导干部要讲政德．[EB/OL]．(2018-03-11)．http://www.xinhuanet.com/mrdx/2018-03/11/c_137030269.htm．

❷ 中共中央文献研究室．习近平关于社会主义文化建设论述摘编[M]．北京：中央文献出版社，2017：109．

中华文明有其独特的价值体系，与其他文明有根本的区别，其植根在中国人的内心，潜移默化地影响着中国人的思维方式和行为方式。比如，重家庭、家族，勤劳，重积累，重视孩子的教育，孝顺，热爱自己的祖国和民族，等等。中国优秀传统文化的丰富哲学思想、人文精神、教化思想、道德理念等，可以为人们认识和改造世界提供有益启迪，可以为治国理政提供有益启示，也可以为道德建设提供有益启发。中国传统文化的思想理念、传统美德、人文精神贯穿中华民族发展的始终，是中华优秀传统文化的核心内容。教化思想、道德理念对道德建设提供有益启发。中华优秀传统文化蕴含着丰富的道德理念和规范，如"天下兴亡，匹夫有责"的担当意识，精忠报国、振兴中华的爱国情怀，崇德向善、见贤思齐的社会风尚，孝悌忠信、礼义廉耻的荣辱观念。❶ 和西方价值观不同，社会主义国家执政党发挥着重要作用。中国共产党不仅是执政党，还是社会主义核心价值观的践行者。党员干部要做培育和践行社会主义核心价值观的模范，特别是领导干部要带好头，以身作则、率先垂范，讲党性、重品行、作表率，为民、务实、清廉，以人格力量感召群众、引领风尚。❷

第三节　社会主义核心价值观对西方价值观的超越

某些西方国家高扬"普世价值"的旗号对中国进行意识形态的渗透，曾对我国民众的价值观造成一定程度的冲击。近几年，随着社会主义核心价值观的培育和践行，西方的"普世价值"在中国民

---

❶ 中共中央办公厅. 关于培育和践行社会主义核心价值观的意见［N］. 人民日报，2013-12-24（01）.

❷ 中共中央办公厅. 关于培育和践行社会主义核心价值观的意见［N］. 人民日报，2013-12-24（01）.

众心中逐渐失去了市场。西方"普世价值"之所以在中国消退，其中一个原因是人们逐渐看清了某些西方国家推销"普世价值"背后的政治阴谋，而另一个重要原因是社会主义核心价值观实现了对西方价值观的超越，增强了民众对中国特色社会主义的价值自信。

一、社会主义核心价值观在理论层面对西方价值观的超越

西方的主流价值观一直存在几个理论问题：价值观概念的抽象化、空洞化、虚假化的问题，公领域与私领域价值观的关系问题，主流价值观与经济基础矛盾问题，等等。而社会主义核心价值观理论以马克思主义理论为基础，成功地化解了一直存在于西方社会的主流价值观问题，实现了对西方价值观的超越。

（一）社会主义价值观解决了社会价值观念抽象化、空洞化、虚假化的问题

资本主义国家所宣扬的自由、公正、法治等价值观念，在资本主义社会呈现抽象、空洞、虚伪的特征。西方价值观抽象化的表现是注重绝对概念的抽象，而不是具体内容的阐释。西方价值观空洞化的表现是注重是口号宣传而不是具体内容的实施。西方价值观虚假化的表现是宣扬价值观念的普世性，实际上宣扬的内容与现实不符合。马克思认为，自由、平等、发展等观念是人类社会发展共同的价值追求和理想。资本主义时代的最大贡献是让这几个概念成为社会主流的价值观并得到社会的普遍认可。马克思批判了资产阶级价值观的抽象化、空洞化和虚假化的本质。资产阶级价值观只是资产阶级巩固阶级统治的意识形态工具，而不是人的价值的真正实现。和西方资产阶级价值观不同，社会主义价值观是以马克思主义理论为思想基础。马克思的价值论思想奠定了社会主义价值观的基本原则和本质要求。首先，社会主义核心价值观的价值观概念坚持人类社会共同价值理想追求。社会主义核心价值观与人类共同价值相一致，如自由、民主、平等、法治等具体共同价值是人类价值追求

的一部分。其次，社会主义核心价值观更注重具体内容的阐释。再次，社会主义核心价值观更注重价值实现的路径。最后，社会主义核心价值观是多数人的价值共识，即真实地反映多数人的价值追求，而不是少数人的价值追求。社会主义核心价值观实现了追求价值理想与社会现实之间的一致性。

（二）社会主义核心价值观解决了公领域与私领域的价值观关系问题

西方社会把市场经济活动、市民社会活动看作是私领域，在此基础上形成的行为准则和道德规范是政府、政治力量所不能干涉的。资本主义社会主张国家政权应该保持中立，不能干涉个人私德。按照马克思的观点，社会道德、个人品德都是社会的产物，与一定的社会交往密切相关。经济基础与上层建筑是密不可分的，道德、思想观念、价值观等是经济基础和社会关系的反映，反过来观念上层建筑又会反作用于经济基础。观念上层建筑与政治上层建筑又是互相影响的，国家政权实际与私德是分不开的。国家政权本身是阶级统治的政治工具，而道德不是凌驾于政治的，也不是脱离于阶级属性的。道德是阶级观念的表现，道德是维护阶级统治的意识形态工具。统治阶级为了维护阶级统治，就要把本阶级的道德上升为社会道德。西方国家的主流价值观在本质上是少数统治阶级的价值观，国家所号召的道德价值观与多数劳动群众的价值观并不一致。而社会主义核心价值观在本质上是人民群众的价值观，国家主导社会主义核心价值观建设并不存在西方国家所认为的侵犯人权的问题。社会主义国家有责任和义务引导整个社会的道德价值观念，要让人民的道德观上升为主流道德观念。尤其是当多种价值观念同时并存的时候，国家政权更应该将无产阶级的、人民大众的道德观念引导为社会主流道德观念。

（三）社会主义核心价值观解决了社会主流价值观构建与社会物质基础之间的关系问题

所有的价值观都具有社会性、历史性，都是历史发展的产物，都不是从来就有的。西方国家政权和思想家们把西方的价值观打造成"放之四海而皆准"的普世性价值观本身是唯心的。马克思批判了西方超越社会物质基础的、先验的唯心主义观点。马克思认为,人们的思想观念建立在社会物质生产关系和社会交往的基础上。不存在绝对的、普世的价值观念。任何一个国家都应该是根据自己的发展阶段和社会自身特点形成自己的价值观念体系,这个价值观念既要符合现实特点又要代表这个社会集体的追求和梦想。马克思价值论作为中国社会主义价值观建设的重要指导思想,首先指出了一个重要原则就是价值观建设必须要立足于中国实际。中国特色社会主义社会物质基础是核心价值观的基础和源泉。从中国的实际出发,集中反映中国人民阶段性的要求和长远的追求是社会主义核心价值观内涵的基础。因此,中国所需要构建的主流价值观念既要符合中国物质现实,又要代表中国人民共同的理想和追求。社会主义核心价值观一定要和中国特色社会主义基本制度相吻合,既要反映中国特色社会主义社会,又要服务于中国特色社会主义事业。社会主义制度、体制的设计反过来会影响社会主义核心价值观的构建。社会价值观混乱和矛盾的根源在于制度的滞后。当社会物质生产方式和社会交往方式发生变化,人们的思想观念和价值观念也会随之变化。原有的社会体制不能及时反映价值观变化,就会造成价值观混乱。因此要不断进行体制改革,同时要构建核心价值观体系,引导形成社会主流价值观。作为社会主义核心价值观构建的法律保障,社会主义法律体系应蕴含社会主义价值观,从国家宏观角度,将价值观念作为国家的基本原则,触及在人们交往的各种关系处理中。社会主义核心价值观的构建和维护离不开社会各种制度的保障,通过改革体制、建设制度、调整社会经济关系等措施来保障社会主义核心价值观构建。

二、社会主义核心价值观在实践层面对西方价值观的超越

改革开放以来,我国的主流价值观建设遇到以下几个现实问题:谁来主导价值观的构建问题,如何处理社会主义一般价值原则与市场经济价值观念的问题,如何处理中国传统文化价值基因与新时代价值要求之间的关系,如何看待西方价值观念,等等。和西方向全世界推行的"普世价值"相比,中国的社会主义核心价值观立足于当代中国的现实,能够解决中国在价值观建设方面所遇到的各种理论问题。

(一)社会主义核心价值观解决了主流价值观构建的主体问题

20世纪90年代,随着我国市场经济体制的建立和非公有制经济的发展,社会中泛起一些非社会主义价值观和思潮。这些价值观并不符合社会主义性质,并不属于先进价值观念,但是它们在社会中的影响越来越大,动摇了社会主义价值观念的地位。对于社会的各种价值观念,我们需要自上而下的引导,而不是放任自流,任由其发展。社会价值观的形成和发展有其相对独立性,代表先进生产方式的价值观不必然上升为社会的主流价值观。尤其是资本扩张性和侵略性本性,以及在市场交换原则下货币的先天性优势,使得个人主义、自由主义价值观有非常强的渗透性和传染性。

根据马克思主义观点,先进的思想观念和价值观是需要灌输的。以公有制为主的多种所有制必然会产生不同的价值观念,这是客观规律,但是代表社会主义原则的价值观念是集体主义价值观,注重的是集体意识,更多的是奉献、付出。社会主义要有主流的价值观,社会主义核心价值观就是社会主流价值观。人民民主专政的国家政权是巩固和维护社会主义主流价值观的主体力量。中国共产党作为工人阶级和中华民族的先锋队,不仅代表先进生产力,还代表先进文化的发展方向,中国共产党理应是社会主义核心价值观践行的骨干力量。社会主义国家政权的任务是把社会主义核心价值观上升为

社会主流价值观,中国共产党的任务是以各种方式引领这种价值观,与其他的不良价值观做坚决的斗争。

(二)社会主义核心价值观解决了社会主义基本原则与市场经济的关系问题

社会主义制度与市场经济的结合是社会主义前所未有的问题。社会主义经济在配置资源方面要确立市场经济的决定作用。市场经济体制配置资源搞活了社会主义经济,让社会主义各种生产要素发挥出高效率,避免了单纯计划经济体制所带来的僵化问题。世界上可以有在私有制基础上的市场经济,也可以还有在公有制基础上的市场经济。不论是以私有制还是以公有制为基础的市场经济都有其共同原则和属性。市场经济的价值和准则是公平、自由、效率等,而社会主义的基本原则是平等、民主、富裕等。要解决社会主义基本原则与市场经济之间的关系,必须要有一个更高的目标把二者统一起来。将国家、民族的未来发展目标作为最高层次的价值观念,这本身就是一种集体主义的价值观。这是包括所有社会主义劳动者、社会主义生产者、社会主义爱国者等在内的中国人的价值共识和最大公约数。中华民族的伟大复兴和实现现代化是目标,社会主义和市场经济都是实现这一目标的手段和工具。社会价值观和个人价值观都在国家价值观之下,都与国家价值观相一致,都是中华民族伟大复兴和实现现代化的必然要求。社会主义核心价值观找到了二者的结合点,也就是二者的共同价值。在实践中以社会主义制度保障市场经济价值原则,以市场经济活动体现社会主义价值,以社会主义制度约束和限制市场经济的负面影响,约束在市场经济条件下拜金主义和个人主义价值观的蔓延,彰显在市场经济条件下的自由、公正、法治、高效等价值观,让市场经济价值观符合社会主义要求,与社会主义价值观融合起来。国家目标、社会准则和个人规范三位一体,共同体现了社会主义核心价值观。

市场经济体制冲击了旧的社会规则,为我们打造了新的社会准则,这种新的社会准则是符合现代化的方向的,我们要把这种社会新准则与社会主义基本原则统一起来，而不是相背离。市场经济体制也冲击了旧的道德观念。市场经济在初始的野蛮状态下的价值观不同于在成熟时期的市场经济价值观。不诚信、不友善、金钱至上等是野蛮状态时期的道德观念，不符合成熟市场经济的要求，更不符合社会主义要求。与资本主义制度不同，社会主义制度有明显的制度优势来制衡和约束市场经济初期的各种不良价值观念。社会主义制度可以更好地落实价值、道德要求。

（三）社会主义核心价值观解决中国优秀文化基因与现代价值要求的关系问题

马克思主义理论是实现中华民族复兴的思想武器，社会主义是实现中华民族复兴的制度武器，现代化是实现中华民族复兴的核心内容。中国传统文化是中华民族几千年来积累的民族精神宝藏，它是中华民族几千年来不断发展的精神动力，决定了中华民族的民族性格，是民族自立和民族自信的精神渊源。因此，中国优秀传统文化在任何时候都不能丢。以中国几千年的历史为思考视角，站在中国几千年历史的角度，近代中国以来的时期就是中华民族重新走向复兴的阶段。而中国开启现代化之路以来，我们必须找到中国传统文化与现代化的结合点。二者的结合点是中华民族几千年的家国情怀、民族大义、爱国主义，中华民族永续发展的重责大任。从中国几千年的历史来看，中国传统文化、传统美德与现代价值观、时代道德高度一致。与西方国家相比，中国传统美德使得中国价值观具有更强大的优势。它更能体现中国民族特点，更符合中国国情，培育和践行更加有效。社会主义核心价值观把时代要求与传统文化的思维相结合，把时代价值目标与传统智慧相结合。社会主义核心价值观坚持的主要原则是赋予传统思想新的内涵，赋予传统美德新的内容，让传统思想、传统美德焕发新的生机。我们从传统文化中寻找中国人解决问题的智慧，为解决新问题提供中国智慧，继承传统智慧和思维方法解决新问题。我们从中国传统美德中寻找中国人价值观培育和践行的方式方法，为培育新的社会主义核心价值观提供方法路径。

（四）社会主义核心价值观应对了西方价值观的挑战

中国社会主流价值观面临的最大外部挑战是西方价值观念对我国社会的冲击。西方价值观有强大的优势，西方价值观是建立在其高度发达的社会和成熟的制度基础之上的，其背后强大的发展优势带给我国民众很大的误导性，误以为只要采用西方的价值观才能取得西方现代化的成就。西方价值观另一个优势，是西方强大的意识形态宣传机器和成熟的文化产业。西方国家垄断世界舆论的话语权，一方面，西方国家通过思想学术、流行文化等形式对我国进行价值观念的输出和渗透；另一方面，西方国家利用手里强大的舆论宣传工具对中国进行歪曲及片面的报道，故意抹黑、攻击中国社会主义基本制度，营造中国的负面形象，否定中国成绩，否定中国价值。中国要展现中国价值观的优越性，方法之一是正确看待中国与西方国家的差距，凸显中国发展的全面优势、速度优势和以人为本的价值优势。中国与西方国家存在较大的差距，这是必须要承认的现实，但是中国能够快速发展进而缩小这种差距正是社会主义制度的贡献，同时中国的发展成果由多数人共享而不是少数人垄断这也是中国的优越性；方法之二是挖掘中国优秀传统文化，坚持中国自己的文化自信。不言必称古希腊，不盲目崇拜西方文化。打造中国特有的舆论宣传工具，想尽一切办法争取世界舆论的话语权。鼓励和支持中国文化产业的发展，向世界传播中国文化，传播中国声音。

总之，和西方"普世价值"相比，社会主义核心价值观立足于中国国情，指明了价值观的主体问题，构建广大人民群众的价值观，凸显了核心价值观的人民主体地位。社会主义核心价值观是人民群众价值观的共识，反映人民群众的共同愿望和要求。社会主义核心价值观就本质和性质而论，是社会主义价值观，既不是资本主义价值观，也不是其他性质的价值观。社会主义核心价值观的内容反映中国基本国情和时代要求，既包括中国传统美德，也包括社会主义基本价值要求。

三、社会主义核心价值观在培育路径层面对西方价值观的超越

（一）西方社会主流价值观的培育路径

1. 学校教育路径

批判思想灌输是西方价值观教育模式方法论的共同特点。它们认为灌输是不民主、不符合人性的。西方大学强调课程的隐性教育功能，反对直接灌输和道德说教，将教育内容渗透于教育对象的日常学习、生活，让学生自主感知、自主选择及自主内化。西方的大学通常将核心价值观融入通识教育和专业课等各类课程的课堂教学中，注重各学科课程对于价值观的知识载道的作用。西方国家普遍在大学开设通识课程，通过公民教育课程对学生进行反映社会核心价值观内容的教育。例如，英国要求所有大学开设"英国核心价值观"课程进行价值观念教育。法国将核心价值观纳入通识课教材中对大学生进行教育。西方学校在教育方式上以隐性渗透为主，培育学校文化和大学精神，以环境熏陶学生，注重学生的实际感受，发挥学生的主动性，让学生在体验中自愿接受社会核心价值观。例如，法国学校的价值观教育主要通过公民道德课程实现，公民道德课程以"人类的人"和"公民"两个概念为主轴，突出人权教育，尊重人类尊严，尊重自由表达的权利。

西方国家的大学在长期的发展过程中形成自己的理念和精神，熏染学生。西方的大学在学术自由理念的指引下引导学生对于问题进行探讨。西方大学在进行知识教育的时候，通过对价值本身的反思达到认识的升华和更深刻的认同。西方大学主张师生共同对问题进行探讨，围绕问题进行试验和探索，教师鼓励学生在质疑中深入思考，培养学生的批判思维。关于伦理道德问题，西方大学主张通过对伦理问题的讨论，培养学生辨别价值的能力，引导学生对伦理问题进行理性的思考与讨论。哈佛通识教育红皮书提出，"教育的目的不只是传授有关价值的知识，而且还要致力于价值本身，将理想

内化于行动、感情和思想与从知识层面掌握理想同样重要。"❶ 美国的学校注重美国"国民精神"的教育，培养学生的国家自豪感，认为美国是世界上最好的国家。日本高校通过对大学生进行传统文化教育，加大民族精神的传承和宣扬，使大学生加深对日本民族及社会制度优越性的认识及社会核心价值观的认同感。

2. 文化传播路径

资本主义国家在意识形态设计方面，巧妙运用西方市场机制，将西方主流价值观与市场机制整合起来。资产阶级的价值观与商业文化非常接近，都是同一经济过程的产物。❷ 大众媒体是西方国家塑造和传播核心价值观的重要工具。像美国通过网络、影视作品、报刊书籍等大众媒介不断向全世界输出其价值观念。❸ 全球约80%的数据库都集中在美国。美国通过网络不断输出其价值观念，但凡踏入互联网，就会陷入美国精心设计的价值观圈套中。日本通过大众传媒及动画等载体对青年学生进行渗透性的德育教育，宣传日本民族文化和价值观，在开心娱乐的氛围中受教育。

由于西方国家文化产业的成熟，西方国家已经将文化产品与价值观宣传有机融合起来，社会主流价值观念渗透到文化产业链的文化商品中，在人们消费文化商品的同时潜移默化地接受着价值观。蕴含核心价值观的文化产品借助文化生产流水线，流入寻常百姓家。西方通过市场机制，让普通民众在消费文化产品的时候，浑然不觉地接纳资产阶级的价值观念。文化产业已经成为21世纪各国价值观展现的最好平台。文化产品比其他的形式更能深入人心。文化产品是人们主动消费的产品，它源自于人们的精神需求，融入人们的日常生活中，成为人们生活的一部分。人们观看电视节目、欣赏电影、

---

❶ 哈佛委员会. 哈佛通识教育红皮书 [M]. 李曼丽，译. 北京：北京大学出版社，2010：56.

❷ 阿兰·斯威伍德. 大众文化的神话 [M]. 冯建三，译. 北京：生活·读书·新知三联书店，2003：146.

❸ 余丽. 美国互联网战略对我国的严峻挑战及其对策 [J]. 红旗文稿，2012（7）：33-36.

阅读报刊、观摩现场演出、参与网络游戏等的时候，在潜移默化中接受和认同文化产品所蕴含的价值观念。西方发达国家凭借自己长期的产业优势在全世界文化市场中占绝对的优势。西方发达国家在文化产品输出的时候，也在输出特定的价值观念。例如，美国在文化市场化的过程中，将其所倡导的核心价值观全面渗透到文化产业中。布莱尔任英国首相时曾说过，"英国是一个多民族、多种族、多文化、多宗教、多信仰的国家，英国的历史和国情决定了我们必须珍视自由、宽容、开放、公正、公平、团结、权利与义务相结合、重视家庭和所有社会群体等英国核心价值观。"❶ 随着现代大众传媒业的兴起，大众文化以"大众"的名义四面开花，并以文化产业的形式渗透到资本主义社会的各个角落。资本主义价值观搭上了大众文化的顺风车。

3. 社会制度路径

英国思想家密尔曾指出，民主精神需要在社会公共生活中培育，因此需要使整个社会成为培育公共精神的学校。❷ 西方社会构建一系列的与其核心价值体系相匹配的社会制度。西方国家普遍将其核心价值观念纳入其宪法及各类法律体系中，保证价值观念的至高无上地位。将这些价值观贯穿在法律条文中，与公民的个人权利和政府、社会的运行规则密切联系。例如，法国1946年通过的《法兰西第四共和国宪法》明确规定法国的信条是"自由、平等、博爱"，法国借助宪法的法律效力和巨大的政治影响力，使公民敬畏和尊重法律，并无条件地服从法律支配，以此维护价值观念的地位，使法国核心价值理念得到民众的广泛认同。

4. 家庭熏陶路径

西方发达国家把家庭作为社会核心价值观教育的逻辑起点，认为良好的家庭教育是培养价值观的基石。西方家庭主要传承西方社

---

❶ 何大隆. 英国：合力传播核心价值观 [J]. 瞭望，2007（22）：27.
❷ J. S. 密尔. 代议制政府 [M]. 汪瑄，译. 北京：商务印书馆，1982：54.

会平等、自由、民主、法治等基本价值理念。西方国家的父母一般采用平等对话的方式与子女探讨道德和价值问题，西方的平等、自由、民主、法治等价值观念在西方家庭的日常生活中贯彻的比较彻底。与中国家庭不一样，西方父母较少直接进行说教，而是引导子女在生活中通过认识社会的规范形成立身之道。父母的观念与行动是子女最生动的教育素材。西方家庭的父母注重让子女独立自主地学习生活，鼓励子女去试验、探索、冒险，让子女从小参与真实的社会生活，在生活中体验和认识现实，并遵守社会规范和秩序。

（二）中国践行社会主义核心价值观的路径及其独特优势

1. 思想灌输路径

在西方社会，个人的物质追求与个人主义价值观念有高度一致性。但是在中国特色社会主义社会，个人的物质追求与社会主义核心价值观念并不高度一致，为避免自己完全沉沦于物质欲望，必须要有更高层次的追求和理想。而这种理想和观念不是自发生成的，是需要灌输和教化的。马克思主义的灌输理论对于社会主义核心价值观的构建具有重要作用。思想灌输是中国特色社会主义的独特的优势，可以始终保持社会主义价值观念的先进性，始终发挥社会主义意识形态的促进作用。

社会主义核心价值观不同于中国以往的价值观念，也不同于西方社会的价值观念。现在社会中存在各种价值观、各种思潮，人们的头脑会受各种思想的影响，这就需要抵抗其他各种价值观的影响，巩固核心价值观的地位。国家所倡导的价值观被全社会所认可、接受，并自觉的践行是一项重大工程和挑战。自上而下的构建社会主义核心价值观，必须要有主导力量、途径、渠道，要有驱动力，要有保障。意识形态是抽象的，但工作是具体的，要有队伍、有阵地。发挥马克思主义政党、无产阶级的国家政权、社会主义所有制等作用，作为社会主义的重要内容和标志，党和国家要维护社会主义核心价值观在社会意识形态中的核心地位，在社会中的主流价值观地位。这一点和西方资本主义国家有根本的区别。在路径方面，要解决将社会主义核心价值观灌输到人们的头脑中,就必须有其环境,抵御其他价值观对于人们的影响,需要利用思想灌输和家庭道德教化。由于人们在精神层面的观念与现实的物质状况并不完全一样,因此需要克服物质需要对于人们思想的束缚。人们虽离不开金钱,但还要摆脱金钱的束缚。先进思想观念的灌输主要依靠学校教育和思想宣传,通过先进思想观念的教育和宣传,帮助青少年树立正确的"三观"。青少年时期是人们价值观形成的关键期,要抓住这个关键期进行灌输和教化。学校和家庭通过教育和教化,在青少年头脑中树立正确的价值观。

2. 家风教化路径

2014年5月4日,习近平总书记来到北京大学同师生座谈时强调,"一个民族、一个国家的核心价值观必须同这个民族、这个国家的历史文化相契合"。❶ 马克思主义是魂,中华优秀传统文化是根。根不能斩断,斩断就失去了源源不断的养分来源,会干枯凋零。魂不能丢掉,丢掉就失去了方向,会迷失会误入歧途。社会主义核心价值观体现了中国传统文化与西方国家的显著差别。中华优秀传统文化中蕴含着家国情怀的大德和修身养性的小德,中国自古将家国情怀的大德置于小德之上。西方国家价值观蕴含着个人主义思想,个人主义的思维逻辑是先个人、再到社会、继而国家,弱化了个人对国家的认同感、使命感。而中国传统美德分为三个层次"修身、齐家、治国平天下",包含了三个层次的道德要求,个人方面的要求是修身,社会层面的要求是齐家,国家层面的要求是治国平天下。家庭对于人的德行教化一直扮演着重要角色。"不论时代发生多大变化,不论生活格局发生多大变化,我们都要重视家庭建设,注重家庭、注重家教、注重家风,紧密结合培育和弘扬社会主义核心价值观,发扬光大中华民族传统家庭美德。"❷ 家风是家庭精神文化的集

---

❶ 习近平. 在北京大学师生座谈会上的讲话 [N]. 人民日报, 2014–05–05 (2).
❷ 习近平. 在2015年春节团拜会上的讲话 [N]. 人民日报, 2015–02–18 (2).

中表现，是家族世代相传的精神和价值，是维系家族团结和繁荣的精神纽带。家风作为中国特有的传统，在铸魂育德方面一直起着重要的作用。家庭作为社会的基本单位，千千万万家庭的优良家风又撑起了整个社会的良好风气。对于普通家庭来说，家风主要表现为日常生活中的家庭氛围和家庭成员行为规范原则等，它往往会以成文或不成文的家规、家训的形式表现出来。家风既积淀着优秀传统文化的精神追求，代代传承，又与每个人日常生活密不可分，它是每个人价值观教育的第一个最直接有效的场所。因此，它是将传统文化融入社会主义核心价值观的纽带和桥梁。不过，长期在封建社会背景下所传承的一些家风的内容具有鲜明的专制、等级、封建的因素，比如男尊女卑、家长制等与现代社会发展要求严重不符，就必须要剔除。在传承家风的过程中，要用现代价值理念赋予家风以新的内涵，进行现代性诠释。不论时代发生多大变化，血脉关系都是中国人最看重的社会关系，家族、家庭一直都是中国人成长、生活最主要的基本社会单位。因而，任何时候我们都要重视家庭、家风、家教对于发扬中华民族传统美德和弘扬社会主义核心价值观的意义。

践行社会主义核心价值观要在落细、落小、落实上下功夫，必须依靠家庭。家庭、家风跟每个人的日常生活紧密相连。家风反映了一个家庭的精神面貌和价值取向，家风、家规约束并指导着人们的日常行为规范。中国传统优良家风构建路径方法和优秀内容不能丢。构建优良家风对于践行社会主义核心价值观非常重要，它是践行社会主义核心价值观的重要途径。因而，践行社会主义核心价值观首先要构建优良家风。家风注重的是家长的言传身教，父母长辈在自觉践行社会主义核心价值观的时候，会带动整个家庭的良好氛围，增强青少年自觉学习和践行社会主义核心价值观的主动性。青少年在成长的过程中通过参与家庭的重要集体活动、接受家庭成员的言传身教而形成自觉的行为规范和价值观念。领导干部、党员要带头搞好家风，整个社会要鼓励良好家风，宣传良好家风的典型代表。自觉把社会主义核心价值观融入家风中,在家庭的日常生活中践行中国传统美德和社会主义价值观。

3. 个人价值实现路径

我国市场经济的发展开启了一个注重个人利益和权利的新时代,个人价值的实现必须处理好个人价值与社会价值的关系。我们在继续弘扬集体主义价值观的同时,不能忽视个人价值的实现。在中国,个人利益的实现除了个人的努力以外,更离不开整个社会的进步和制度的保障。社会主义事业的繁荣发展和社会主义公平、正义的社会环境是个人价值实现的重要的条件。反过来,中华民族的伟大复兴也是每个人价值实现的集合体。有效地促进和保障个人权利和个人利益,将个人价值实现与中华民族伟大复兴高度融合具有特别重要的意义。国家、社会、个人三个层面"三位一体"恰恰是顺应我国市场经济发展的集中体现。社会主义核心价值观符合人民群众的根本利益,也需要人民群众共同践行。

个人价值观既是每一个个体自我形成的价值观,也是社会对于每一个个体的要求。个人价值观的形成有赖于社会核心价值观的引领,而个人价值观又对社会主义核心价值观的实现起到重要的促进作用。"正确理解的利益是全部道德的原则"。[1] 社会主义核心价值观是整个社会的价值共识,它凝练整个国家、社会的价值追求和目标,也概括了在整个社会价值目标下的个人价值判断和价值选择。也就是说,个人价值观必须服从国家、社会层面的价值要求,不能与之相违背,要在社会核心价值框架内选择和实现。社会主义核心价值观指引了个人价值观的发展方向,框定了个人价值观的内容,这更彰显了社会主义制度的优越性,引导社会形成良好的社会秩序,使个人价值得到充分的体现。而不是像西方社会出现主流价值观的混乱和冲突,极端价值观对社会造成严重冲击。极右价值观、保守价值观等在西方泛滥冲击西方主流价值观,而西方社会几乎无能为

---

[1] 马克思,恩格斯. 马克思恩格斯文集:第1卷[M]. 北京:人民出版社,2009:335.

力。中国社会的个人价值实现路径与社会主义核心价值观的实现成为正方向。要构建社会主义核心价值观，就必须真正地体现、彰显出个人价值来。敬业，就要让敬业的人在职业生涯中获得更好的发展，得到更多的认可和尊重；诚信，就要让讲诚信的人得到社会给予的回报，其利益不会受损。

4. 制度保障路径

制度是社会成员共同遵守的规则，它体现了最基本的社会运行规则、社会交往原则和个人行为规范，是国家、社会价值观念的制度保障。创新中国特色社会主义制度安排有助于保障人民权利和价值实现，有助于社会主义核心价值观的培育和践行。"不论处在什么发展水平上，制度都是社会公平正义的重要保证。我们要通过创新制度安排，努力克服人为因素造成的有违公平正义的现象，保证人民平等参与、平等发展权利。"[1] 制度是一种以规则或运行模式为主体的社会规范，为人们社会活动形成的经济、政治、社会、文化、生态、家庭等各种关系提供稳定的规则框架，这种规则框架构成人们社会活动的外部环境。制度是社会主义核心价值观建设的运行法则和外在规范，制度可以保障社会主义核心价值观内化于心、外化于行。要突出制度的规范和引领作用，对违背道德底线的行为要予以惩戒，让不良的价值观没有生存空间，树立道德新风。在法律和社会制度层面规范和引导社会秩序，为社会主义核心价值观树立起到保障作用。

首先，中国特色社会主义制度通过保障不同利益群体之间的利益协调关系，为社会主义核心价值观建设奠定了现实基础。中国特色社会主义制度为社会主义核心价值观提供强有力的保障。由于分配方式和职业分工的差别，不同群体存在着不同的利益诉求，只有在利益差别的基础上寻找新的利益共同生长点，才能使不同群体形成共同利益和诉求。中国特色社会主义制度具有保障不同群体之间

---

[1] 习近平. 习近平谈治国理政［M］. 北京：外文出版社，2014：97.

利益协调的功能。集体主义为主的价值观，人民群众的共同价值是以公有制、共同利益为基础的。党和政府进行制度的顶层设计，进行制度创新，更有利于改革成果的共享，平衡利益分配关系，保障最广大人民群众的根本利益。

其次，社会主义核心价值观必须获得中国特色社会主义制度保障才能获得自身的权威性。社会主义核心价值观作为社会主义意识形态，在社会中的主流地位必须要有制度的保障。制度在社会主义核心价值观的培育和践行中起着重要作用，通过制度保障"把社会主义核心价值观融入社会发展的各方面，转化为人们的情感认同和行为习惯。"❶

最后，中国特色社会主义制度以规则、规范、法律、规章、约定等形态呈现出来，最大限度地发挥了约束、规范和引导人们社会行为的制度力量。制度力量以外在行为规范内省心理认同，实现价值观理念与行为规范的协调一致。在社会管理方面，国家有计划地建立和规范一些礼仪制度，以核心价值观为价值导向管理社会，发挥国家政策导向作用使得经济、政治、文化、社会等方面的行为符合社会主义核心价值观要求。国家将社会主义核心价值观融入各行各业的规章制度中，完善市民公约、乡规民约、学生守则及各行各业的行为准则。在日常生活领域，各行各业的规章制度规范人们在不同社会关系中的行为准则。国家强化各种规章制度、行为准则的落实力度，把道德与个体利益紧密挂钩，与具体的利益和权益挂钩，增加违反社会主流价值观的成本，让广大的群众在日常生产、生活、学习、交往的规矩中，自觉培育和践行社会主义核心价值观在职业方面的、公德方面的、个人品德方面的行业道德规范、群体道德规范、居民规范和约定等。

---

❶ 习近平. 决胜全面建成小康社会夺取新时代中国特色社会主义伟大胜利——在中国共产党第十九次全国代表大会上的报告［N］.人民日报，2017-10-28（1）.

第八章 人类共同价值观对马克思主义价值论的继承与发展

人类是否存在普遍性的价值一直是国内外学术界讨论的话题。当西方国家将"普世价值"作为绝对理性向全世界宣扬的时候，更是引起我国一些学者对于普遍性价值的质疑。回顾马克思主义价值论，我们发现马克思主义价值论并不否定人类存在普遍性价值，而是否定西方资本主义国家所宣扬的"普世性"价值观。马克思主义价值论在批判西方资本主义"普世价值"的时候，为我们提供了凝练人类共同价值的方法和立场。人类共同价值观是中国共产党在继承马克思主义世界历史理论和价值理论的基础上，对于人类社会构建命运共同体的价值准则和价值目标的明确回答，体现了马克思主义价值观在新时代的创新发展。

第一节 马克思主义价值论是破解"普世价值"幻象的思想武器

自从"普世价值"思潮进入中国，人们通过理论解析和大量实例对"普世价值"的真实面貌有了更清楚的认识。马克思理论是破解"普世价值"幻象的最重要理论武器。"普世价值"所宣扬的主要价值概念及内涵是对西方思想启蒙运动以来的资产阶级革命口号的延续。马克思曾在《德意志意识形态》中对这些被资产阶级统治者和思想家们上升为资本主义社会普遍思想观念的口号进行过深入的揭露。19世纪资产阶级抽象资本主义社会普遍思想观念的动机和方法与当今西方极力推广"普世价值"有高度相似之处。马克思批判资产阶级普遍道德价值观念所采用的科学方法论为我们今天破解"普世价值"幻象提供了科学思想武器。

一、对资产阶级普遍性思想观念本质和根源的揭露

马克思在《德意志意识形态》中专门论述了所谓资产阶级普遍性思想观念的本质和起源。以普遍性身份存在的资本主义社会道德价值观念在本质上是资产阶级的道德价值观念。资产阶级为了反抗封建贵族革命的胜利以及之后的阶级统治，而把本来的资产阶级道德价值观念抽象上升为一般性观念。马克思认为，新兴的资产阶级在对抗封建贵族时，它不是作为一个阶级，而是作为全社会的代表出现的。"进行革命的阶级，仅就它对抗另一个阶级这一点来说，从一开始就不是作为一个阶级，而是作为全社会的代表出现的。"❶ 因为资产阶级和其他非统治阶级面对共同的统治阶级的压迫，有一些共同的利益和联系，而且它还没有来得及成为特权阶级。资产阶级为了达到自己的目的把自己的利益说成普遍利益，把自己的思想说成普遍思想，造成所谓思想统治的假象。当资产阶级成为统治阶级的时候，阶级统治的形式则是一种所谓思想的统治的假象，即在资本主义社会不是资产阶级的统治而是思想在统治整个社会。但当资产阶级真正成为统治阶级后，把自己特殊利益说成是普遍利益的必要性就消失了，那么所谓思想统治的假象也会随之破灭。因而表现为普遍思想的统治思想与资产阶级实际统治现实的矛盾就会出现。所谓自由、平等、民主、人权这些思想观念与资本主义现实是矛盾的。为了维护统治、继续蒙骗民众，对于统治阶级来讲，只能把统治思想抽象出一般思想、观念，而把其中个别的思想和概念说成是历史上发展着的概念。马克思在《德意志意识形态》中曾列举享乐

---

❶ 马克思，恩格斯. 马克思恩格斯全集：第3卷 [M]. 北京：人民出版社，1960：54.

主义价值观念的例子。本来享乐主义价值观念是贵族在挥金如土的生活条件下所形成的观念。享乐主义只适用于贵族最高等级,在本质上只是享有享乐特权的社会知名人士的巧妙说法。❶ 在资本主义社会,资产阶级把享乐主义普遍化,并不加区别地应用于每一个人。这种享乐主义价值观念与社会现实并不完全一致,因为很多人根本就没有让自己贪图享乐的物质条件。也就是当享乐哲学开始具有普遍意义并宣布是整个社会的人生观时,享乐主义结果脱离个人生活条件,变成一种肤浅的、虚伪的道德学说。同样可以类推,当自由、民主、平等等价值观开始具有普遍意义的时候,它也变成了空话和道德说教。也就是说,在资产阶级统治时,所谓的具有普遍意义的思想观念只是一种资产阶级诡辩的粉饰。"一切已往的道德论归根到底都是当时的社会经济状况的产物。"❷《圣经》中"切勿偷盗"的戒律也不会成为永恒的道德戒律。它存在于私有制的社会,当偷盗动机已被消除的社会里,"切勿偷盗"根本不会成为一条道德原则。

马克思也分析了资产阶级价值观超出个别国家在欧美国家获得普遍接受的现象。因为人们生活在相互平等中交往,并且处在差不多相同的资产阶级发展阶段的独立国家所组成的体系中,自由和平等很自然地被宣布为人权。❸ 但是这种人权具有典型的资产阶级性质,例如美国,种族特权也被神圣化了,黑人完全是被排除在人权之外的。

当前,一些西方国家把自己所标榜的自由、平等、人权、民主等概念赋予普遍性、绝对性的特点,向非西方国家极力推销,具有很强的迷惑性。有些人就认为,"普世价值"的概念都是取得普遍认同的概念,有些概念和我们所追求的概念是一样的,接受"普世价

---

❶ 马克思,恩格斯. 马克思恩格斯全集:第3卷[M]. 北京:人民出版社,1960:489.

❷ 马克思,恩格斯. 马克思恩格斯全集:第20卷[M]. 北京:人民出版社,1971:103.

❸ 马克思,恩格斯. 马克思恩格斯选集:第3卷[M]. 北京:人民出版社,2012:483.

值"无伤大雅,还可以让我们与西方社会接轨。由此可以看出,揭露"普世价值"的所谓普适性幻象是非常重要的工作。马克思对资产阶级道德价值观念普遍性过程的揭露,启发我们揭示"普世价值"的普适性。马克思帮助人们深刻分析了资产阶级把资产阶级价值观上升为社会价值观甚至世界价值观的动机和方法,动机是为了以此巩固和扩张资产阶级的政治统治,方法是把价值观概念抽象化变成虚伪的道德学说。现在,西方发达国家推销"普世价值"的动机就是为了维持自己在全球的统治地位,以人类整体之名,让自己站在世界所谓道德伦理制高点。"普世价值"就是当代发达资本主义国家的资产阶级将自己的价值观念当成是普遍价值观念从而达到自己统治目的的幻象概念。其目的就是试图将资本主义的某种特殊价值表达为全世界全人类的普遍价值,以达成是所谓"普世价值"统治而不是西方统治的假象。按照马克思主义观点,价值观念是人类在认识、改造自然和社会的过程中所产生的,不同民族、不同国家由于其自然条件和发展历程不同,所形成的核心价值观必然也各有特点。"不同民族、不同国家由于其自然条件和发展历程不同,产生和形成的核心价值观也各有特点。"❶ 因此,一个民族、一个国家所要坚持的核心价值观必须同这个民族、这个国家的历史文化相契合,同这个民族、这个国家所要解决的时代问题相适应,而不是盲目遵从其他民族、国家的价值观。社会历史制度的差异性是不可忽略的。整个西方世界有相同的文化基因,几乎同时进入资本主义发展阶段,他们的社会历史条件具有高度的相似性,社会制度的差异性可以忽略不计。但是非西方国家与西方社会不论是文化基因还是发展阶段都有非常大的差异性。没有所谓的"普世价值",世界上没有两片完全相同的树叶,每个民族、国家的历史不一样,文化不一样,所要解决的时代问题也不一样。而人类共同价值所依托的是现实个人的

---

❶ 中共中央文献研究室. 十八大以来重要文献选编(中)[M]. 北京:中央文献出版社,2016:5-6.

真实社会实践活动，它反映的是在普遍交往的全球化时代人们的价值共识。

二、对资本主义社会主流思想观念的阶级本质的揭露

马克思在《德意志意识形态》中揭露了资本主义社会所谓主流思想道德观念的阶级本质。在马克思看来，根本就不存在完全超越阶级的道德价值观。封建贵族、资产阶级和无产阶级都是从自己阶级地位所依据的实际关系中获得自己的伦理观念的。马克思反对资产阶级借口道德世界也有凌驾于历史和民族差别之上的不变的原则，然后把这些道德教条当作永恒的、终极的、从此不变的伦理规律强加给人们。一个阶级在物质生产资料处于支配地位，成为社会上占统治地位的物质力量，则这个阶级的思想则会成为社会占统治地位的思想。而没有精神生产资料的阶级在思想上受统治阶级支配。例如，在奴隶社会、封建社会、资本主义社会等阶级社会，作为没有精神生产资料的奴隶阶级、农民阶级、工人阶级在思想观念方面都受统治阶级的思想观念的统治。因而，资本主义社会的价值观念从本质上是处于统治地位的资产阶级的价值观念，无产阶级依附于这种价值观念，而自己阶级的价值观完全被忽略。恩格斯曾精辟地指出了"自由、平等"这些价值观与资本主义生产关系之间的内在联系："世界贸易，要求有自由的、在行动上不受限制的商品所有者，他们作为商品占有者是有平等权利的，他们根据对他们所有人来说都是平等的、至少在当地是平等的权利进行交换。……而自由和平等也很自然地被宣布为人权"。❶

马克思认为，占统治地位的价值观念，也是"统治阶级自己为自己编造出诸如此类的幻想"。❷ 作为统治阶级的存在条件的观念形式，统治阶级的思想家会把它们变成某种独立自在的东西，把它们

---

❶ 马克思，恩格斯. 马克思恩格斯选集：第3卷 [M]. 北京：人民出版社，2012：482－483.

❷ 马克思，恩格斯. 马克思恩格斯全集：第3卷 [M]. 北京：人民出版社，1960：53.

设想为使命等。统治阶级把它们作为生活准则,一是为了粉饰自己的统治,二是作为统治的道德手段。资产阶级价值观被西方思想家从理论上变成或多或少独立于资产阶级统治的一种自在的东西,表面上成为大家共同遵守的生活准则和道德标准,掩盖了它的阶级性。比如资产阶级家庭道德价值观是资产阶级家庭关系的幻想。马克思反对抽象谈家庭关系,家庭关系并不是永恒不变的。马克思提出,资产阶级家庭的纽带是无聊和金钱。❶ 资产阶级家庭的道德价值观是以无聊和金钱为基础的。马克思认为,只有在无产阶级那里,虽然不存在家庭的概念,但人们仍然可以看到以非常现实的关系为基础的家庭情谊。也就是说,真正的家庭伦理价值观是以现实家庭关系的情谊为基础的。当家庭内在的联系瓦解了,家庭概念中价值观念如服从、尊敬、夫妇间的忠诚等也会随之瓦解。

马克思曾指出,统治阶级内部有一群积极的、有概括能力的思想家,他们把编造自己阶级的幻想当作谋生的主要手段,他们编造甚至与自己阶级相矛盾的幻想和思想,目的是造成一种假象即占统治地位的思维不是统治阶级的思想。他们将自己所编造出来幻想抽象为具有普遍性的概念。例如,贵族统治时期的忠诚、信义等价值观念,资产阶级统治时期的自由、平等等价值观念,都是统治阶级为了达到自己的目的赋予自己的思想以普遍性的形式,把它描绘成唯一合理的、有普遍意义的思想。也就是说,马克思认为资产阶级统治时期的自由、平等等价值观念并不是统治阶级的价值观念,而是统治阶级为了统治而编造出来幻想的普遍性概念。当这种编造出来的普遍性概念与资产阶级统治相矛盾的时候,资产阶级会毫不避讳地在现实中否定或歪曲这种普遍性概念,历史上无数次上演的资产阶级对于无产阶级毫不留情的镇压就是铁的例子。

马克思为我们揭示了资本主义社会所谓独立于资产阶级统治的,

---

❶ 马克思,恩格斯. 马克思恩格斯全集:第 3 卷 [M]. 北京:人民出版社,1960:196.

具有普遍性的道德观念和行为准则是资产阶级思想家们为了造成思想统治的假象而编造出来的幻想。它虽然被赋予普遍性特征，但是当与资产阶级统治相矛盾时会被毫不留情的否定或歪曲。近些年，西方国家为了降低非西方国家对于"普世价值"的反感和抵制，打着淡化意识形态的幌子，避开政府部门，通过互联网、学术交流、基金会资助等手段向非西方国家"悄无声息"地渗透。"普世价值"被装扮成超越阶级的中立性思想体系。当我们用马克思的思维去看待当今世界时，我们会发现现代西方国家的统治阶级又在继续编造幻想去巩固自己在世界的统治地位。"普世价值"是西方国家在自身实力相对下降，又面对新兴国家的崛起而希望构建的思想统治。西方国家要让世界相信不是西方国家而是"普世价值"在统治着世界。20世纪90年代的经济全球化浪潮赋予了"普世价值"在全球扩张的动力。在世界经济交融之下，不同国家之间的意识形态差异更直接地显现出来。人类确实需要去化解各种文化矛盾，逐渐形成在全球化下应对各种全球性挑战的价值共识和行为规范。西方国家将"普世价值"与人类的价值共识相混淆，通过淡化"普世价值"的意识形态属性，将西方的民主制度打造成为一种似乎可以帮助非西方国家解决各种问题的理想模式。世界人民解决全球化问题的迫切性给"普世价值"提供了可乘之机。"普世价值"的强推模式如同传销组织的洗脑过程，它利用人们对于美好生活的愿望，首先把"普世价值"打造成所有人共同的价值理想，然后再把西方国家树立成一个成功的典型，号召世界以西方国家为模板，向西方国家看齐。但是非西方国家最后牺牲了自己的国家利益，让自己成为西方的附庸，导致自己一贫如洗甚至负债累累。无数事实反复证明，西方国家宣扬的"普世价值"是一个不折不扣的伪命题。

三、对资产阶级普遍思想观念内在矛盾的揭露

马克思在《德意志意识形态》中揭示了资产阶级普遍思想观念的自我矛盾。马克思认为个人是社会集体的产物，只有在集体中个

人才能获得全面发展其才能的手段。"只有在集体中才可能有个人自由。"❶ 个人自由或个人价值必须在社会集体中才有可能实现。在过去冒充的集体中，个人自由只有在那些统治阶级范围内的个人才存在。而对被支配的阶级来说，这种集体完全是虚幻的集体，它是个人自由的桎梏。而真实的集体是每个个人自己的联合，个人只有在这种联合中才能真正获得自由。资产阶级所谓自由价值观面临的问题是普遍的个人自由，在资产阶级国家中是不可能真正实现的。资产阶级自由是建立在私有制和利己主义基础之上的，个人自由只有在资产阶级内部才可能存在。马克思曾揭露，法国1793年宪法里上升为人权的自由、平等概念不是建立在人与人相结合的基础上，而是建立在人与人相分离的基础上。❷ 自由的实际应用就是私有财产。个人不是把他人看作自己自由的实现条件，而是看作自己自由的限制。这种自由是利己主义的。在这种利己主义倾向基础上的自由、民主是不可能真正实现的。在个人主义基础上，自由是对他人的排斥和反对。

　　资产阶级价值观与共同利益是对立的。"个人利益的代表是'通常理解的利己主义者'，这只是因为他必然与共同利益相对立"。❸ 马克思认为，建立在个人利益基础上的自由观与建立在共同利益基础上的自由观是矛盾的。马克思在批判施蒂纳的利己主义自由观的时候，揭露出资产阶级自由主义价值观的本质。施蒂纳无法理解的问题是，为什么个人利益会违反个人意志而发展为阶级利益，发展为共同利益，而且这个共同利益又与个人利益相矛盾。马克思批判施蒂纳不理解自由主义的词句只是资产阶级的现实利益的唯心表达，反而认为资产者最终目的是要成为完善的自由主义者。施蒂纳提出共产主义社会的道德要求，马克思对于这些道德要求进行了否定。马克思强调，共产主义者是不向人们提出道

---

❶ 马克思，恩格斯. 马克思恩格斯全集：第3卷［M］. 北京：人民出版社，1960：84.
❷ 马克思，恩格斯. 马克思恩格斯文集：第1卷［M］. 北京：人民出版社，2009：41.
❸ 马克思，恩格斯. 马克思恩格斯全集：第3卷［M］. 北京：人民出版社，1960：276.

德上的要求的，因为不论是利己主义价值观还是牺牲自我的价值观念都是在一定条件下实现个人自我价值的形式。在私有制条件下，利己主义价值观是实现个人自我价值的形式。在共产主义条件下，牺牲自我价值观同样是实现个人自我价值的形式。因此，在私有制条件下，让人们去遵守彼此互爱、不要做利己主义者等不符合实际，与个人价值的实现是相违背的。施蒂纳在不改变资本主义生产方式的情况下，要求彼此互爱、不做利己主义者是不现实的。在共产主义社会，人们自然而然会形成自我牺牲的价值观念。例如博爱价值观，无神论的博爱只是哲学的、抽象的博爱，而共产主义博爱则是现实的和直接追求实效的；平等价值观，在资本主义社会即政治语言罢了，而共产主义的平等是共产主义的基础，是共产主义的政治的论据。

马克思曾经揭露过，当资本主义社会生产力与生产关系的矛盾扩大，统治阶级内部的分裂越大，原来的所谓普遍性的价值观会越加虚伪和唯心。[1] 资本主义社会最初的思想意识在现实面前会变得越来越不真实，最初所形成的普遍性思想意识就会下降为唯心的词句、有意识的幻想和有目的的虚伪。也就是说，当初资产阶级革命时所提出的所谓自由、民主、博爱等价值观念，随着生产力的发展，会越发与资产阶级的利益不相适应。这些概念在现实生活中不断被揭穿，它们对于资产阶级意识的影响会越来越小，但这些标准的语言会越来越道德化、神圣化，这个社会会变得愈加虚伪。

当前，一些西方国家把"普世价值"包装成为在人类共同利益基础上的全球伦理。这对于许多国家具有很强的迷惑性，使得不少国家的民众误以为"普世价值"从全人类的共同利益出发，代表着人类的共同价值标准和价值追求。马克思在《德意志意识形态》中为我们揭示了资本主义主流价值观本质是建立在私有制基础上的个人主义、利己主义的价值观。这种价值观是不可能真正实现自由、

---

[1] 马克思，恩格斯. 马克思恩格斯全集：第3卷 [M]. 北京：人民出版社，1960：331.

平等、博爱的。资产阶级的价值观与共同利益是对立的，资本主义生产力越发展价值观越虚伪。当我们运用马克思观点来看当今西方社会的"普世价值"时，其虚假性一目了然。"普世价值"只是西方的意识形态，其在非西方国家泛滥的后果是不断销蚀各国自己的文化和价值体系。当资本主义制度在世界还具有巨大优势的时候，资本主义国家所宣扬的这些价值观念还有很大的号召力和吸引力。可是，在资本主义国家优势相对下降，社会主义国家越来越展现自己强大的生命力和未来性的时候，"普世价值"这个概念与其概念本身的关联并不大，它已经成为西方道德化、神圣化的语言而已，它只剩下服务于西方意识形态渗透的工具功能。在经济全球化浪潮下，人类社会交往前所未有的密切，人类社会面临的共同问题和挑战越来越多。西方国家赋予"普世价值"的人类整体利益属性，似乎反对"普世价值"就是在反对人类，与整个人类作对。对于处于世界弱势地位的非西方国家来说，"普世价值"听起来好像自己可以跟西方国家平起平坐，不分你我。而问题的关键是谁是"普世价值"的裁判者、评判者，谁是国际秩序的主导者。西方国家以教师爷的身份牢牢掌握这些概念的解释权、话语权，内涵是什么完全由西方国家来解释。

"普世价值"也根本解决不了世界性问题。"普世价值"是以个人利益为基础的，它是将个人作为衡量价值和判断道德的标准，强调对个人自由权和财产权的保障。"普世价值"所理解的个人是孤立的个人，它忽略了社会关系、社会共同体对于个人的影响，忽视了社会集体对于个人价值的意义。"普世价值"不是以普遍利益为代表的价值观念，它的价值主体是个人，而不是人类整体。

四、对资产阶级普遍性思想观念抽象人性论基础的批判

马克思在《德意志意识形态》中对于资产阶级普遍性思想观念抽象人性论基础进行了揭露。西方哲学普遍存在着把抽象概念实体

化的思维倾向，❶ 把人性抽象为某种固定的独立的实体，把人性的抽象规定固化、教条化，又固化为一个抽象的理论体系。欧洲思想启蒙运动推崇理性主义，理性成为启蒙运动的出发点和目的。他们以理性为自由等权利进行论证。"自由是天赐的东西，每一个同类的个体，只要享有理性，就有享受自由的权利。"❷ 自由、平等、博爱等这些价值观念，因为体现着理性原则，所以它们是永恒的、普遍的。他们的思维逻辑是先把社会还原为个人，再把个人还原为某些既定特征，如理性、欲望等，然后再从这些特征出发，构建出理想的价值标准，并用它们作为标准衡量现实的社会。近代，德国一些哲学家，从康德到青年黑格尔派都在谋划一种普遍伦理并赋予其普世性的理性形式。马克思在《德意志意识形态》中曾揭露这一点，"人们迄今总是为自己造出关于自己本身、关于自己是何物或应当成为何物的种种虚假观念"。❸ 哲学家离开了人的现实生活理解人的概念，理解人性。马克思并没有否定近代哲学人性论的那些抽象概念——民主、自由、平等等。马克思揭示了这些概念的抽象规定性，但同时马克思将这些概念置入现实生活的系统结构中。"我们断定，一切以往的道德论归根到底都是当时的社会经济状况的产物。"❹ 马克思否定把对人性的抽象规定固化、教条化。马克思从现实生活理解人性，和黑格尔、费尔巴哈不同的是，马克思不仅看到人的精神性、自然性，而且还看到人的现实性、历史性，他把人理解为历史中行动的人。

在马克思看来，人们的观念并不是先天就有的，而是自己活动的产物。马克思对于青年黑格尔派企图通过意识的改造就能消除人们现实的各种束缚的观点进行了否定。在《德意志意识形态》中，

---

❶ 孙志海. 论抽象的人性理论何以可能与为何必要 [J]. 哲学研究，2013（7）：14-21.

❷ 狄德罗. 狄德罗文集 [M]. 王雨，陈基发，译. 北京：中国社会出版社，1997：577.

❸ 马克思，恩格斯. 马克思恩格斯全集：第3卷 [M]. 北京：人民出版社，1960：15.

❹ 马克思，恩格斯. 马克思恩格斯选集：第3卷 [M]. 北京：人民出版社，2012：471.

马克思曾剖析了施蒂纳和真正社会主义者关于思想观念的思维逻辑。施蒂纳关于去掉束缚人的各种限制、实现人的解放的思维逻辑是：首先，把想象中占统治地位的、形而上学的、政治的、法律的、道德的以及其他观念归入宗教观念；其次，宗教的统治被当成前提，幻想观念、思想、概念是人们的真正枷锁；最后，向人们提出道德要求，即用人的、批判的或利己的意识来代替他们。马克思指出，思想家们假定观念和思想支配着迄今的历史，设想现实的关系要顺应观念的关系，因而青年黑格尔派希望用人的、批判的或利己的价值观念去替代现有的意识。也就是认为，人们的价值观念、思想意识决定了人们之间的社会关系，社会关系的改造依赖人们价值观念、思想道德的扬弃。马克思指出，青年黑格尔派把人们之间的关系、他们的一切举止行为、所受到的束缚和限制等都视为意识的产物。❶既然是意识的产物，完全可以依靠道德要求去消除他们的限制。马克思认为，思想、观念、意识的生产最初是直接与人们的物质活动、物质世界交往交织在一起的。❷也就是人类的物质活动、物质世界是思想、观念、意识的基础。一个国家、民族的政治法律思想、道德价值、宗教哲学等意识形态同样是人们物质关系的产物。人们在活动、交往中逐渐形成对于所接触人和事物的认识、判断，经过长期稳定的交往活动而形成相对固定的价值、道德观念。当然，人们的活动又受到生产力一定发展水平的制约。

马克思对认为人的价值观念起源于人的原始本性的观点进行了否定。马克思在批判"真正的社会主义"时，曾揭露他们从人的普遍本性引申人的普遍平等价值观念的思维逻辑。❸"真正的社会主义"思维逻辑是，每个社会成员都是由同样的物质构成，每个人具有同一存在和相等的本质，因而人与人是平等的，人与人之间的平

---

❶ 马克思，恩格斯. 马克思恩格斯全集：第3卷 [M]. 北京：人民出版社，1960：22.
❷ 马克思，恩格斯. 马克思恩格斯全集：第3卷 [M]. 北京：人民出版社，1960：29.
❸ 马克思，恩格斯. 马克思恩格斯全集：第3卷 [M]. 北京：人民出版社，1960：566-567.

等关系是由人的这种共同本性所决定的。马克思认为平等是历史的产物，这一观念的形成需要一定的历史条件，平等应当不仅是表面的，不仅在国家的领域实现，还应当是实际的，应当在社会的、经济的领域中实行。人的价值观念并不是起源于人的原始本性。马克思举例说明，人类最初在自然界面前如同牲畜一般服从于大自然，根本不可能在头脑中具有对于大自然的价值观念，人类对自然的价值观念不是天生具备的。在人类眼里，自然界起初只是作为一种完全异己的、有无限威力的和不可制服的力量与人类对立。❶ 人类对于自然的关系完全如同动物一样，人类完全服从于自然的威力。在人类的头脑中根本不可能形成所谓对于自然界的价值观念，并没有征服自然、自由是否有用的思想意识。

针对价值观念所谓永恒性的观点，马克思认为统治阶级价值观念不是一成不变的。马克思举例，分权的思想建立在统治分享政治现实的基础上，王权、贵族和资产阶级对于统治的分享是分权思想观念的基础，因而分权思想观念并不是永恒的观念。构成统治阶级的个人各有自己的价值观念，他们都是有思维的人，都是思想观念的生产者，他们根据时代的特征调节自己的思想观念生产，构成某一个时代统治地位的思想观念。❷ 统治阶级内部每一个个体共同决定着某一个时代统治阶级的价值观念。这种价值观念不是来自于绝对理性，也不是来自于人性。也就是说，资产阶级的自由、民主、博爱等价值观念也源自于当时的政治现实。例如，1848 年法国以宪法的形式把人身、新闻出版、言论、结社、集会和宗教等自由宣布为公民绝对权利，且总是会附带一个条件，诸如受他人的同等权利和公共安全或法律限制，等等。"在一般词句中标榜自由，在附带条件中废除自由。……不管这种自由在日常的现实中的存在怎样被彻底消灭，它在宪法上的存在仍然是完整无损、不可侵犯的。"❸ 自由作

---

❶ 马克思，恩格斯. 马克思恩格斯全集：第 3 卷 [M]. 北京：人民出版社，1960：35.
❷ 马克思，恩格斯. 马克思恩格斯全集：第 3 卷 [M]. 北京：人民出版社，1960：52.
❸ 马克思，恩格斯. 马克思恩格斯选集：第 1 卷 [M]. 北京：人民出版社，2012：682.

为公民的绝对权利被宪法所认可，但这个自由权利又是被各种条件所限制，而这些条件的解释权掌握在资产阶级的手里。结果就是，自由在宪法上的存在完整无损、不可侵犯，备受尊重，可因为种种合法理由的障碍，在日常的现实中被彻底消灭。在资产阶级眼里，价值观念只是人本身应该具有的一种理想状态，至于现实更重要的是自己的统治。而马克思所不断追问的是人类自身内部的差异性，强调人的变化性与历史性。西方把普遍性价值观念的合理性建立在人的自然性基础上。但自由、平等、博爱等并不是起源于自然性，它们和人的社会性有关，它们是人类社会发展到一定阶段的产物，这些价值观也不会永远存在。在马克思看来，平等、自由、民主等价值观念，在共产主义高级阶段根本就不存在，共产主义高级阶段无须什么价值观念和道德要求，人的自由而全面的发展是自然而然的事情。

近些年，一些西方学者从所谓人类的抽象"共同人性"出发，将"普世价值"作为绝对理性，将其打造成为文化表达的终极形式，并以此论证"普世价值"和西方制度的普适性。"普世价值"以一种最符合人性，对人性、人权的尊重和保护的面貌出现。马克思在《德意志意识形态》中就向人们解释了资产阶级的思想家要把人性的抽象规定固化、教条化，将人性的所有抽象规定变成抽象物凌驾于现实生活之上成为绝对理性的根源。今天推崇"普世价值"的学者并没有比19世纪的思想家们高明。"普世价值"的方法也是从抽象的人性概念出发引申出具体的价值诉求，然后撇开具体内容的差异，而以相同的价值形式为依据，将其演绎为"普世价值"观念。"普世价值"以抽象人性论淡化了资本主义意识形态内部的矛盾和现实问题。西方学者将资本主义制度打造成为与抽象人性论配套的制度，资本主义制度完全符合抽象人性论，将资本主义制度和意识形态打造为人类理想的终极状态。美国学者福山作为一位推崇西方"普世价值"的有影响的学者，他的观点有一定的代表性。通过福山的观点，可以了解西方"普世价值"的思维逻辑。他认为，"普世价值"

代表了全世界的共同愿望,应该被全世界的人民所共享。"西方的制度就像科学方法一样,虽然是在西方发现的,但是却具有普适性。"❶ 科学方法是理性的东西,把西方制度等同于科学方法,实际上就是把西方制度等同于理性,理性的东西是毫无质疑的东西,所以西方制度具有普适性。从人的本性,到价值观念,再到资本主义制度,这是一种臆想。

"普世价值"所依托的抽象人性论,是从人的自然性出发来归结人的本质特征。这种舍弃了人的现实社会关系的思维无法理解现实的人的具体状况,所得到的只是作为孤立的个人的抽象共性。马克思主义主张不仅要从人类与动物相区别的人性出发,更要从人类自身发展的社会关系中归纳人性,其中劳动以及劳动的形式起到关键的作用。"普世价值"所抽象的人性也只不过是西方社会的社会关系的反映,这种社会关系本身就有它的特殊性。"普世价值"缺少对世界多样性的基本尊重和包容。它将西方文明作为人类社会不可置疑的制高点,对于其他社会的生活和文化进行高低优劣的评判和裁决,忽视了社会制度本身的社会历史性。"普世价值"所尊重的人权也是特定内涵的权利,它否定了个人的特殊性,否定了人的社会历史性,实际上剥夺了非西方国家人民的自由选择权,销蚀了本该属于非西方国家人民的思想观念和价值体系。

五、对资产阶级普遍性思想观念虚假谎言的揭露

马克思在《德意志意识形态》中深刻揭露了资产阶级编造普遍观念虚假谎言的过程。资产阶级普遍观念的逻辑路径:把统治思想同进行统治的个人分割开来,并由此做出结论——历史上始终是思想占统治地位,然后抽象出"一般思想"、观念等,而把它们当作历史上占统治地位的东西。❷ 思想家们编造出一套理论,认为束缚人们

---

❶ 陈家刚. 危机与未来——福山中国讲演录 [M]. 北京:中央编译出版社,2012:126.
❷ 马克思,恩格斯. 马克思恩格斯全集:第3卷 [M]. 北京:人民出版社,1960:55.

的是思想观念,以新的思想观念取代旧的思想观念,可以实现人的解放。这个新的思想观念一定要符合人们的想象和愿望,而不能表现出明显的阶级性。因此,思想家们编造出普遍性的概念。资产阶级的意识形态用歪曲的形式、用自己的特殊利益冒充普遍利益,掩盖了资产阶级的特殊利益。

  马克思曾揭露资产阶级价值观的包装过程。在资本主义社会分工下,有一批学者专门带头对资产阶级价值观进行包装,以抽象人性论把价值观念神圣化。结果价值观念与实践相分离,赋予普遍性属性,完全变成了意识形态统治的工具。特权阶级带头遵守他们的价值观念,思想家、教书匠、大学生、道德协会的会员等有特权的等级用适合自己的夸张形式去表达普遍的幻想,而且在社会中起到带头作用。也就是说,马克思认为资产阶级的学者为了自己的利益不遗余力地维护、捍卫、宣扬虚假的资产阶级价值观。有人在概括、维护、捍卫、宣扬资产阶级的价值观念,想尽各种办法去编造、圆谎虚假的价值观念,试图把这些价值观念变成一种神圣化的理性、绝对化的理论,价值观念被作为资产阶级意识形态的重要内容。

  马克思向我们揭露了所谓普遍性的价值观念只是资产阶级思想家们所编造出来的概念,他们不遗余力地去宣扬、维护和捍卫它们。这些价值观念是虚幻的谎言,与真实的资本主义制度相分离甚至是相对立的。现在有一些西方学者将"普世价值"描述为现代化国家的标准,将建立在"普世价值"基础上的社会制度作为非西方国家实现繁荣富裕的路径。"如果它们成为普世价值,这将不是因为它们特殊的文化渊源,而是因为基于它们所建立起来的制度也证实对非西方国家有作用且可实施"。[1] 要揭露"普世价值"作为现代化国家标准的虚假性,首先必须要认清西方"普世价值"的逻辑思路。"普世价值"就是资产阶级用自己的特殊利益冒充普遍利益的虚伪的意识形态歪曲形式。资本主义制度不是在"普世价值"基础上建立

---

[1] 陈家刚. 危机与未来——福山中国讲演录 [M]. 北京:中央编译出版社,2012:75.

的，而是在侵略、剥削、压迫的基础上建立起来的。资本主义制度不是践行"普世价值"的最好制度，相反"普世价值"是维护资本主义制度的最好工具而已。现在，一些西方学者到处鼓吹"普世价值"，也是在把"普世价值"打造成一套适合全世界的虚幻理论体系。在西方学者的逻辑里，资本主义制度和西方所主导的国际规则和秩序是最能体现"普世价值"的，最终的结论是现有的资本主义制度和国家规则秩序是永恒的。"普世价值"给非西方国家提供的"糖衣"是西方模式是非西方国家走上现代化道路的唯一途径，但其所包藏的祸心是让非西方国家遵守西方国家的规则，成为西方国家的附庸。

"普世价值"已经成为一个具有鲜明政治倾向和价值诉求的政治哲学术语。"普世价值"是以美国为首的西方国家的意识形态工具，其目的是消解同西方国家利益、立场不一致的其他国家的意识形态防线。特别是针对社会主义国家，"普世价值"成为动摇马克思主义指导地位的特殊工具。美国是为了自己的国家利益，为了主宰国际规则和秩序的制定，为了自己的世界领导地位，把自己的利益伪装成世界利益，把自己的价值观伪装成世界价值观，把他们所主宰的国际规则和秩序永恒化与合法化，想把自己的世界领导地位的暂时性永恒化。2010年，美国总统奥巴马发布"国家安全战略报告"，提出强化"普世价值"能保持美国的力量和世界领导地位。❶ 作为美国的对外战略工具，"普世价值"扮演了重要角色，帮助美国争夺意识形态话语权、美化美国的霸权行为。在"普世价值"背后隐藏的是西方中心主义。"普世价值"成为西方国家评判其他国家的标准，动不动就以人权报告威胁他国，动不动就给其他国家贴上"邪恶国家"的标签。"普世价值"在实践中经常变成事实的双重标准。

"普世价值"的危害不只在于西方在全世界构建价值体系，更在

---

❶ The White House. National Security Strategy 2010 [EB/OL]. [2010-05-27], https://nssarchive.us/national-security-strategy-2010/.

于其打着幌子干涉他国内政。西方推行"普世价值"的真实意图并不是简单地构造全人类的普遍适用的价值体系，而是利用"普世价值"最终将视野投向政治领域和意识形态领域，企图推行西方政治制度，干涉他国内政。某些西方国家无论是维持内部秩序还是为了维护海外利益，都不惮于使用暴力，并以此为借口干涉别国的内政，侵犯别国的主权。某些西方国家给非西方国家的民众传递一个信息，"普世价值"是超越阶级超越民族的，是任何政权不能抵制的，某些西方国家会带着他们去实现这种价值，对抗他们国家抵制"普世价值"的"邪恶"制度和"邪恶"政权。当有的国家不遵守西方要求的时候，西方国家就煽动民众搞"颜色革命"，颠覆政权，甚至撕破虚伪的面具，悍然对其他国家进行武装干涉。结果是伊拉克、叙利亚、阿富汗、利比亚等国家山河破碎、民不聊生，老百姓连最基本的权利都无法得以保障。事实证明，某些西方国家带领非西方国家实现自由，实际上是某些西方国家要在非西方国家身上实现自己更大的"自由"。某些西方国家整天挂在嘴上的所谓"普世价值"只是用来维护其世界统治地位的工具。一旦西方资本利益与"普世价值"出现矛盾的时候，某些西方国家就会毫不犹豫地选择自身利益而抛弃"普世价值"。所谓的"普世价值"就像裹脚布一样被无情地扔在一边。

总之，马克思在一百多年前曾揭露了资产阶级普遍思想观念的幻象。资产阶级为了维持和扩张自己的统治地位，不断地将阶级思想观念上升到国家普遍观念，再到世界普遍观念。"普世价值"就是西方资产阶级企图打造所谓世界普遍价值观念的形式，其所使用的方法和套路与一百多年前的没有变化。马克思在《德意志意识形态》中的方法论和基本观点帮助我们看破"普世价值"的幻象。当前，人类社会急切需要共同价值观念以应对各种全球问题，各种价值观念会激烈碰撞，"普世价值"的危害会一直存在。我们要坚持马克思主义历史唯物主义观点认清"普世价值"及各种变种的本质，同时根据时代的发展凝聚价值共识应对"普世价值"的挑战。

第二节　人类共同价值观对马克思主义价值论的继承与发展

　　在整个21世纪，包括社会主义、资本主义在内的不同社会制度的国家会长期共存，人类共同面临的全球性问题越来越多，不同国家的文化、价值观在全球化浪潮中相互交流、碰撞。人类社会需要一个新的价值共识引领人类社会的发展方向。人们呼吁一种新的国际秩序和原则，向往与之相适应的新的伦理文化和道德价值观念。作为最大的发展中国家和社会主义国家，中国的发展与世界的发展高度融合在一起。世界局势的发展趋势影响着中国未来发展的进程。以中国为代表的发展中国家的实力快速增长，逐渐处于世界舞台的中央，也越来越有能力去引领世界发展的方向。党的十八大以来，习近平总书记继承马克思主义世界历史理论和价值理论，创造性地提出了构建人类命运共同体的倡议和人类共同价值理念，为人类解决共同问题、谋求世界大同提供了切实可行的中国方案。当今世界逐渐形成了西方中心论与人类中心论两种截然不同的世界价值立场，前一个是以自己的价值观取代其他价值观，后一个是人类各种价值观念的共识。中国所倡导的人类命运共同体理念和共同价值观是人类中心论价值立场的具体构想，是以中国为代表的广大发展中国家对于西方中心论价值观的正面回应。人类命运共同体以全人类整体利益为原则，主张实现人类公共性生存及其利益最大化。构建人类命运共同体符合世界多极化发展趋势，能够维护世界的和平与稳定。共同价值论是在继承马克思世界历史理论和价值理论的基础上，对于人类社会构建命运共同体的价值准则和价值目标的明确回答，也是对西方价值全球化投下不信任票。共同价值论以人类社会为价值主体重构人类现代价值体系，超越了西方虚假性与剥削性的价值体系。共同价值论以人类共同利益为基础，努力在不同文明交流中促进人类文明的融合发展，代表人类社会新伦理文化。人类共同价值由中国提出并倡导，正体现了马克思主义价值观在新时代的创新发展。

一、共同价值观对马克思思想的继承

（一）马克思的世界历史理论为全人类共同价值观提供了理论基础

马克思在《德意志意识形态》中就基本形成了独特的世界历史理论。马克思的世界历史理论研究的不是一般意义上的世界历史，而是阐释人类历史开始由地域向世界转变的过程。马克思对于这一过程的动因和本质进行了深刻分析。依据马克思的观点，人类在地理大发现以前基本上处于自我封闭的自给自足的状态。马克思认为，不断扩大产品销路的需要驱使资产阶级奔走于全球各地。过去各民族的自给自足和闭关自守的状态被各民族之间的互相来往和互相依赖所代替。[1]"资产阶级，由于开拓了世界市场，使一切国家的生产和消费都成为世界性的了"。[2]资本主义生产方式开启了人类社会从单个民族的历史向世界历史的转变，国家间交往越来越密切，世界生产体系逐渐形成，各国经济成为世界经济的一部分。也就是说，资本由国内市场变成世界市场，各个国家的生产和消费都变成了世界性的，成为世界生产和消费体系的一部分。资本的扩张、生产国际化分工的加速，以及通信工具的便利，把一切民族都卷到国际生产体系中，成为世界经济的一部分。

马克思世界历史理论的惊人洞察力对于今天全球化时代潮流仍然具有重要价值。马克思深入揭示了世界市场拓展与世界历史形成的内在机制。马克思指出，资产阶级在开拓世界市场过程中，无情

---

[1] 马克思，恩格斯. 马克思恩格斯文集：第2卷[M]. 北京：人民出版社，2009：35.
[2] 马克思，恩格斯. 马克思恩格斯选集：第1卷[M]. 北京：人民出版社，2012：404.

地"挖掉了工业脚下的民族基础"。❶ 资产阶级在向世界扩张的过程中，不断排挤、吞噬其他国家的民族工业，让其他国家的工业依附在世界性分工体系中。世界市场成为资本存在和发展的基本场域，各民族经济交换和全世界人民的人际交往改变了人类社会关系，发展中国家发展自己的产业成为在激烈市场竞争中生死攸关的问题。世界市场是人类交往活动的主要舞台，经济交往是人类交往活动的主要内容和基础。人类生活方式、发展方式不仅仅局限于世界市场，人类社会的世界性、国际化的广度和深度空前发展。当前人类社会已经形成了以世界市场为基础的全方位的、丰富多彩的国际社会。世界市场不同于国内市场，国内市场有社会道德体系约束。而世界市场是一个道德的莽荒之地，资本主义国家在国内市场经济条件下的公平、自由、法治等价值原则在世界市场里并没有得到应有的遵守。资本在资本主义国家政权的支持下，以武力进行殖民统治，强制将其他民族国家纳入世界市场之中。暴力、强权取代了一切道德规范。旧的殖民体系瓦解之后，资本主义国家依靠资本对世界市场的垄断主宰着整个国际经济体系，主导了国际经济交往的评价标准和行为规范。国家是当今世界保障和谋取国民利益的基本场域，每一个国民的利益、安全和尊严都与国家联系在一起。在资本统治尚没有退出历史舞台的时候，不论是资本主义国家还是社会主义国家，都是保护本国国民权益的力量。维持民族国家的自主地位是实现个人发展的重要条件。随着发展中国家的快速发展，尤其是新兴国家整体实力的大幅提升，西方国家所主宰的国际规则成为制约世界经济和发展中国家经济发展的重大障碍，也成为国际矛盾和纠纷的重要根源。世界市场急切地需要一个统一的价值规范和道德标准。习近平总书记继承了马克思的世界历史理论，并在此基础上分析世界市场形态，认识人类命运共同体的交往主体，从国与国之间的国际交往实践中探索人类命运共同体发展之路，对马克思的世界历史理

---

❶ 马克思，恩格斯. 马克思恩格斯文集：第2卷 [M]. 北京：人民出版社，2009：35.

论做出了新拓展。

（二）马克思对西方"普世价值"观的批判为构建人类共同价值提供了全人类价值立场

马克思在《德意志意识形态》中揭示了所谓"普世价值"的欧洲中心论。马克思真正地立足于全人类的前途和命运，有着超越地域与民族界限的世界情怀。在马克思看来，是资本主义大工业"首次开创了世界历史"。[1] 伴随着"历史向世界历史的转变"，人的自由而全面发展与解放也提上了议事日程。但马克思同时指出，资本主义生产方式虽然使得"地域性的个人为世界历史性的、经验上普遍的个人所代替"。[2] 但是，这种代替并不意味着人的真正自由与解放，只是为人的解放创造了世界条件。只有到了共产主义社会，人类才能冲破物的依赖性的束缚，人类在真正世界经济体系中获得全面发展。因为共产主义是"在保证社会劳动生产力极高度发展的同时，又保证人类最全面的发展的这样一种经济形态"。[3] 在共产主义社会之前，国家仍然是个人实现自由与解放的场域和条件。没有国家间的平等，就不可能有人的最终平等，国家间平等是人的最终平等的阶段性条件。

马克思认为，资本的逐利性使一切民族成为世界性存在。马克思不是只关注某个民族和地区的发展，而是以人类的最终解放为目的。马克思站在人类整体的价值立场，认为资本是近代社会造成价值异化、制约人的自由发展的最大根源。国家、民族间矛盾也是根源于资本主义生产方式在全球范围的扩张。解决世界矛盾的根本路径是对于资本主义生产方式的扬弃，但这将是一个长期过程。资本主义生产方式在世界范围扩张的同时，资本主义的价值观在全球散播。资本在资本主义社会的统治地位放射到全世界就是发达资本主

---

[1] 马克思，恩格斯. 马克思恩格斯全集：第19卷 [M]. 北京：人民出版社，1960：130.
[2] 马克思，恩格斯. 马克思恩格斯选集：第1卷 [M]. 北京：人民出版社，2012：166.
[3] 马克思，恩格斯. 马克思恩格斯全集：第19卷 [M]. 北京：人民出版社，1960：221.

义国家在全世界的统治地位，这是限制广大发展中国家、民族发展的最大障碍。面对全球性挑战，人类只有树立合作共赢的共同体意识，才能寻求最大公约数，开创人类发展的共同空间。人类命运共同体理论是中国在针对当下资本主义制度不能马上消灭、两种制度并存的情况下，防止矛盾失控、谋求利益最大公约数的理论创新。在社会主义国家不断扩展自己的力量，而资本主义国家同时又长期存在的国家力量对比的量变过程中，维持二者关系的相对稳定至关重要。这是社会主义国家积蓄力量，不断成长的重要外部条件。人类共同价值论继承了马克思世界历史理论的价值立场。与资本主义国家的单边主义理念不同，人类共同价值论既追求本国利益，又关切他国利益。人类共同价值论旨在建立一个摒弃赢者通吃、零和思维的新型国家关系，促进不同文明之间的平等对话，共同抵制霸权主义，最终的目标是达到共赢的结果。

二、共同价值观对构建 21 世纪新型国家间关系的新价值

习近平总书记倡导人类命运共同体理念，是努力让世界从单纯的、牟利性的世界市场走向多元的、平等交往的国际社会。西方所主导的全球化，其基本理念在于坚信市场经济、资本逻辑是全球化的基本原则。西方所倡导的全球性价值观念也是以市场经济、资本逻辑为基础的，建立在市场经济、资本逻辑基础上的自由、平等、法治等，也被作为全球性价值观的核心。西方国家肆无忌惮地向全世界推行其资本主义制度的同时，也不遗余力宣扬其价值观念。伴随着资本逻辑在世界范围的扩张，自由主义的伦理文化和价值观念也在全球扩散。在资本逻辑下所形成的道德原则和行为规范逐渐影响人们生活的方方面面，甚至可以成为民族之间、国家之间交往的基本准则。资本主义社会将自由、平等、民主作为普世的价值理念。"普世价值"本质上是一种试图将特殊的地方性价值体系上升到普遍的全球性价值。但是在现实生活中出现形式上追求自由、平等、民主价值观和实质上不自由、不平等、不民主的悖论。资本主义国家

总是以本国利益为最高利益，无视甚至损害其他国家的利益，打着"民主"和"自由"的旗号对其他国家大兴霸权之实。西方国家一直在试图维护自己的中心地位。西方国家难以接受因其他国家的崛起，而挑战了自己的地位和权威，想尽办法围堵和遏制新兴国家的发展成为某些西方国家的阳谋。它们在人为地给世界制造新的矛盾和对立，不惜挑起冷战甚至战争。

随着新兴国家的崛起，人类社会呈现多元、多极发展的态势。非西方国家需要更多的话语权，大家希望通过对话、协商、合作、共赢来解决世界问题。"普世价值"解决不了全球性问题，解决不了民族国家之间的关系，反而会加剧矛盾。西方国家所固守的西方中心主义、西方至上主义的文明优越性观念和个人主义为基础的价值观念，排斥民族国家利益至上原则，根本无法破解人类社会的深重难题。西方优先主义的价值观念和霸权主义政策正陷入穷途末路，它与人类新文明趋势背道而驰，已经暴露出其自身无法克服的内在弊端。依附于旧的西方所主导的全球化的全球伦理文化和道德价值逐渐失去了原来的合理性。西方"普世价值"越来越遭到世界各国人民的质疑，"普世价值"在西方国家也遭受到挑战。越来越多的国家希望尊重各国文明的多样性，希望求同存异，以世界价值共识作为各国交流的纽带和桥梁。

人类共同价值产生与当今世界经济全球化背景密不可分。整个世界融为一体，人类交往密切，人类生产、生活活动作为整体密不可分，一荣俱荣、一损俱损。人类的整体利益的比例越来越大，人类的命运共同体意识日益凸显。经济全球化使各国在相互依存中形成了利益纽带和内在关联。共同价值是各国在互相联系的实践中所形成并遵循的价值观念。共同价值不是依靠某一国家的强权和资本力量推行而获得至高无上的话语权来实现的。它是依靠各国人民的平等的话语权通过相互尊重、平等协商来实现的。国际社会仍然存在着以强凌弱、以大压小的现象。有的国家大搞单边主义，不履行国际义务，以自己国家利益至上，公然违背国家信用，任意不遵守国际协议、动辄退出国际组织，给国际规则、国际问题处理带来恶劣影响和破坏。有的国家仍然奉行对抗思维、零和思维，不能容忍其他国家发展的事实，继续搞霸权主义，竭力反对其他国家自主探索发展道路，扼制其他国家的发展。大有把世界引向冷战、甚至全面对抗的局面，严重危害世界各国的共同利益。以美国为代表的西方资本主义强国凭借其传统优势，继续推行其西方中心主义思维，设置贸易、技术壁垒攫取不当利益，利用强权政治打压外来企业，维持其经济与科技的垄断地位，阻碍合理公正的国际合作和交流，阻碍新型国际治理框架的建立与发展。人类命运共同体不是资本逻辑，而是对于资本逻辑的反思。全球的和平安全、全球的生态系统、全球的公共自然资源、全球的治理体系等不是专属于某一个国家或集团的，它们是属于全人类，是全人类所共享的资源。人类命运共同体坚持的是世界的共享原则，反对世界的一部分人独占世界资源。

人类共同价值的价值主体是构成人类命运共同体的具体主权国家。主权国家是解决当前国际问题的主体力量，也是实现世界和平、繁荣的基本场域。习近平总书记对国家主权原则进行了准确界定和科学拓展，他指出："主权原则不仅体现在各国主权和领土完整不容侵犯、内政不容干涉，还应该体现在各国自主选择社会制度和发展道路的权利应当得到维护，体现在各国推动经济社会发展、改善人民生活的实践应当受到尊重。"❶ 人类命运共同体摒弃了谋求独霸天下的霸权思维及零和竞争的冷战思维。人类命运共同体是要各国在共同发展中寻找到各方利益的交融点和最大公约数，谋求各国在交往中实现双赢、共赢和多赢的局面。人类命运共同体强调了各国发展外部环境的重要性，承认了各国利益的自主性和差异性。任何事物的发展都离不开外部因素的影响。各个国家的生存和发展都离不开世界环境，大家都是绑在一起的。人类社会共同需要的生态系统和各类自然资源是人类命运共同体的基础。地球的生态系统和各类

---

❶ 习近平. 习近平谈治国理政：第 2 卷 [M]. 北京：外文出版社，2017：523.

资源是人类生存的最基本的前提条件，维护全球生态系统和世界资源的有效利用关乎每一个国家的命运。在全球生态系统和自然资源面前，所有国家的命运都系于一身。构建人类命运共同体，要求每一个国家都要承担自己的责任非常重要。既然是命运共同体，任何国家就不能只顾自己，各个国家之间是命脉相依的。单边主义、只顾本国利益的思维不仅损害的是他国利益，最终也会造成本国利益的损害。人类命运共同体积极寻求各国利益的最大公约数，确立协商共建共享机制。要落实人类共同价值，就需要构建平等互信的新型国际权利观、义利相兼的新型国际义利观、包容互鉴的新型国际文明观、结伴不结盟的新型国际交往观等。

　　共同价值既是人类社会发展到一定历史阶段的产物，也是人类社会应对全球性问题和挑战的时代结果。应对全球性问题和挑战，需要各个国家和民族的共同行动，而这就需要一种精神力量凝聚共识，人类共同价值应运而生。人类共同价值概念有利于推进人类社会形成共识，采取共同的解决方案，共同构建平等协商、互利共赢的人类命运共同体，一起实现全世界的和平、稳定、繁荣与发展。共同价值概念是在意识形态方面反抗霸权主义的重要手段。共同价值概念的提出顺应了时代的要求，指出了人类未来发展的解决之道。共同价值观反对西方的霸权主义的价值观念，充分尊重各国要求，从本质上遏制了西方意识形态在世界范围的霸权扩张，可以得到世界多数国家的支持，为构建新型的国际关系格局奠定意识形态基础。西方国家推进"普世价值"，旨在实现西方价值的全球化，构建西方主宰的全球价值体系，从根本上保证西方国家对于世界的领导，保证自身利益的全球化。人类共同价值概念主张在尊重价值多样性的基础上，构建代表人类优秀文明成果的共同价值。西方"普世价值"的本质是西方价值，人类共同价值的本质是各国的共同价值。"普世价值"的目标是建立单一文化价值体系，共同价值的目标是建立多元文化价值体系。"普世价值"是西方国家统治世界的工具，共同价值是世界各国共同治理国家的工具。

习近平总书记提出的共同价值是着眼于解决当前的国际问题，为了实现世界持久的和平、繁荣。人类共同价值是相对于整个人类而言的，它是与人类命运共同体相配套的，是构建人类命运共同体所需要的价值观念，人类共同价值是人类命运共同体的精神基石。共同价值贯穿于人类命运共同体构想之中，是解决全球问题的核心理念。首先，人类命运共同体是安全共同体，安全是生存的前提条件，没有和平与安全，就没有稳定的发展的基础。维护世界和平安全是世界各国共同的责任和义务。其次，人类命运共同体是利益共同体，共同发展、共同繁荣，任何一个国家的发展都离不开世界，不能将自己的利益完全凌驾于他国之上。旧的国际经济体系是西方国家对于其他国家的经济剥夺。这种模式已经遭到其他国家的反对，新兴市场经济国家、发展中国家在国际上的话语权越来越大，要求公平、正义的声音日益高涨。旧的国际经济体系无以为继，加剧了南北矛盾，也制约了发达国家的发展。只有坚持共同利益观，互利共赢才能维持世界经济的持续发展。最后，人类命运共同体是全球治理共同体。全球问题是人类所共同面对的，需要各国的共同努力，不是哪一个国家自己可解决的，决不能自扫门前雪。不论国家大小，都要坚持民主原则处理国际问题，不将自己的意志强加给其他国家，要尊重其他国家自由选择发展道路的权利。因此，和平、发展、公平、正义、民主、自由等价值观体现了各国、各民族关于全球问题、全球治理的价值观念的最大公约数。它们是构建人类命运共同体所遵循的基本价值原则和价值追求。和平与发展是人类整体对于世界局势的判断和希望，体现人们对生存环境和条件的基本需求。公平与正义是各国民众对国际关系的价值原则和价值判断，体现了人们对于国际秩序和资源分配原则的根本追求。民主和自由是各国民众对于各国自身发展的价值要求，体现了各国要求国际关系民主化、自主选择发展道路的基本要求。上述三个方面的有机构成反映了人们对于全球发展和国际事务认识和评判新的尺度标准。

三、共同价值观是人类的真正价值共识

当前人类社会的共同利益主要包括三类：一是作为人类共同生存环境的共同利益，比如和平的国际环境、良好的全球生态环境等；二是作为人类共同分享的各种资源的共同利益，比如世界自然资源、人类智慧成果和各种文明资源、国际安全条件等；三是作为人类共同所处的社会关系的共同利益，比如国际秩序规则、各种财富资源的分配原则和机制、人类处理各种国际问题的组织机构等。在这些共同利益基础上人们在思想观念方面产生共同价值观念。这是共同价值观念的现实基础。共同价值是世界主流价值、是多数国家的价值共识，与西方的霸权主义、西方优先的价值观相对立的价值观。各国人民在平等交往的过程中，求同存异，各个国家、民族的价值观念不断碰撞、融合，可以有效化解彼此的矛盾和误解，对于共同问题人们会生成新的价值共识，使人类共同价值的内容不断丰富和发展。共同价值具有包容、开放的特点，提出共同价值的目的是通过寻找各个国家的共同利益、共同价值理想、共同价值原则，求同存异、聚同化异，以共同价值标准处理全球性问题、以共同价值理想凝聚全球共识朝着发展方向前进。就如习近平总书记所倡导的"文明之间要对话，不要排斥；要交流，不要取代。人类历史就是一幅不同文明相互交流、互鉴、融合的宏伟画卷。我们要尊重各种文明，平等相待、互学互鉴，兼收并蓄，推动人类文明实现创造性发展。"[1] 社会主义核心价值观不等于共同价值，共同价值也不是社会主义核心价值观的一部分。共同价值是中国的社会主义核心价值观与其他国家价值观的交集、共性集合。社会主义核心价值观作为中国的主流价值观念，在国际交往的过程中会与其他国家的价值观、文化展开对话、交流，彼此相互认同和尊重，中国的主流价值观会

---

[1] 中共中央文献研究室. 十八大以来重要文献选编（中）[M]. 北京：中央文献出版社，2016：697.

得到其他国家的理解和认同。

2015年9月28日,习近平总书记在联合国大会一般性辩论发表的《携手构建合作共赢新伙伴,同心打造人类命运共同体》重要讲话中指出:"和平、发展、公平、正义、民主、自由,是全人类的共同价值,也是联合国的崇高目标。"❶ 习近平总书记所凝练的共同价值是从马克思主义历史唯物主义出发,坚持马克思主义价值观要求,在人类世界历史的动态中凝练人类发展的共性需要。它超越了西方资本逻辑,成为世界发展的共同性原则。共同价值是动态的,是不断丰富发展的。就目前国际局势而言,和平、发展、公平、正义、民主、自由正代表着人类整体的价值共识。和平和发展是全人类对于国际环境和趋势的共同愿望。公平和正义是全人类对于国际交往的原则和标准。民主和自由是全人类对于国际事务处理的原则和要求。

(一) 和平与发展

和平与发展是人类赖以生存的前提和基础。人类的生存离不开和平与发展,这对所有人的意义就像空气与淡水一样。战争和动乱给人类曾经带来巨大的灾难,为避免世界性的战争,用非战争的方式去解决人类的争端已经成为全人类的共识。每个国家都意识到战争绝不是解决问题的最好手段,即使是战争发动国也绝不会通过战争能获得超过非战争手段解决问题带来的利益。虽然世界仍然存在威胁和平的因素,但是和平的声音和力量是占据绝对优势地位的。和平已经是各个国家发展和世界繁荣必不可少的条件。经济、科技、文化等非军事因素对于国家综合实力和国际影响力的影响远远超过军事因素。这表明,整个国际格局的变化,不一定非得经过战争的洗礼,在和平状态下实现国际格局的转变成为可能。发展仍然是全世界各国的共识,以中国为代表的新兴国家和发展中国家,在解决

---

❶ 习近平. 携手构建合作共赢新伙伴 同心打造人类命运共同体 [N]. 人民日报, 2015 - 9 - 29 (2).

国内的各种问题,实现人民对于美好生活的需要仍然离不开发展。对于发达国家来讲,仍然没有完全摆脱金融危机带来的影响,经济发展的动力不足,社会失业率不断上升、民众的生活质量下降,这些问题的解决仍然需要发展。

和平与发展是当今世界的时代主题,这既是当今世界的主要趋势,也代表了人类对于整个世界的共同价值要求。不过,当今仍然有影响世界和平与发展的因素和障碍,影响世界和平与安全的因素主要是恐怖主义和霸权主义,影响世界发展的主要障碍是保守主义。要维护世界和平与安全就需要各个国家的团结合作,共同应对恐怖主义、霸权主义。要建设一个持久和平的世界,核心要义是构建一个平等相待、互商互谅、互学互鉴的国家关系,以平等、公平的国际规则保证各国之间的合理竞争,实现世界资源在各国之间的有序流动,推动各国文化的有序交流。

以往西方国家将自己的发展建立在剥削发展中国家的基础上,造成南北差距不断扩大,随着新兴国家的崛起,国际经济的矛盾不断激化。在金融危机的影响下,西方国家为了自己的利益,推行新保守主义等。西方优先的发展模式难以为继,世界各国的共同发展模式才是解决经济矛盾、实现世界经济持续发展的最佳选择。2015年9月26日,习近平主席在美国纽约联合国总部举行的联合国发展峰会上的讲话中指出:"对各国人民而言,发展寄托着生存和希望,象征着尊严和权利。……唯有发展,才能消除冲突的根源。唯有发展,才能保障人民的基本权利。唯有发展,才能满足人民对美好生活的热切向往。"❶ 落后对于发展中国家而言,是获得尊严和权利的最大障碍。发展对于各国人民而言寄托着生存和希望,象征着尊严和权利。只有实现发展,才能消除贫困和落后,才能保证人民的基本权利,才能满足人民对于美好生活的热切向往。世界上很多的冲

---

❶ 习近平. 谋共同永续发展 做合作共赢伙伴——在联合国发展峰会上的讲话[N]. 人民日报,2015-09-27(2).

突是源于落后和发展的失衡。只有发展，才能解决南北失衡的现实，消除世界很多冲突的根源。

（二）平等与公正

国家间关系的价值异化是造成西方国家与其他国家价值冲突的重要根源，也是威胁人类共同安全价值的重要因素。共同价值观以人类命运共同体为载体，倡导世界各国共同参与构建人类共同价值体系，引领世界各国走上"各美其美、美人之美、美美与共、天下大同"的康庄大道。每一个国家都应该作为一个独立自主的主体，享有平等的权利。由于不合理的国际分工和霸权主义，发达国家与发展中国家呈现一种价值创造与价值享受身份不统一的状态。发达国家更多的是作为价值享受的主体，在国际体系中，发达国家往往利用自己的优势享受更多的世界文明成果和各种财富资源。而发展中国家更多的是作为价值创造的主体，在国际体系中，发展中国家由于一直处于劣势，承担了更多的价值创造和贡献的角色，在资源、劳动力、生态环境等方面付出更多，但因处于国际体系的最底层难以分享更多的文明成果和财富资源。世界物质财富的流动态势，是从发展中国家流向发达国家，结果造成发展中国家的财富空洞。精神文明的流动态势则是反向的，是从发达国家流向发展中国家。发达国家凭借自己的强大优势，向发展中国家输出文化和价值观，结果造成发展中国家价值观被剥夺，西方价值观与本国价值观产生激烈的冲突。

共同价值观摒弃赢者通吃的价值观念，主张双赢、多赢、共赢的价值观念，将本国利益同世界共同利益结合起来，在最大范围内形成共同利益的汇合点。世界市场和国际经济体系是构建人类命运共同体的物质基础。在经济全球化背景下，每一个国家的经济都成为世界经济体系的一部分，每一个国家的生产和生活都离不开世界市场、世界经济。共同维护世界市场和世界经济体系关乎每一个国家的发展。当前，某些西方国家妄想主宰世界市场，主导世界经济秩序，实际上是在破坏世界市场和国际秩序，加剧世界经济的萧条、国际经济的矛盾和冲突。构建人类命运共同体就需要构建一个公平、正义的世界市场和经济体系。在全球化交往普遍发展的情况下，人们越来越具有共同的经验，越来越多的局部利益整合为共同利益，越来越多的全球性问题正超越地域性问题引起人们的关注。特别是随着全球化、信息化时代的到来，整个世界变成一个相互关联的整体。不同国家、民族之间的共同目的、利益和需要越来越突出，要求人们要以人类整体的立场和思维去思考和解决各种问题。很多问题已经远远超出一个国家、地区的范围，单靠哪个国家或地区已经无法解决。当下，气候变化、生态危机、恐怖主义等全球性问题让人类更清楚地认识到人类社会是一个命运休戚相关的利益共同体。人类要思考如何化解彼此之间的误解、矛盾和对立，大家共同拧成一股绳，就需要撇开狭隘的民族主义、保守主义。人类要摒弃零和竞争思维，竞争不一定非是你死我活，可以是共赢的。在狭隘民族主义下的零和竞争的结果一定是两败俱伤、同归于尽。

充分承认和尊重文化的差异性和多样性是寻求共同价值的重要前提。世界性的普遍交往，将各个国家、民族的价值体系置于同一个时空背景之中。在同一个世界市场体系中，会逐渐形成公认的一般等价物——世界货币，用以评价衡量各国的商品。同样地，在世界性交往的其他领域，也必然要形成公认的价值评价标准，用以衡量彼此的行为和事物。因此，一定存在具有民族特性的价值标准和具有全人类普遍意义的价值标准。世界性的普遍价值与民族性的价值之间存在着矛盾。"各种人类文明在价值上是平等的，都各有千秋，也各有不足。世界上不存在十全十美的文明，也不存在一无是处的文明，文明没有高低、优劣之分"❶ 共同价值观就是要承认和尊重他人的价值观，尊重每个国家、民族的文化价值观，不能以所谓真理的化身自居，对于其他文化价值观妄加评论、横加指责，更不能以霸权主义、强权政治的方式威胁、消灭其他国家、民族的文

---

❶ 习近平. 习近平谈治国理政［M］. 北京：外文出版社，2014：259.

化价值观。

（三）自由与民主

共同价值观中的自由，主要指的是尊重各国人民自主选择发展道路的权利。反对任何国家把自己的意志强加于人，反对任何国家干涉别国的内政，反对以强凌弱。在国际交往中，主权国家是国家社会中的价值主体。国家作为目前个人实现自我价值的最主要的场域，国家的发展水平、国际地位和国际尊严对于人民来讲非常重要。对于主权国家而言，独立自主地创造和享受价值就意味着发展。国家作为价值主体，自由意味着一个国家的人民可以自由选择自己的发展道路，拥有充足的自由裁量权，可以自由地决定自己国家的命运和重大事项。习近平主席于 2015 年 3 月 28 日在博鳌亚洲论坛年会开幕式上说："各国体量有大小、国力有强弱、发展有先后……尊重各国自主选择的社会制度和发展道路，尊重彼此核心利益和重大关切……努力求同存异、聚同化异。"❶ 国家间的平等意味着国家可以以平等的身份参与国际事务，这样就可以让国家在国际场合充分地表达本国人民的意愿，保护本国人民的利益。尤其是在西方国家处于强势地位的时期，发展中国家的国权、国格、民族自尊心显得尤为重要，它关乎发展中国家的独立性。

共同价值观中的民主指的是世界各国共同决定国际重大事务，参与全球治理，反对霸权主义。"各国都应成为全球发展的参与者、贡献者、受益者。"❷ 当前世界各国存在各种各样的差异，有着不同形式的文化、价值冲突。人类共同价值是从人类立场出发，兼顾了不同国家、民族的利益，这种价值观念可以超越冲突、包容差异，促进人类社会的共同发展，更好地解决全球性问题。与以追求利润最大化的资本原则和弱肉强食的自由市场丛林法则为基础的全球化

---

❶ 习近平. 迈向命运共同体 开创亚洲新未来——在博鳌亚洲论坛 2015 年年会上的主旨演讲［N］. 人民日报，2015－3－29（2）.

❷ 习近平. 谋共同永续发展 做合作共赢伙伴——在联合国发展峰会上的讲话［N］. 人民日报，2015－09－27（2）.

不同,未来全球化的最大特征就是以命运共同体为目标。在世界经济体系中,不是由资本主宰经济规则和市场秩序,而是推动各国在经济合作中机会、规则的平等。在全球治理方面,不是只考虑自己的利益,依靠霸权主导全球治理的规则,而是推进全球治理规则的民主化、法治化,弘扬共商共建共享的全球治理理念。党的十九大报告指出:"各国人民同心协力,构建人类命运共同体,建设持久和平、普遍安全、共同繁荣、开放包容、清洁美丽的世界。"❶党的十九大报告提出了"五位一体"的价值目标,描述了人类命运共同体原则下的世界面貌。"尊重各国人民自主选择发展道路的权利,维护国际公平正义,反对把自己的意志强加于人,反对干涉别国内政,反对以强凌弱"。❷

全球治理体系是构建人类命运共同体的政治基础。每一个国家都参与到国际事务之中,全球性问题是每一个国家都需要面对的问题。能否妥善解决国际事务和全球性问题也关乎每一个国家的命运。西方国家以强权处理国际事务,强行向其他国家推行西方模式,为了自己的利益干涉他国的内政,造成国家间矛盾和冲突,全球性问题不但没有解决反而更加恶化。只有坚持民主、自由的全球治理体系才能妥善处理国际事务和全球性问题,维护好国际秩序和国家间关系,给每一个国家营造良好的国际政治环境。

---

❶ 习近平. 决胜全面建设小康社会夺取新时代中国特色社会主义伟大胜利——在中国共产党第十九次全国代表大会上的报告 [N]. 人民日报,2017 – 10 – 28 (1).

❷ 习近平. 决胜全面建设小康社会夺取新时代中国特色社会主义伟大胜利——在中国共产党第十九次全国代表大会上的报告 [N]. 人民日报,2017 – 10 – 28 (1).

第九章　生态价值观对马克思自然价值观的继承与发展

　　生态保护是当代中国发展中面临的一个严峻的现实问题。要保护生态环境，首先要改变我们传统的价值观念，重视自然环境的生态价值。从近些年世界经验看，经济发展与环境保护、物质生活水平提高与环境改善似乎变成了一个逻辑悖论。如何走出这个悖论，现在来看是一个世界性的难题。西方的自然价值理论认为，20世纪人类的生态危机根源于人类中心主义价值观。它们认为只承认自然对于人的工具价值是造成人与自然对立、生态恶化的根源，必须承认自然存在自身价值，坚持生态中心主义，才能解决生态问题。西方关于人与自然价值关系的"人类中心主义""生态中心主义"分别代表了人类在经济发展与生态保护两难选择的两种极端价值倾向，说明西方没有走出这个悖论，而是让二者更加对立起来。许多中国学者寻找超越"人类中心主义"和"生态中心主义"的价值思想，甚至论证马克思的人与自然价值关系思想是不是"人类中心主义"。我们要警惕陷入西方的逻辑话语体系中。也就是说，我们要思考今天的生态危机是不是因为坚持人的价值主体地位造成的，是不是否定人的价值主体地位就能解决生态危机问题。中国要走出西方治理环境的"怪圈"，就必须要构建自己的逻辑话语体系。马克思的人与自然价值关系思想为中国生态文明建设的逻辑话语体系的建立提供了丰富的思想基础。同样，中国在生态文明建设方面所倡导的生命共同体理念和美丽生态价值观念等是对马克思主义生态价值观的创新。

第一节　生态价值观对马克思自然价值观的继承

马克思的价值思想为我们正确处理人与自然的关系，树立正确的价值观提供了指导思想。坚持人的价值主体地位是马克思主义价值论的一个重要观点。马克思主义价值论认为价值是主客体、主体间的关系，它不是物的自然属性，更不是人对自然的意义。人是价值关系的唯一主体。也就是说自然本身没有价值，自然的价值体现在对于人的意义。有些学者认为生态危机的根源是对自然自身价值的否定，只有承认、尊重自然本身的内在价值才能解决生态危机问题。坚持人的价值至上原则真的无法解决生态危机问题吗？人类今天的生态危机并不是因为人类对自己主体价值的追求，而是对自己主体价值认识的盲目性的结果。人类生存和发展的最基本条件就是物质生活资料，而这些都是人类通过对自然界进行改造而获得的。没有人类的价值需求，没有人类对自然界的改造，绝没有人类社会的发展。长期以来，自然界就被人们视为一切物质资料、物质财富的天然来源。人类社会发展的动力来自于人类对自然改造能力的提高。对人来讲，价值是人们不断劳动创造的物质财富，而不是优美的自然环境，自然生态环境只是被视为天然客观存在。一直到19世纪，人们主要关注的是自然对于人的财富价值，一切技术革命也都是围绕着如何提高人类改造自然的能力以获得更多的满足人类物质生活需要的物质财富。资本主义工业生产带来的城市污染让马克思对于人与自然的关系进行新思考，比如马克思的《资本论》就有着深刻的生态思想蕴涵。❶ 自然的生态价值引起了马克思的关注，他曾

---

❶ 张秀芬，包庆德. 马克思《资本论》生态思想及其论辩之争 [J]. 自然辩证法研究，2016（5）：112－117.

论述资本主义生产方式是造成自然资源过度开发的社会根源。

资本主义生产方式是西方资本主义社会生态危机的社会根源。资本主义社会将一切物的价值异化为货币，资本主义生产的目的是追逐货币财富的无限累积。自然资源成为人们获得金钱的手段和工具，它对于人类的其他价值完全被掩盖。"在私有财产和金钱的统治下形成的自然观，是对自然界的真正的蔑视和实际的贬低。在犹太人的宗教中，自然界虽然存在，但只是存在于想象中。"❶ 资本家在资本运行规律的指挥下，为了利润的最大化不断扩大生产、重复生产，而社会的真正需求并没有得到满足。也就是说，人类并没有按照人类生存、发展需要的意愿改造自然，而是按照少数人对货币财富的追逐欲望改造自然。人类的价值主体的价值异化为货币，人类真实价值需求被忽略。自然只是被当作人类追求货币的工具。马克思曾指出，人与自然和谐的价值关系应该是人类按照自己的意愿不断改造自然并能确证人类不断发展的本质。被人类改造过的自然应该更加符合人类生存和发展的需要。主体客体化与客体主体化在实践中的高度统一就表现在客体对主体本质的确证。而资本主义社会的价值异化导致人与自然的主客体关系错位。人类作为价值主体的本质异化为货币，自然不断被确证为货币。在资本主义条件下，货币财富越增加，自然越偏离人类的真正本质，自然生态对于人来讲就越恶化。因此，真正造成生态危机的根源不是坚持人的价值主体地位，而是价值主体本质的异化。

在发达资本主义国家中，一方面是资产阶级靠着对自然的过度开发维持着利润的最大化，另一方面是无产阶级依然靠着出卖自己的劳动力而生存并且承担着环境恶化所带来的危害。在世界范围内，一方面是发达资本主义国家靠早已取得的经济优势把环境污染型、能源耗费型产业不断向发展中国家转移；另一方面是发展中国家为了解决温饱问题不得不承担着全球生态问题所带来的危害。因此，

---

❶ 马克思，恩格斯. 马克思恩格斯文集：第1卷 [M]. 北京：人民出版社，2009：52.

根本的制度问题、国际结构问题不解决，单靠提高呼吁自然的价值地位，并不能解决现代生态问题。恩格斯曾在《自然辩证法》中提及，当一种生产方式为了满足社会需要而对于自然资源过度开发时，这个生产方式将无法继续。❶ 因为这种生产方式已经无法解决人们物质需要与自然承载力之间的矛盾。人们必须要以新的生产方式取代这种落后的生产方式。马克思和恩格斯已经预见到资本主义生产方式带来的对自然的过度开发。整个社会的发展以利润增加、货币积累为导向，人们的实际需求被社会生产左右，不是消费引导生产，而是生产引导消费。为了利润的无限增加，人们的消费观被导向过度消费、奢侈消费、投资消费、攀比消费。而当人们已经习惯于现在的生活方式，要扭转是非常困难的。从人类的角度看，要解决当代生态危机问题，根本出路是期待新的科技革命带来世界新生产方式的诞生。同时，人类应该树立适度消费和绿色消费的正确消费观。❷

马克思在19世纪看到了西方工业发展给自然带来的环境污染问题并把这种现象的原因归结为资本主义生产方式，应该说马克思确实点出了问题所在。受历史的局限，当时资本主义社会生态问题并不是一个严重的问题。马克思的主要关注点是资本主义社会人与人之间的关系，对生态问题几乎是一带而过。但是，马克思关于人与自然的价值观对于我们解决生态问题确实有一定的启示。主客体关系是马克思认识人与自然之间关系的基本方法架构。人作为价值主体，一定是从自身的本质需要出发认识和改造自然，自然的价值也是以主体为转移。当人们意识到自然对于人类除了财富价值还有生态价值的时候，就必须要思考二者之间的关系。在以生产资料私有制为主的社会，财富价值往往指向的主体是社会上的部分人，因为只有占有自然资源的人才真正拥有其财富价值；而生态价值则指向

---

❶ 马克思,恩格斯. 马克思恩格斯文集：第9卷[M]. 北京：人民出版社,2009：562.
❷ 陈金清. 马克思关于人与自然关系生态思想的当代价值[J]. 马克思主义研究, 2015（11）：35–42.

社会全体成员，这是不分贫富所有人共享的。部分成员为了财富的追逐会不断侵犯生态价值这个"公共领地"。而如何防止部分成员对于生态价值的侵犯一直是一个世界难题。生态价值这个"公共领地"的维护是全体民众的责任，也就是说每一个公民都应该具备"公共领地"意识，需要大家不断的努力自觉地去维护自然生态的平衡。

第二节　生态价值观对马克思自然价值观的发展

一、绿水青山就是金山银山

如何更好处理生态保护与经济发展之间的关系一直都是困扰人类的一个难题。西方的人类中心主义和自然中心主义都是把二者对立起来的。西方的人类中心主义和自然中心主义两个极端的思想对立就说明了其中的矛盾和无解状态。中国环境污染的社会根源与西方国家不一样，近代中国长期处于经济文化落后的状态，并遭受西方列强的侵略，实现中华民族的伟大复兴的主要条件是实现由一个落后的农业国向工业发达国家的转变。人民群众最迫切的愿望是尽快让中国建立起强大的工业体系，实现经济的快速发展，人民群众的物质文化生活水平得到明显提高。中国在没有资金和技术优势的情况下，只能依靠劳动力优势和自然资源优势实现经济的发展。改革开放以来，中国面临着与西方发达国家相比，存在较大的经济差距，最大的、最迫切的愿望就是把经济发展速度提高上来，不断满足人民群众的物质文化需要。经济发展速度是我国的最大价值诉求，追求速度和效率是社会最大的价值共识。大量的廉价劳动力和自然资源是中国经济发展的客观条件。自然资源的开发和利用成为推动中国经济发展的重要条件，各种高能耗、高污染的产业在各地重复建设和铺张式扩张，环境污染严重，但中国生态环境的破坏并不是不可逆的，因为造成这个问题的根源与社会主义制度没有关系。现在，我国补偿式经济发展已经完成，中国特色社会主义的价值目标将逐步实现。要保护自然生态，建设社会主义生态文明，必须要转变传统的价值观，树立正确的生态价值观。

在处理自然财富价值与生态价值的时候，中国人展现了中国智慧。习近平总书记当年在浙江省主政的时候，就在思考生态问题，并创造性地提出一些解决经济发展与保护生态的思想。党的十八大以来，习近平总书记更是在生态文明建设实践中，系统地回答了生态文明建设的重大理论问题，提出了一系列新思想新理念。习近平总书记曾提出，"我们既要绿水青山，也要金山银山。宁要绿水青山，不要金山银山，而且绿水青山就是金山银山。"❶ "金山银山"形象地表达了我们对于自然的生态价值与财富价值关系的态度。这是当代中国对人与自然价值关系的生动概括。所谓"绿水青山"就是自然对于人的生态价值，所谓"金山银山"就是自然对于人的财富价值。"宁要绿水青山，不要金山银山"是价值选择，就财富价值和生态价值相比较，生态价值更反映了人民群众的整体利益和根本要求，人们现在不再只是盼望着能够吃饱穿暖，而是希望能够吃的、穿的更加健康，人民群众一旦没有了健康，一切经济发展都是毫无意义的。"绿水青山就是金山银山"是价值判断，就是说绿水青山本身就是金山银山，而且只要留住绿水青山就能获得金山银山。中国未来必须走出一条自然生态价值和财富价值有机结合的路，青山绿水对于我们的经济发展非常重要，没有绿水青山就没有金山银山，只有留住绿水青山才能得到金山银山。阻碍生态环境建设的并不是经济发展本身，而是原本的发展理念、发展模式和产业结构。良好的生态环境和经济发展都是我们所要追求的价值目标。这两个价值目标能否兼得，如何兼得是人们一直讨论的话题。我们找到了生态

---

❶ 中共中央宣传部. 习近平总书记系列重要讲话读本［M］. 北京：人民出版社，2014：120.

保护和发展经济之间的共通点，只要我们改变原来的发展理念、改革原来的发展模式、变革原来的产业结构，走科技、创新、协调的绿色发展之路，是可以二者兼得的。

中国智慧是对马克思人与自然价值关系思想的继承与发展。首先，就价值主体来看，中国智慧坚持从人类的整体利益、长远利益出发认识人与自然之间的价值关系，实现了价值主体本质的回归。对于人类来讲，财富价值只是自然的一种价值关系，自然更重要的是生态价值。人们对财富价值的追求要通过在对生态保护的基础上实现。也就是，应该以自然生态环境的改良为追求财富价值创造条件。追求财富价值不应以破坏生态为代价，而应以保护生态为条件。中国树立了新的价值观、财富观，即不仅仅以人的物质需求为基础理解价值、财富，而应以人的本质、人的自由全面发展为基础理解价值、财富。转变只把劳动产品、自然资源看作财富的观点，绿水青山也是财富，而且是宝贵的财富。其次，就价值主体间关系来看，中国智慧体现了主体间关系的有机统一。只有从根本上消除主体间存在的对立关系，才能让人类在自然界面前凝聚成一个利益共同体。人类对自然环境共享、共有，才能有共同的责任保护自然。保护环境人人有责，环境恶化谁都难逃责任，决不能事不关己高高挂起，也决不允许将公共资源私人化。最后，就价值主客体关系来看，中国智慧体现了人的发展与自然的发展高度统一。人类要努力地通过对自然的改造，让自然生态系统的平衡、发展符合人类未来长期的发展趋势和发展要求。简言之，马克思主义价值论对于指导中国生态文明避免陷入西方"生态中心主义"的误区，走出一条具有中国智慧的生态文明建设之路具有重要意义。

二、人与自然的生命共同体

自然界是万物的母体，自然界孕育了人类社会的产生。没有自然界就没有人类社会。人类对于自然界的认识经历了不断演进的过程，从最初人类对自然界存在敬畏之心，认为自然界不仅有生命还有意识，得罪自然界就会遭到自然的报复，到工业化时代，当人类改造自然的能力大大提升的时候，人类把自己凌驾于自然界之上，自然界逐渐沦为人类追求发展的工具，只是把自然界看作资源宝库，人类完全忽视自然界的生命特征。当人类过度开发自然而带来自然生态的破坏时，人们逐渐开始意识到自然界并不是永远存在的资源宝库，如何修复自然生态成为人类努力的方向。这也是西方生态中心主义产生的时代背景。人类中心主义把自然视作征服和改造的对象，自然只是工具。生态中心主义则把自然视作主体。我国改革开放以来，生产力和经济发展曾作为我们最重要的任务，中国人民最大的愿望和诉求就是实现物质文化的丰富。人们所关注的根本是自然的经济价值，自然对于人来讲就是资源、财富的源泉。从要金山银山还是绿水青山的两难选择，到绿水青山就是金山银山，虽然解决了经济发展与保护环境之间的矛盾关系，生态环境建设得以重视，但是对于生态环境的认识还停留在工具价值层面，只是从自然对于人的经济价值出发来看待人与自然之间的关系。2018 年 5 月，习近平总书记在马克思诞辰 200 周年大会讲话中继续强调："自然是生命之母，人与自然是生命共同体"。❶ 2021 年 4 月 22 日，习近平总书记出席领导人气候峰会时发表的《共同构建人与自然生命共同体》的重要讲话，全面系统阐述了人与自然生命共同体理念的丰富内容。习近平总书记关于人与自然生命共同体理念开启人类对人与自然之间关系的全新思考，具有解明的时代特征。生命共同体概念是习近平总书记在继承马克思主义生态观基础上对中国传统哲学"天人合一"观念的现实转换。马克思曾提及，人是靠自然界生活的，自然界是人必须与之持续不断交互作用的人的身体。就像人的某部分一样，其存在可以保证人不致死亡。自然界被视为人的生命的一部分。"自然界，就它自身不是人的身体而言，是人的无机的身

---

❶ 中共中央党史和文献研究院. 十九大以来重要文献选编（上）[M]. 北京：中央文献出版社，2019：431.

体。人靠自然界生活。这就是说，自然界是人为了不致死亡而必须与之处于持续不断的交互作用过程的、人的身体。"❶ 习近平总书记把人类社会和自然生态都看作是有生命的，其思想蕴含了中国传统"天人合一"的思想。中国人自古是从人类社会的角度出发看待自然，以自然的变化类推人类社会，在某种程度上是把人类社会和自然看作一体的。习近平总书记对中国传统文化的"天人合一""道法自然"的思想不是简单的继承，而是进行了新时代全新的阐释。人类社会从敬畏自然，到征服自然，再到今天对于自然的尊重，实际是人类对人与自然关系认识的否定之否定，螺旋上升的过程。古代的"天人合一"是因为人类认知的欠缺，而对自然产生的一种天然的敬畏和对人与自然之间关系的朴素认知。现在，讲人与自然的和谐共生，是人类在对科学及自然规律充分认知的基础上，对于人与自然之间关系的科学认知。

  习近平总书记站在全人类的立场，以人类共同利益为出发点，为 21 世纪世界生态问题的解决提供了中国智慧和中国方案，否定了某些国家、集团将自己的意愿强加于人，单方面解决生态问题的思维，也否定了某些国家为了自己经济利益而不履行自己应有责任的做法。习近平总书记号召全世界人民共同团结，协同一致解决生态问题。这一理念反映了中国共产党人对人与自然之间关系的认识的发展，对人与自然和谐关系的内涵不断地丰富。习近平总书记的生命共同体理念精准定位了自然界系统内容的有机协调的平衡关系，精准定位了人与自然之间共生共在的生命关系。人与自然生命共同体理念已经超出了自然的经济价值，强调自然本身的生命价值以及对于人的生命的价值，人的生存发展与自然的生存发展是紧密相连的。人与自然作为生命共同体，维护自然生态系统的发展本身就是在实现人的价值。人与自然的生命共同体理念展现了一种不同于工业时代的人类中心主义的生态价值观。生命共同体思想超越了人类

---

❶ 马克思，恩格斯. 马克思恩格斯文集：第 1 卷 [M]. 北京：人民出版社，2009：361.

中心主义与自然中心主义，它赋予自然与人平等的地位和价值，这本身是对将人与自然主客体定义为对立关系的这种思维的超越。习近平总书记把生态视同生命，并认为其与人类和谐共生，扬弃了人类中心主义的缺陷，自然对于人类来讲并不仅仅是工具，人类既要利用自然，也要维护自然。习近平总书记提出生态生命观，把保护生态像保护生命一样，把人类的命运与生态生命融为一体，构成命运共同体。人与自然生生不息，命脉与共。人的命脉在自然，自然界的变化关乎人类社会命运走向。生态中心主义忽略了人类社会自身的价值，人类中心主义忽略了生态的价值。人与自然的生命共同体把人与自然放在同等重要地位，重视了二者的价值，并把二者的价值统一起来。生命价值是自然的自身价值，自然的生命价值也是人的价值本身。人类社会把尊重和维护自然的生命特征作为自己的价值追求，也把修复和维护自然生态平衡作为自己的必要使命，这样可以有效地维持生态环境平衡。

习近平总书记的生态文明思想强调了人与自然之间的有机关系，不仅承认自然有生命，还承认自然与人的共生关系，将自然的工具性价值与生命性价值统一起来。我们一方面应该把自然界看作是人类社会资源开发的宝库，另一方面更应该把自然界看作是一个与人类唇齿相依的共生生命体。人的生命与自然生命是完全一体的，人要像重视自己的生命一样重视自然的生命，承认自然的生命价值，自然的生命就是人的生命。以往只是强调自然的工具价值，也就是自然对于人的生存和发展的价值。现在，人们认识到自然对于人的价值，不仅是为人提供生存、发展需要的资源和空间，而且自然与人是共生共灭的。人要像爱惜自己的生命一样爱惜自然。中国人民要树立尊重自然、顺应自然、保护自然的价值理念，要继承和发扬中国传统文化"天人合一"的思想精髓，既要克服将自然工具化的价值倾向，也避免将生态凌驾于一切人类利益的价值倾向。坚持人与自然的生命共同体理念符合中国社会发展的实际要求和时代特征。

习近平总书记关于人与自然的生命共同体理念，将人的价值尺度与物的价值尺度有机结合起来。这既肯定了自然界本身的生命价值，没有将人的主体性消融在自然界生命价值中，又在肯定了人的主体价值的同时尊重了自然的地位，没有将人的价值完全凌驾于自然之上。人与自然的关系不是主体与客体二元对立的关系，不是利用与被利用的关系，而是相互联系、相互作用、相互影响的有机统一体。自然本身是一个不断生成和发展的有机整体，不能人为地割裂单一的要素。大自然作为包括人在内的一切生物的摇篮，是因为它本身的生命系统，这是最关键的。如果大自然没有自己的生命系统，地球跟一些毫无生命迹象的星球就完全一样。山水林田湖草沙是不可分割的生态系统，如果自然界的生态系统遭到破坏，就会导致包括人类在内的一切生物失去生命存在的必要条件，人类的生存发展就成了无源之水、无本之木。因此，保护自然首先应该保护的是自然的生态系统。生命共同体理念以系统、协调共生的思维看待生态问题，万物之间存在一荣俱荣、一损俱损，牵一发而动全身的关系。人的命脉与自然万物紧密联系，自然万物的命脉是紧密相连的。人的命脉在田，田的命脉在水，水的命脉在山，山的命脉在土，土的命脉在树。自然万物变化牵动着人类社会的命运。人类要尊重自然万物的规律，妥善处理好与自然万物之间的关系。人类不能只关注与自己有眼前利益的事物，而是要关注万物的存在和生长，这本身就是对人类社会有价值的。万物之间互相作用共同构成了人类社会生存的环境。怎么保护自然、维护生态环境？不是简单地减产、节能、植树造林、荒山绿化、清理河流等。山水林田湖草沙是有机协调的生命共同体，各个国家、各个地方应该采取协同机制，而不是各自单干。肯定自然界作为生命的存在，人类社会与自然界共同构成一个共生的生命系统。不再将自然界视为纯粹无生命的无机物，而是承认自然界本身存在自己的生命规律。不仅要尊重自然，还要了解自然界的规律。人与自然之间不仅是物质交换、能量转换关系，还是生命共生关系，人与自然的生命互相支撑。人的生命存在与自然的生命存在相互影响、相互支撑，自然在为人的生命存在提供必要的客观条件,人作为自然的一部分也影响着自然本身的生命规律。如果自然本身的生命规律遭到破坏,自然生态系统就会恶化。自然生态系统并不是固定不变的、"死"的,而是不断运动变化的、"活"的。而它的这种生命除了它本身的生命周期以外,越来越受到人的活动的影响。因此,要改变以往认为自然界是无生命的、永恒不变的物质世界的观点。以往不承认自然的生命特征,以为人类对于自然的开发和索取,只是可用资源会越来越少而已,也就不管它的死活。如果自然界失去了它的生命特征,自然的生态系统不断恶化,人类也在不断失去自己的生命空间。

三、美丽价值观

党的十九大报告明确指出,"把我国建设成为富强民主文明和谐美丽的社会主义现代化强国"。❶ 党的十九大报告明确把"美丽"作为我国生态文明建设的目标和方向。美丽是我国生态文明建设的最高价值目标和追求。这既是我国应对国内环境污染、资源枯竭等一系列生态问题的需要,也是满足人民群众新时代对于美好生活需要。生态和谐是从人与自然之间的物质交换关系的角度理解,人类要维护自然生态的平衡,不要破坏生态平衡,让生态环境持续满足人类生存的需要。生态美丽不仅是从人与自然之间的物质交换关系的角度理解,还包括了人的精神层面的追求。生态美丽不仅要保持生态的平衡,满足人类的可持续发展,还要让人类生活得更舒适、更赏心悦目。从生态和谐价值观到生态美丽价值观念的转变,反映的是人们从物质文化需要的满足进步到对更美好生活需要转变。和谐生态的角度是人的生存和发展,反映人与自然之间的客观共生关系;美丽生态的视角是人的主观感受,反映人对自然更高的主观诉求。也就是说,我们对于生态文明建设的标准随着人民群众的需求而不

---

❶ 习近平. 决胜全面建设小康社会夺取新时代中国特色社会主义伟大胜利——在中国共产党第十九次全国代表大会上的报告 [N]. 人民日报, 2017-10-28 (1).

断提高，人们对生态文明建设有着美好的追求和愿望。

美丽中国意味着一种新的价值理念的形成，从生态文明到美丽中国，表明中国共产党对生态文明建设内涵的不断拓展与深化。美丽中国强调了中国智慧，它不是以西方文化精神为基础，而是以中国的文化精神为前提，是对中国历史性实践的哲学总结。美丽价值观既是对马克思主义自然观的坚持，也是当代中国实践的思想创新。美丽价值观的构建可以帮助我们改变过去仅从物质、经济的角度看待自然生态环境的观念，我们要去除追逐物质欲求的价值导向，从人的全面发展的角度认识自然价值。我们既需要丰富的自然资源，也需要美丽舒适的自然生态环境。

审美价值是一种以人的感性认识和情感体验为主的精神满足。物的审美价值在于其与人的本性高度契合，能够帮助人们在自己的头脑中建构一个属于自己的诗意世界。自然的美丽往往发生在人与自然亲和关系的基础上，实际上是人的精神生活与自然界之间的联系。在资本主义社会，资本将人与自然之间的关系局限为开发与被开发的物质关系，工人阶级对于自然的价值认识也被异化为纯粹的物质需要的满足，而自然本身的自然生态美反而被忽略。美丽是人们在实现了基本物质需求之后所表现出来的更高精神追求，它代表的是人们的精神状态和审美的提高。人们对于自然的价值判断不再以满足自己的物质需要为主要目的，人们希望自己所生存的生态环境更加美好，实际上反映了人与自然之间关系的进一步发展。

我们现在所说的美丽中国，是有它所指向的范围。现阶段人们所追求的美丽中国，主要包括人们生活条件（居住条件、村镇城区环境）的改善、生存环境（生态环境、自然环境、人与人相处关系）的改良。美丽是人们当前对于中国生态文明建设迫切的愿望和追求，具有广泛的价值共识。以前富裕是人们共同的价值共识，因为贫穷，人们急切地希望能够提高物质生活水平。现在美丽是人们的共同价值追求，因为面对资源约束趋紧、环境污染产生、生态系统退化的严峻形势，人们记忆中的美好风光不复存在，人们对于美的追求和向往得不到满足。中国源远流长的优秀传统文化蕴含着丰富的关于人与自然关系的思想,这为今天的美丽价值观提供了文化根基,我们需要在保护、实践的基础上,实现传统文化的现代性转化。围绕着人的自由全面发展,从人民群众的根本利益出发去认识良好生态的意义和价值。党中央不仅从国家的宏观角度指出良好生态的意义,而且更明确了生态与每个人的切身关系,从可持续发展和未来的前途解读良好生态的意义。现在的"美丽"不是前工业化时代生产力不发达意义上的"美丽",而是建立在社会生产力发达基础上的对社会建设更高层次的追求,目的是实现人的全面发展与自然之间的高度和谐,保持生态优势和自然禀赋。为人民群众创造社会财富提供条件,满足人民群众对美好生活的需要。

美丽价值观不是空洞的、抽象的,其内涵和外延意蕴丰富。美丽包括山水林田湖草共同体平衡发展的协调之美,社会各产业之间实现低碳环保、绿色循环的绿色发展之美,人民群众在生活中追求低碳、绿色、环保生活的习惯之美,人与自然之间的和谐共生的和谐之美。人民群众对美好生活的向往,包括对美好生态的向往,美好的生态环境成为人们对美好生活向往的最基本的需求,它是人们安居乐业的重要条件。人民群众美好的生活,离不开绿色的生态环境,良好的生态环境已经成为人民群众共同关注的焦点。生态美丽价值观的本质是追求人与自然的和谐共生。人民群众坚持以追求美丽中国作为最高价值目标。在这一价值目标的指引下,人们重塑价值观,坚持协调可持续发展,以实现美丽中国。美丽中国体现了党对社会主义生态文明建设的价值定位创新。这是党根据新时代人民群众的实际需要,结合生态环境实际状况,对于国家未来发展方向的生态定位。美丽中国不仅要求生态环境与社会经济发展相契合,也要求生态环境与人们的精神相契合。人们对生活的要求不只是对基本生活物质的需要,而是对居住条件、周围生活环境、自然美景的要求越来越高。人们在精神层面对自然生态有了更高的审美需求,希望自然美态和人文美态能高度契合。人们对于生态美、自然美的向往和追求，可以推动美丽乡村旅游、生态观光业等发展。绿水青山就是金山银山，美丽的生态环境不仅可以给人们带来享受和快乐，发展绿色产业也能给社会带来经济创收。我们要改变人们的价值观念，从对物质财富的无限追求，到追求更高层次的文化、精神的享受，这也是人们在实现物质生活满足后的必然要求。美丽生态价值观是追求人与自然之间和谐共生的良好关系，要创造更多优质的生态产品来满足人们享有优美生态环境的需求，实现人与自然建立和谐共生的审美关系。

中国要构建美丽价值观，除了要努力地维护生态环境、改造自然环境，逐渐形成爱护环境的意识、对自然美的价值追求，还要有共同家园意识和共同体意识。环境是我们大家的，需要我们每一个人去爱护。

综上所述，西方国家在解决生态危机问题方面陷入了坚持人类中心主义还是自然中心主义价值观的逻辑"怪圈"。马克思主义价值观为正确处理人与自然价值关系、为人类走出"怪圈"提供了重要出路。中国共产党在继承马克思主义价值论的基础上，发挥中国传统优秀文化的优势，构建了生态文明建设的逻辑话语体系，为解决世界生态危机提供了中国智慧。同时，中国在生态文明建设方面所倡导的生命共同体理念和美丽生态价值观等也实现了对于马克思主义价值论的发展。

参考文献

专著：

[1] 马克思,恩格斯. 马克思恩格斯全集：第1卷[M]. 北京：人民出版社, 2001.

[2] 马克思,恩格斯. 马克思恩格斯全集：第3卷[M]. 北京：人民出版社, 1960.

[3] 马克思,恩格斯. 马克思恩格斯全集：第4卷[M]. 北京：人民出版社, 1958.

[4] 马克思,恩格斯. 马克思恩格斯全集：第19卷[M]. 北京：人民出版社, 1963.

[5] 马克思,恩格斯. 马克思恩格斯全集：第20卷[M]. 北京：人民出版社, 1971.

[6] 马克思,恩格斯. 马克思恩格斯全集：第30卷[M]. 北京：人民出版社, 1995.

[7] 马克思,恩格斯. 马克思恩格斯全集：第31卷[M]. 北京：人民出版社, 1998.

[8] 马克思,恩格斯. 马克思恩格斯全集：第32卷[M]. 北京：人民出版社, 1998.

[9] 马克思,恩格斯. 马克思恩格斯全集：第36卷[M]. 北京：人民出版社, 1974.

[10] 马克思,恩格斯. 马克思恩格斯全集：第44卷[M]. 北京：人民出版社, 1982.

[11] 马克思,恩格斯. 马克思恩格斯全集：第46卷（下）[M]. 北京：人民出版社, 1980.

[12] 马克思,恩格斯. 马克思恩格斯全集：第47卷[M]. 北京：人民出版

社，1979.

[13] 马克思，恩格斯. 马克思恩格斯文集：第1卷［M］. 北京：人民出版社，2009.

[14] 马克思，恩格斯. 马克思恩格斯文集：第2卷［M］. 北京：人民出版社，2009.

[15] 马克思，恩格斯. 马克思恩格斯文集：第4卷［M］. 北京：人民出版社，2009.

[16] 马克思，恩格斯. 马克思恩格斯文集：第5卷［M］. 北京：人民出版社，2009.

[17] 马克思，恩格斯. 马克思恩格斯文集：第7卷［M］. 北京：人民出版社，2009.

[18] 马克思，恩格斯. 马克思恩格斯文集：第8卷［M］. 北京：人民出版社，2009.

[19] 马克思，恩格斯. 马克思恩格斯文集：第9卷［M］. 北京：人民出版社，2009.

[20] 列宁. 列宁全集：第25卷［M］. 北京：人民出版社，1988.

[21] 邓小平文选：第3卷［M］. 北京：人民出版社，1993.

[22] 习近平. 习近平谈治国理政：第1卷［M］. 北京：外文出版社，2014.

[23] 习近平. 习近平谈治国理政：第2卷［M］. 北京：外文出版社，2017.

[24] 中共中央文献研究室. 习近平关于社会主义文化建设论述摘编［M］. 北京：中央文献出版社，2017.

[25] 中共中央文献研究室. 十八大以来重要文献选编（中）［M］. 北京：中央文献出版社，2016.

[26] 中共中央党史和文献研究院. 十九大以来重要文献选编（上）［M］. 北京：中央文献出版社，2019.

[27] 中共中央宣传部. 习近平总书记系列重要讲话读本［M］. 北京：人民出版社，2014.

[28] 复旦大学哲学系现代西方哲学研究室. 西方学者论《一八四四年经济学哲学手稿》［M］. 复旦大学出版社，1983.

[29] 庄锡昌，顾晓鸣. 多维度视野中的文化理论［M］. 杭州：浙江人民出版社，1987.

[30] 李连科. 价值哲学引论［M］. 北京：商务印书馆，1999.

[31] 王玉樑. 21 世纪价值哲学：从自发到自觉［M］. 北京：人民出版社，2006.

[32] 韩冬雪. 马克思主义政治哲学诸范畴初探［M］. 长春：吉林出版集团有限责任公司，2007.

[33] 熊晓红，王国银. 价值自觉与人的价值［M］. 北京：人民出版社，2007.

[34] 《马克思主义哲学史》编写组. 马克思主义哲学史［M］. 高等教育出版社，2012.

[35] 马俊峰. 马克思主义价值理论研究［M］. 北京：北京师范大学出版社，2012.

[36] 陈家刚. 危机与未来——福山中国讲演录［M］. 北京：中央编译出版社，2012.

[37] 王玉樑. 从理论价值哲学到实践价值哲学［M］. 北京：人民出版社，2013.

[38] 李德顺. 价值论——一种主体性的研究［M］. 北京：中国人民大学出版社，2013.

[39] 李德顺. 我们时代的人文精神：当代中国价值哲学的建构及其意义［M］. 北京：北京师范大学出版社，2013.

[40] 罗国杰. 马克思主义价值观研究［M］. 北京：人民出版社，2013.

[41] 晏智杰. 经济学中的边际主义［M］. 北京大学出版社，1997.

[42] 康德. 道德形而上学原理［M］. 苗力田，译. 上海：上海人民出版社，1986.

[43] 康德. 实践理性批判［M］. 韩水法，译. 北京：商务印书馆，2000.

[44] 文德尔班. 哲学史教程［M］. 罗达仁，译. 北京：商务印书馆，1997.

[45] 弗兰茨·梅林. 保卫马克思主义［M］. 吉洪，译. 北京：人民出版社，1982.

[46] 考茨基. 伦理与唯物史观［M］. 董亦湘，译. 北京：教育研究社，1927.

[47] 伯恩斯坦. 社会主义的历史和理论［M］. 马元德，等，译. 北京：东方出版社，1989.

[48] 伯恩斯坦. 社会主义的前提和社会民主党的任务［M］. 宋家修，等，译. 北京：生活·读书·新知三联书店，1958.

[49] 伯恩斯坦. 什么是社会主义？［M］. 史集，译. 北京：生活·读书·新知三联书店，1963.

[50] 哈贝马斯. 在事实与规范之间［M］. 童世骏，译. 北京：生活·读书·新知三联书店，2003.

[51] 李凯尔特. 李凯尔特的历史哲学［M］. 涂纪亮，译. 北京：北京大学出版社，2007.

[52] 杰伊. 法兰克福学派史［M］. 单世联，译. 广州：广东人民出版社，1996.

[53] 亨廷顿. 文明的冲突与世界秩序的重建［M］. 侯井天, 译. 北京: 新华出版社, 2002.

[54] 马尔库塞. 单向度的人［M］. 刘继, 译. 上海: 上海译文出版社, 2008.

[55] 马尔库塞. 爱欲与文明［M］. 黄勇, 薛民, 译. 上海: 上海译文出版社, 1987.

[56] 弗洛姆. 爱的艺术［M］. 李健鸣, 译. 上海: 上海译文出版社, 2011: 57.

[57] 哈佛委员会. 哈佛通识教育红皮书［M］. 李曼丽, 译. 北京: 北京大学出版社, 2011.

[58] 杰伊. 法兰克福学派史［M］. 单世联, 译. 广州: 广东人民出版社, 1996.

[59] 克莱顿, 贾斯廷·海因泽克. 有机马克思主义——生态灾难与资本主义的替代选择［M］. 孟献丽, 于桂凤, 张丽霞, 译. 北京: 人民出版社, 2015.

[60] 麦克莱伦. 马克思传［M］. 王珍, 译. 北京: 中国人民大学出版社, 2005.

[61] 怀特海. 思维方式［M］. 黄龙保, 等, 译. 天津: 天津教育出版社, 1989.

[62] 斯威伍德. 大众文化的神话［M］. 冯建三, 译. 北京: 生活·读书·新知三联书店, 2003.

[63] 密尔. 代议制政府［M］. 汪瑄, 译. 北京: 商务印书馆, 1984.

[64] 格里戈里扬. 关于人的本质的哲学［M］. 汤侠声, 李昭时, 译. 北京: 生活·读书·新知三联书店, 1984.

[65] 图加林诺夫. 马克思主义中的价值论［M］. 齐友, 王霁, 安启念, 译. 北京: 中国人民大学出版社, 1989.

[66] 阿格尔. 西方马克思主义概论［M］. 慎之, 等, 译. 北京: 中国人民大学出版社, 1991.

[67] 列斐伏尔. 日常生活批判: 第1卷［M］. 叶齐茂, 等, 译. 北京: 社会科学文献出版社, 2018.

[68] 萨特. 存在主义是一种人道主义［M］. 周煦良, 汤永宽, 译. 上海: 上海译文出版社, 1988.

[69] 狄德罗. 狄德罗文集［M］. 王雨, 陈基发, 译. 北京: 中国社会出版社, 1997.

[70] 卢卡奇. 历史与阶级意识［M］. 杜章智, 任立, 燕宏远, 译. 北京: 商务印书馆, 1996.

［71］蒙台梭利. 蒙台梭利幼儿教育科学方法［M］. 任代文，译. 北京：人民教育出版社，2001.

期刊：

［1］杜汝楫. 马克思主义论事实的认识和价值的认识及其联系［J］. 学术月刊，1980（10）：1－10.

［2］李连科. 关于马克思主义哲学价值论的探讨［J］. 社会科学研究，1985（2）：2－6.

［3］李德顺. 真理与价值的统一是马克思主义的重要原则［J］. 中国社会科学，1985（3）：107－114.

［4］李连科. 人的价值是什么［J］. 国内哲学动态，1982（5）：12－14.

［5］郝晓光. 对所谓普遍价值概念"定义"的否证［J］. 江汉论坛，1986（12）：23－25.

［6］李德顺. 马克思主义价值论［J］. 江淮论坛，1992（5）：8－11.

［7］王玉樑. 客体主体化与价值的哲学本质［J］. 哲学研究，1992（7）：16－24.

［8］方军，刘奔. 实践·历史必然性·价值——马克思的价值概念辨析［J］. 哲学研究，1993（11）：3－12.

［9］郁建兴. 关于马克思价值概念的商榷［J］. 哲学研究，1996（8）：40－47.

［10］焦佩锋. 马克思"价值哲学"的性质及其原则性启示［J］. 学习与探索，2015（4）：38－44.

［11］何萍. 马克思政治经济学语境中的价值哲学［J］. 现代哲学，2003（4）：10－16.

［12］吕志敏，曹子勤，马熙融. 马克思劳动价值理论的哲学内涵［J］. 内蒙古财经学院学报，2003（1）：24－26.

［13］王峰明，牛变秀. 哲学方法论视域中马克思的劳动价值论［J］. 哲学研究，2004（2）：29－33.

［14］蒋海益. 卡尔·马克思和亚当·斯密的价值概念比较［J］. 江苏行政学院，2006（3）：52－57.

［15］栾亚丽. 继承与超越——价值视阈下马克思和黑格尔关系探析［J］. 湖北社会科学，2010（10）：5－9.

［16］康晓强. 人的价值：马克思与康德的比较及其当代意义［J］. 中共中央党校学报，2011（3）：23-27.

［17］董晋骞. 论普遍价值的基础——马克思共同实践思想研究［J］. 辽宁大学学报（哲学社会科学版），2011（5）：11-18.

［18］李德顺. 怎样看"普世价值"？［J］. 哲学研究，2011（1）：3-10.

［19］鲁品越，王永章. 从"普世价值"到"共同价值"：国际话语权的历史转换［J］. 马克思主义研究，2017（10）：86-94.

［20］孙伟平. 价值论研究方法的反思与转型［J］. 马克思主义与现实，2013（3）：17-22.

［21］李德顺. 当代价值研究的新进路［J］. 马克思主义与现实，2013（3）：1-9.

［22］王国聘. 论自然价值的冲突与协调［J］. 学术交流，2010（7）：18-20.

［23］张进蒙. 论马克思、恩格斯的人与自然和谐价值观［J］. 井冈山大学学报（社会科学版），2010（6）：35-38.

［24］郎廷建. 生态正义与生态文明［J］. 内蒙古社会科学（汉文版），2014（6）：38-43.

［25］周文彰. 建构马克思主义价值论的可喜尝试［J］. 哲学动态，1988（5）：20-22.

［26］王晓广. 马克思主义哲学和政治经济学中的价值范畴析分［J］. 中国高校社会科学，2016（1）：33-40.

［27］李宝刚，张同兵. 价值的马克思主义还是符号的马克思主义［J］. 社会主义研究，2015（5）：18-24.

［28］张曙光. 马克思的哲学价值观与劳动价值论探略［J］. 哲学研究，2013（1）：40-46.

［29］俞吾金. 重视对马克思的价值理论的研究［J］. 当代国外马克思主义评论，2008（0）：3-13.

［30］陈芬，田梦非. 个人的自由全面发展——马克思《1857—1858年经济学手稿》的伦理解读［J］. 伦理学研究，2016（2）：1-5.

［31］周全华，吴炜. 异化的本质即价值异化［J］. 哲学动态，2014（10）：11-15.

［32］刘秀华. 中国特色社会主义价值自觉：基于马克思实践观的视角［J］. 哲学研究，2014（8）：26-28.

[33] 樊浩. 伦理—经济概念互释中的意义对话及其价值异化 [J]. 江海学刊, 2006（5）：26-31.

[34] 陆杰荣, 张佳琳. 马克思价值哲学的出发点解读 [J]. 理论探讨, 2016（2）：45-49.

[35] 林进平. 马克思主义与正义 [J]. 毛泽东邓小平理论研究, 2018（9）：80-88.

[36] 朱林. 试论实践与价值 [J]. 齐鲁学刊, 1986（8）：68-72.

[37] 罗张甫, 张新旭. 人的价值是什么 [J]. 社会科学, 1981（6）：64-68.

[38] 李连科. 人的价值的哲学分析 [J]. 哲学研究, 1986（5）：20-25.

[39] 张秀芬, 包庆德. 马克思《资本论》生态思想及其论辩之争 [J]. 自然辩证法研究, 2016（5）：112-117.

[40] 陈金清. 马克思关于人与自然关系生态思想的当代价值 [J]. 马克思主义研究, 2015（11）：35-42.

[41] 孙志海. 论抽象的人性理论何以可能与为何必要 [J]. 哲学研究, 2013（7）：14-21.

[42] 余丽. 美国互联网战略对我国的严峻挑战及其对策 [J]. 红旗文稿, 2012（7）：33-36.

[43] 何大隆. 英国：合力传播核心价值观 [J]. 瞭望, 2007（22）：27.

报纸：

[1] 方祥生. 从红十字国际委员会报告看西方"普世价值"之实质 [N]. 光明日报, 2012-7-20（8）.

[2] 习近平. 关于《中共中央关于全面深化改革重大问题的决定》的说明 [N]. 人民日报, 2013-11-16（1）.

[3] 中共中央办公厅. 关于培育和践行社会主义核心价值观的意见 [N]. 人民日报, 2013-12-24（1）.

[4] 习近平. 在北京大学师生座谈会上的讲话 [N]. 人民日报, 2014-05-05（2）.

[5] 习近平. 在2015年春节团拜会上的讲话 [N]. 人民日报, 2015-02-18（2）.

[6] 习近平. 迈向命运共同体 开创亚洲新未来——在博鳌亚洲论坛2015年年会上的主旨演讲 [N]. 人民日报, 2015-3-29（2）.

[7] 习近平. 谋共同永续发展 做合作共赢伙伴——在联合国发展峰会上的讲话[N]. 人民日报,2015-09-27(2)

[8] 习近平. 携手构建合作共赢新伙伴 同心打造人类命运共同体[N]. 人民日报,2015-9-29(2).

[9] 中共中央办公厅、国务院办公厅. 关于实施中华优秀传统文化传承发展工程的意见[N]. 人民日报,2017-01-26(6).

[10] 习近平. 决胜全面建设小康社会夺取新时代中国特色社会主义伟大胜利——在中国共产党第十九次全国代表大会上的报告[N]. 人民日报,2017-10-28(1).

外文资料：

[1] JOEL KOVEL J. The Enemy of Nature：The End of Capitalism or the End of the World[M]. New York：Zed Books,2002.

[2] BURKETT P. Marx and Nature[M]. New York：St. Martin's Press,1999.

[3] PEPPER D. Eco-Socialism：From Deep Ecology to Social Justice[M]. London and New York：Routledge,1993.

[4] BURKETT P. Marxism and Ecological Economics：Toward a Red and Green Political Economy[M]. Chicago：Haymarket Books,2009.

网络文献资料：

[1] 习近平：领导干部要讲政德.[EB/OL].(2018-03-11). http://www.xinhuanet.com/mrdx/2018-03/11/c_137030269.htm.

[2] The White House. National Security Strategy 2010[EB/OL].(2010-05-27), https://nssarchive.us/national-security-strategy-2010/.

后　记

本书是我在博士论文基础上补充完善而成的。我的博士论文主要集中在研究马克思的价值思想。2017年博士毕业后，我又进一步研究马克思主义价值论的发展历程，以及马克思主义价值论与社会主义核心价值观的关系，并积累了一定的心得体会。本书就是我博士毕业以来这几年学术研究的结晶。

本书的出版得益于很多人的帮助，没有他们的帮助不会有本书的出版。首先，我要感谢我在南开大学读博士期间的导师刘娟教授。刘老师为我博士论文的写作、修改给予非常多的指导，为我能顺利完成本书起到了关键的作用。其次，我还要感谢山东交通学院马克思主义学院的领导和同事们，在他们的支持和帮助下我完成书稿的撰写。在这个过程中，他们给予我很大的鼓舞。最后，我感谢我的妻子，她在承担繁重家务的同时还帮助我校订书稿，付出很多。

在本书的写作、出版过程中，得到了山东交通学院马克思主义学院、科研处、学科规划处等部门的大力支持，在此一并表示衷心感谢！

尽管我为本书的写作付出了艰辛的努力，但由于能力所限，对一些问题的理解存在偏颇之处，敬请各位专家学者批评指正，我将以百倍的诚意虚心接受大家提出的各种意见，以提高自己认识问题、分析问题的能力。